金融杠杆与资产价格泡沫：
影响机制及其监控研究

冯文芳 ◎ 著

中国纺织出版社有限公司

内 容 提 要

鉴于近几年我国金融市场出现的资产价格异常波动问题、金融杠杆过度扩张的特殊国情，以及由此引起的资产价格泡沫演化过程中呈现的新问题和新难题，本书从金融杠杆视角，重新识别、检验和测度了资产价格泡沫，通过系统揭示资产价格泡沫形成机理、演化特征和动态影响机制，为金融杠杆和资产价格泡沫的内在逻辑关系的研究提供了理论支撑，并为各级监管机构提供了准确科学的监管依据。

图书在版编目（CIP）数据

金融杠杆与资产价格泡沫：影响机制及其监控研究 /
冯文芳著. -- 北京：中国纺织出版社有限公司，2022.7
ISBN 978-7-5180-9600-8

Ⅰ．①金… Ⅱ．①冯… Ⅲ．①金融—经济杠杆—研究
—中国②资本市场—经济波动—研究—中国 Ⅳ.
① F832

中国版本图书馆 CIP 数据核字（2022）第 107621 号

责任编辑：闫 星　　责任校对：寇晨晨　　责任印制：储志伟

中国纺织出版社有限公司出版发行
地址：北京市朝阳区百子湾东里 A407 号楼　邮政编码：100124
销售电话：010—67004422　传真：010—87155801
http://www.c-textilep.com
中国纺织出版社天猫旗舰店
官方微博 http://weibo.com/2119887771
广东虎彩云印刷有限责任公司印刷　各地新华书店经销
2022 年 7 月第 1 版第 1 次印刷
开本：787×1092　1/16　印张：22
字数：293 千字　定价：118.00 元

前　言

资产价格泡沫和高杠杆在历史上反复出现，尤其是次贷危机后，资产价格泡沫形成机制和高杠杆作用机理更加复杂：现代金融技术发展产生的影子银行和金融衍生品等不但空转套利推高金融杠杆，而且让问题复杂化；内嵌于银行体系的表外业务严重期限错配以及当前阶段经济结构中存在的各种扭曲现象，使金融杠杆过度膨胀，导致资产价格泡沫演化过程中出现了新问题和新情况，原有传统理论无法较好地解释经济中的资产价格泡沫现象。目前，中国正处于经济转型和结构升级的重要关口，党的十九大明确提出，"我国经济已由高速增长阶段转向高质量发展阶段"，经济增长速度从高速增长开始转为中高速增长，但是金融杠杆仍在不断攀升，金融杠杆增长与经济发展错配现象严重，资本市场的过度繁荣使资金在金融体系内空转，导致资产价格泡沫和系统性金融风险不断膨胀和累积。在金融危机后，上述问题成为经济学研究的热点并引起社会各界的广泛关注。

在此背景下，首先，作者阅读和归纳了国内外关于金融杠杆、资产价格泡沫和经济增长等方面的经典著作和前沿文献，厘清选题的发展脉络、研究现状、存在问题、争论焦点和研究盲点等，为后期研究的顺利展开提供文献支撑和理论基础。其次，准确定义资产价格泡沫是研究的逻辑起点，本书遵循目前国内外经济学界的三种主流观点，对资产价格泡沫的涵义进行明确界定并分析了其一般特征；从理论角度和影响因素角度剖析了资产价格泡沫的形成机理；运用 ADF、SADF、GSADF 和 RADF 等资产价格泡沫识别方法，对资产价格泡沫的存在性、存在周期、出现频率和程度大小等进行了识别和检验，结果表明，在样本研究期内，周期性资产价格泡沫显著存在，并且本书运用协整模型和向量误差修正模型（VECM）提取了资产价格泡沫。

再次，本书以金融杠杆经济本质研究作为切入点，从微观和宏观角度分别定义和度量了金融杠杆，揭示微观金融杠杆与宏观金融杠杆背离的原因和实质；采用债务收入比法和即时拆分法（TD）测算了我国的金融杠杆；重点揭示和研究了金融杠杆的根源、实质、动力、渠道、特点和成因等；不但构建了金融杠杆驱动的资产价格泡沫模型，从理论上厘清两者之间的内在逻辑关系，而且把滚动宽窗 Granger 因果检验模型和 Bootstrap 统计检验结合，实证验证了金融杠杆和资产价格泡沫相互动态影响机制的程度、频率与方向以及与经济事件之间的关系。高杠杆和资产价格泡沫仅是表象，隐藏在其背后的实质是虚拟经济与实体经济的失衡，因此加入经济增长因素，从表象分析上升到实质研究，进一步揭示金融杠杆、资产价格泡沫与金融、经济之间的影响效应。具体内容包括以下四点。①运用差分广义矩估计（DGMM）和门限效应，对国内 16 家上市银行从两个阶段检验了货币政策传导的银行风险承担渠道的杠杆机制的有效性，实证结果表明：货币政策可以通过杠杆率对银行风险承担产生显著影响；货币政策与银行风险承担之间存在双重杠杆率门限效应；②运用傅里叶变换和频谱分析法，研究了资产价格泡沫与经济增长之间的周期联动效应，实证结果表明：我国资产价格泡沫和经济增长的周期联动关系较复杂，并且两者在周期联动上更多地存在背离现象；③本书基于 R & D 模型，加入金融杠杆因素，研究了不存在和引

入资产价格泡沫时经济增长的均衡结果，并推断出资产价格泡沫与经济增长共容的条件；④运用 MCMC 算法和 SV–TVP–SVAR 模型，从时期与时点两个角度对金融杠杆、资产价格泡沫与经济增长三者之间的时变关系进行验证，实证结果表明：3 个经济变量之间具有非常显著的时变特征。最后，高杠杆下去杠杆是必然选择，准确定义去杠杆的涵义并对目前去杠杆存在的误区做了澄清；分别探索了实体去杠杆和金融去杠杆的路径；运用合成控制法（SCM）检验了限贷政策能否抑制房地产泡沫。实证结果表明：在 4 个研究样本中，限贷政策对 3 个样本的商品房销售价格无法起到降低的作用；囿于传统资产价格泡沫监控研究方法与模型的缺陷，尝试运用人工智能中的支持向量回归（SVR）模型和 BP 神经网络（BPNN）技术构建了资产价格泡沫监控系统，人工智能技术可以很好地逼近与诠释样本历史数据所蕴含的内在规律，有效实现监控功能。

　　根据上述主要研究成果，本书提出了以下四点政策建议：①拓展宏观货币政策调控目标范围，把资产价格纳入中央银行决策信息集，构建货币和信贷流动以及资产价格泡沫监控系统；②减少或消除刚性兑付和不必要的政府隐性担保，实现国有资产管理体制和商业银行行为市场化，政府职能回归公共管理本质；③坚持中性稳健的货币政策，保持适度的货币流动性，建立宏观审慎评估体系 MPA 和对金融体系资产实施穿透管理，对影子银行进行有效管理；④精准掌控"结构性去杠杆"的节奏、力度、时间、主体，有条不紊地降低杠杆率。

目　录

1 绪 论

1.1 研究背景与研究意义

1.1.1 研究背景

资产价格泡沫是现代金融理论和资本市场的重要组成部分和研究热点，也是当今世界经济史上频繁出现的难题。纵观国内外市场，从荷兰郁金香疯狂、英国南海泡沫、日本和北欧经济泡沫、美国次贷危机、2018 年美股黑色星期一以及 2020 年初在 10 个交易日内美股四次熔断，到中国股市 2007 年暴涨暴跌、2015 年股灾、2016 年楼市疯狂等，资产价格泡沫的案例不胜枚举。在经历自大萧条以来由美国次贷危机导致的最严重金融危机之后，国内外学者大多认为不能再把资产价格泡沫看作个别经济事件并将其排除在监管之外，美联储主席格林斯潘（Greenspan，2013）更是公开摈弃成见：他不再支持对资本市场"非理性繁荣"的善意忽略，而是开始赞成央行应高度重视资产价格泡沫，至少是其中一部分泡沫的观点。

自资产价格泡沫理论 20 世纪 70 年代被引入理性预期假说以来，理性预期假说逐渐演化为有限理性理论，尤其是行为金融学的发展，对资产价格泡沫形成的解释相对充分。然而，以理性预期和行为金融学为主的传统资产价格泡沫形成机理理论，仍难以解释资产价格泡沫的一些基本特征和其形成机理中存在的悖论：即使投资行为满足套利均衡条件，资产价格仍可能偏离基础价格。悖论出现是由于其从根本上脱离信用货币的创造与扩张。纵观历史上的资产价格泡沫事件，尽管产生背景、起因各不相同，但都有一个显著的共同特点：所有资产价格泡沫均伴随着信贷的过度膨胀或信贷泡沫（瞿强，2005）。艾伦和盖尔（Allne & Gale，2000）采用"信贷—资产价格泡沫模型"（简称 AG 模型），诠释了资产价格泡沫形成机理：投资者运用自有资金购买金融资产的价格是其基础价值，而利用银行贷款购买金融资产引发价格上升的部分就是"泡沫"，这是因为运用贷款进行投资并且只承担有限责任时，投资者能够把金融资产价格下跌的风险转移给贷款人，而取得资产价格上升时的全部收益，在这种激励下，投资者将出现追逐资产价格倾向和抬高价格的动机，资产价格将偏离基础价值产生泡沫。由于我国融资融券、信托基金、按揭贷款等业务近几年发展迅速，信贷资金进入金融市场的渠道被打通，逐渐出现了 AG 模型描述的由借贷投资和风险转移引起的过度投资和资产价格泡沫。

信用货币是货币的价值符号，其在本质上脱离了价值保证和可兑换性，这种特点使得货币与信用在"理论上"可以无限发行和扩张，而信用无限扩张出现的超额信用只有两个归宿：商品价格的上涨（即通货膨胀）和金融资产价格的上涨（即资产价格泡沫）。金融杠杆出现以借贷关系为基础，是信用和货币价值符号的进一步释放：金融杠杆的"乘数效应"既加速了储蓄向投资的转化，又可能使得用于消费和投资的货币量不再相等，债权与债务的跨期错配成为可能。超额信贷是金融危机之源，高杠杆是超额信贷的必然结果，也是金融资产价格螺旋上升的"因"，并且成为实体经济波动的"扩张器"和金融危机的"传导器"。格林斯潘（2013）强调，资

产价格泡沫和金融危机的根源是过度利用金融杠杆。大量事实表明，金融杠杆与资产价格泡沫之间存在着一种相互影响和相互促进的引导关系，金融杠杆膨胀和经济繁荣相互推动，引起资产价格节节攀升，就会吸引投资者大量加入，资产价格泡沫由此而产生。

我国目前的现实情况是金融杠杆异常扩张和资产价格泡沫不断增大。从 2013 年以来，我国推进利率、人民币汇率市场化以及 2014 年年底的降准和降息，开启了新一轮的货币宽松，央行更是通过 PSL、SLF 等新型政策工具向市场投放货币，现代金融技术发展使得隐含大量金融杠杆的影子银行、理财平台和灰色抽屉交易等出现空转套利推高金融杠杆，在这种情况下，金融杠杆不断攀升，我国全社会总杠杆率已经从 2008 年的 140% 上升至 2019 年的 250% 左右❶，在大约 10 年的时间里，杠杆率几乎翻倍，与美国次贷危机前水平持平。金融杠杆过度膨胀刺激了资本市场的发展与繁荣，金融产品衍生化和资产证券化引发金融脱媒，导致资产价格泡沫和资金脱实向虚。经济运行表现出明显的"二元经济"特征：一方面是金融市场蓬勃旺盛和资产价格泡沫增大，金融系统性风险不断积聚；另一方面是作为综合国力和社会财富基石的实体经济或产品市场不断萎缩，生产性投资下降，对实体经济造成了巨大伤害。

正是基于以上理论与现实背景，本书拟立足于我国金融杠杆异常扩张的实际国情以及由此引起的资产价格泡沫演化过程中呈现的新问题和新难题，首先，对资产价格泡沫进行准确定义、检验和提取，剖析资产价格泡沫形成机理和演化特征；其次，重点研究金融杠杆与资产价格泡沫之间的动态影响机制，高杠杆与资产价格泡沫是表象，隐藏实质是实体经济与虚拟经济之间的失衡，因此，加入经济增长因素，深刻揭示金融杠杆、资产

---

❶ 数据来源于 Wind 数据库。

价格泡沫对金融经济之间的风险效应、周期联动效应、动态时变效应及其倒"U"关系等，资产价格泡沫与经济增长的共容效应等，分析与缓释其联动与溢出过程中的风险集聚和扩散，剖析高杠杆与资产价格泡沫背后隐藏的我国金融杠杆结构失衡和经济结构失衡的根源；最后，通过实体去杠杆与金融去杠杆路径分析以及构建资产价格泡沫监控系统，为维护金融市场与实体经济的稳定健康发展提供科学的理论依据。

1.1.2 研究意义

鉴于近几年我国出现的资产价格异常波动问题，金融杠杆过度扩张的特殊国情以及由此引起的资产价格泡沫演化过程中呈现的新问题和新难题，从理论与实证上研究金融杠杆与资产价格泡沫之间的各种关系与影响效应具有重要意义。

AG模型虽然从信用扩张角度较好地诠释了资产价格泡沫形成机理，但偏向风险转移和金融危机研究，对两者的关系没有做更深入的分析，本书从金融杠杆角度，系统研究资产价格泡沫的形成机理、动态影响机制、金融经济效应和监控，从理论上可以说是一次关键、有益的补充。

由于我国金融资产种类较少和金融市场不完善，能够充当保值手段和贷款抵押品的金融资产数量匮乏，在贷款条件较严的情况下，资产价格泡沫能够诱惑许多纯粹基于资产保值或者投机动机的投资者，为资产价格泡沫的产生和形成提供了条件。近几年我国出现的股市暴涨、暴跌以及房地产价格过度上涨等，对我国经济发展和金融系统稳定带来了巨大冲击和危害，因此，深刻和系统研究金融杠杆与资产价格泡沫之间的各种内在逻辑关系和影响效应迫在眉睫。

资产价格泡沫引起的危害正在超越传统金融理论预想的速度、强度和规模，而我国金融杠杆过度膨胀的特殊国情导致的资产价格泡沫演化过程

中出现的新问题和新情况已经不能用传统金融理论和方法分析，急需我们进一步研究我国资产价格泡沫的成因、演化及其监管的新理论和新方法，为各级监管机构提供科学准确的理论依据和实践支撑。

金融杠杆、资产价格泡沫与经济增长之间可能存在的非线性关系以及更加复杂的内生性关联机理，"加杠杆"与"去杠杆"过程容易滋生的周期性"繁荣—崩溃"现象等，这些问题的滋生引起社会各界的广泛关注，而且都需要进一步的解决和探索。

资产价格泡沫若是金融杠杆繁荣支撑的结果，则此类泡沫将会对金融体系和实体经济造成巨大的危害，因此，不管是在 2017 年的许多全国性金融会议中，还是党的十九大及其以后的一些经济会议中，党和国家都把去杠杆、控制资产价格泡沫和防范系统性金融风险任务放在 2018 年需要面对的三大攻坚战的首位。在 2019 年 2 月 22 日的中共中央政治局学习会议上，习近平总书记指出："防范化解金融风险特别是防止发生系统性金融风险，是金融工作的根本性任务，金融安全是国家安全的重要组成部分。"另外，习近平总书记进一步指出：金融活，经济活；金融稳，经济稳；金融兴，经济兴。这是国家首次强调金融对经济拉动的重要作用，在此背景下，该选题无疑具有重要的研究价值和现实意义。

1.2 研究思路、内容与方法

1.2.1 研究思路

本书对金融杠杆与资产价格泡沫之间的形成机理、影响机制、影响效应和监控系统等内容进行研究，按照提出问题、分析问题、解决问题三个层次依次递进的逻辑思路展开分析（图 1.2.1）。

```
                        ┌─────────────────────┐
                        │   总体规划与设计      │
                        └─────────────────────┘
                                │ 初步构思
  ┌──────────┐                  ▼                   ┌──────────┐
  │ 文献检索  │──┐    ┌─────────────────────┐   ┌──│ 实地调查  │
  └──────────┘  ├───│   现状分析与调查研究   │──┤   └──────────┘
  ┌──────────┐  │    └─────────────────────┘   │   ┌──────────┐
  │ 客观评述  │──┘                               └──│ 导师咨询  │
  └──────────┘              │ 提供研究基础           └──────────┘
  ┌──────────────┐          ▼                     ┌──────────────────┐
  │ 传统金融理论缺陷 │────│   问题诊断   │────│ 金融杠杆、资产价格泡沫 │
  └──────────────┘          │                     │ 异常膨胀的特殊国情    │
                            │ 主题                 └──────────────────┘
  ┌──────────────────────────────────────────────────┐
  │ 金融杠杆与资产价格泡沫：影响机制及其监控研究            │
  └──────────────────────────────────────────────────┘
```

研究思路   工作分解   内容逻辑

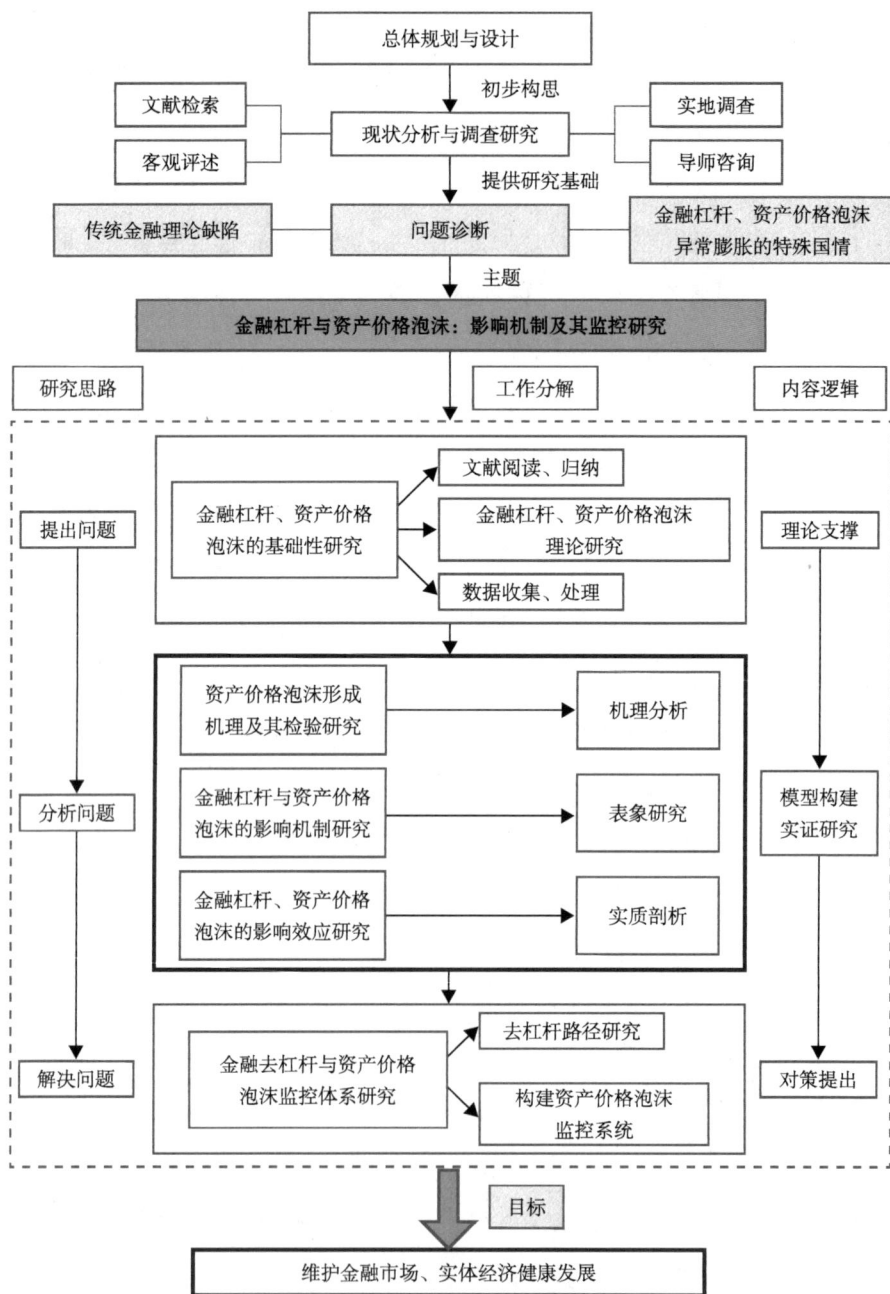

图 1.2.1 本书的研究思路

第一层次是提出问题。首先，结合我国目前金融杠杆异常扩张和资产价格泡沫不断增大的现实情况与特殊国情，进行问题诊断和初步构思；其次，通过对国内外现有前沿文献、经典著作等的梳理、归纳和分析，厘清研究问题的发展现状、争论焦点、研究盲点等；最后，通过对最新数据、资料，研究方法等的掌握，确定研究主题。

第二层次是分析问题。这是本书的重点研究部分。具体包括三个方面的内容：一是资产价格泡沫形成机理及其检验研究，从理论和影响因素两个视角剖析资产价格泡沫的形成机理，并且运用实证方法检验和提取我国的资产价格泡沫。二是金融杠杆与资产价格泡沫的影响机制研究，不但构建金融杠杆驱动的资产价格泡沫的数理模型，而且从实证上对金融杠杆与资产价格泡沫之间的动态引导关系进行验证；三是金融杠杆、资产价格泡沫的影响效应研究，通过研究金融杠杆、资产价格泡沫与金融、经济之间的风险效应、周期联动效应以及动态时变效应等，以及资产价格泡沫与经济增长的共容效应等，追根溯源，剖析我国金融杠杆失衡、资产价格泡沫和经济结构失衡的根源，从表象研究上升到实质剖析。

第三层次是解决问题。高杠杆经济下去杠杆是必然选择，事先监测与监控是防范资产价格泡沫的关键和重要保障，因此，要双管齐下，一方面探索实体去杠杆与金融去杠杆的路径；另一方面构建灵敏、有效的资产价格泡沫监控系统，维护金融市场和实体经济的稳定与健康发展。

1.2.2　研究内容

本书拟从金融杠杆视角，追踪目前该领域流行和前沿的现代金融理论和方法，通过对资产价格泡沫的形成机理、影响机制、金融经济影响效应等内容的研究，构建切实可行的资产价格泡沫监控系统，共有七部分内容，其具体包括：

第一部分：绪论。阐述本书的研究背景与研究意义，厘清本书的研究思路、内容与方法，总结本书的创新和不足之处。

第二部分：文献综述。从资产价格泡沫的含义及其形成机理，存在性检验及测度，金融杠杆对资产价格泡沫的影响，资产价格泡沫对经济增长的影响，资产价格泡沫监控五个方面对国内外文献进行归纳、梳理与评述，为本书后续研究提供文献支撑和理论基础。

第三部分：资产价格泡沫形成机理及其检验研究。从金融资产定义及其具有的独特属性分析入手，界定资产价格泡沫定义和分析其一般特征；从理论和影响因素两个角度研究资产价格泡沫形成机理；运用 ADF、SADF、GSADF 和 RADF 方法，对我国的资产价格泡沫进行识别，并且结合协整检验和向量误差修正模型（VECM），对资产的基础价值和泡沫进行分离，提取资产价格泡沫。

第四部分：金融杠杆与资产价格泡沫的影响机制研究。研究金融杠杆的经济本质及度量，宏观杠杆与微观杠杆的周期性背离，金融加杠杆的根源、实质、动力、渠道、特点和成因等，加杠杆过程中资金空转机制的形成，构建金融杠杆驱动的资产价格泡沫模型；运用 Bootstrap 统计检验和滚动宽窗 Granger 因果检验模型实证分析金融杠杆和资产价格泡沫之间的动态影响机制。

第五部分：金融杠杆和资产价格泡沫的影响效应研究。从理论与实证角度系统研究金融杠杆、资产价格泡沫与金融、经济的之间的风险效应，周期联动效应以及时变影响效应等。具体内容包括：运用差分广义矩估计（DGMM）和门限效应模型，分别从两个阶段对货币政策传导的银行风险承担渠道的杠杆机制有效性进行检验；采用傅里叶变换和频谱分析法对资产价格泡沫与经济增长之间的周期联动效应进行分析；基于 R & D 模型，加入金融杠杆，拓展内生经济增长模型，比较无资产价格泡沫与引入资产

价格泡沫时两种经济增长模型的均衡结果，推断资产价格泡沫和经济增长共容的条件；运用 MCMC 算法和 SV–TVP–SVAR 模型，揭示金融杠杆、资产价格泡沫和经济增长三者之间的时变关系。

第六部分：金融去杠杆与资产价格泡沫监控系统研究。准确定义去杠杆的涵义，澄清去杠杆的误区；诠释去杠杆与稳增长之间的困境，破解两者困境应该遵循的原则；分别探索实体去杠杆与金融去杠杆的路径；运用合成控制法（SCM）检验限贷政策能否抑制房地产泡沫。运用 SVR 模型、功效系数法和 BP 神经网络技术构建资产价格泡沫监控系统。

第七部分：研究结论与展望。归纳与总结全书的主要和关键结论，根据存在的问题与研究结论，提出相应的措施建议，并对下一步可能的拓展研究进行展望。

本书的内容框架如图 1.2.2 所示。

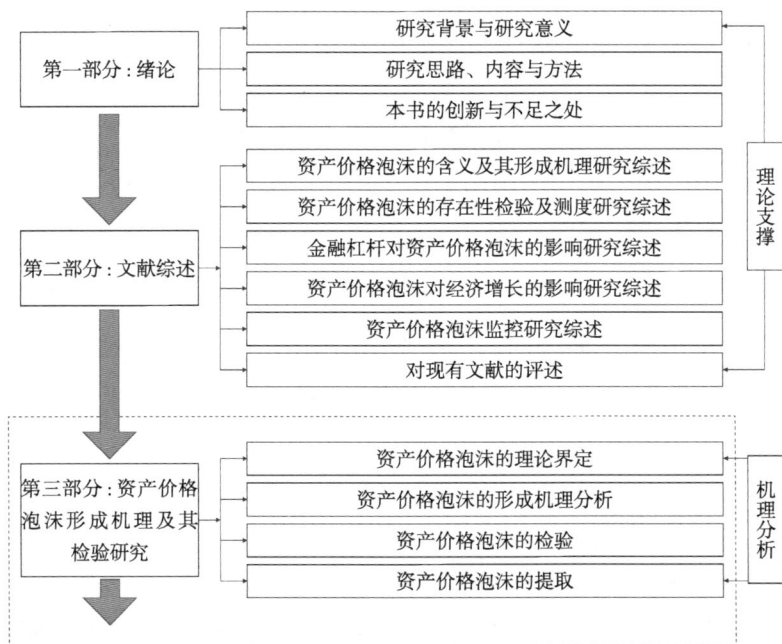

第一部分：绪论	研究背景与研究意义	
	研究思路、内容和方法	
	本书的创新与不足之处	
第二部分：文献综述	资产价格泡沫的含义及其形成机理研究综述	理论支撑
	资产价格泡沫的存在性检验及测度研究综述	
	金融杠杆对资产价格泡沫的影响研究综述	
	资产价格泡沫对经济增长的影响研究综述	
	资产价格泡沫监控研究综述	
	对现有文献的评述	
第三部分：资产价格泡沫形成机理及其检验研究	资产价格泡沫的理论界定	机理分析
	资产价格泡沫的形成机理分析	
	资产价格泡沫的检验	
	资产价格泡沫的提取	

```
┌─────────────────────────────────────────────────────────────────┐
│  第四部分：金融杠杆    ┌──────────────────────────────────┐         │关│
│  与资产价格泡沫的    │      金融杠杆的经济本质及度量       │         │系│
│  影响机制研究       ├──────────────────────────────────┤         │研│
│                   │      金融加杠杆的机理分析            │         │析│
│                   ├──────────────────────────────────┤         │  │
│                   │ 基于金融杠杆驱动的资产价格泡沫模型的构建 │         │  │
│                   ├──────────────────────────────────┤         │  │
│                   │ 金融杠杆与资产价格泡沫影响关系的实证分析 │         │  │
│      ↓            └──────────────────────────────────┘         │  │
│  第五部分：金融杠杆    ┌──────────────────────────────────┐         │实│
│  和资产价格泡沫的    │ 金融杠杆影响商业银行风险承担效应研究   │         │质│
│  影响效应研究       ├──────────────────────────────────┤         │剖│
│                   │ 资产价格泡沫与经济增长的周期联动效应研究 │         │析│
│                   ├──────────────────────────────────┤         │  │
│                   │ 资产价格泡沫与经济增长的共容效应研究   │         │  │
│                   ├──────────────────────────────────┤         │  │
│                   │金融杠杆、资产价格泡沫与经济增长的时变效应研究│        │  │
│      ↓            └──────────────────────────────────┘         │  │
│  第六部分：金融去杠    ┌──────────────────────────────────┐         │对│
│  杆与资产价格泡沫    │      去杠杆的范畴界定及认知          │         │策│
│  监控系统研究       ├──────────────────────────────────┤         │提│
│                   │      实体去杠杆路径研究             │         │出│
│                   ├──────────────────────────────────┤         │  │
│                   │      金融去杠杆路径研究             │         │  │
│                   ├──────────────────────────────────┤         │  │
│                   │ 限贷政策抑制资产价格泡沫的效应研究    │         │  │
│                   ├──────────────────────────────────┤         │  │
│                   │      资产价格泡沫监控系统研究        │         │  │
│      ↓            └──────────────────────────────────┘         │  │
└─────────────────────────────────────────────────────────────────┘
      ↓
  第七部分：研究结论    ┌──────────────────────────────────┐
  与展望             │          主要研究结论              │
                    ├──────────────────────────────────┤
                    │          政策建议                 │
                    ├──────────────────────────────────┤
                    │          研究展望                 │
                    └──────────────────────────────────┘
```

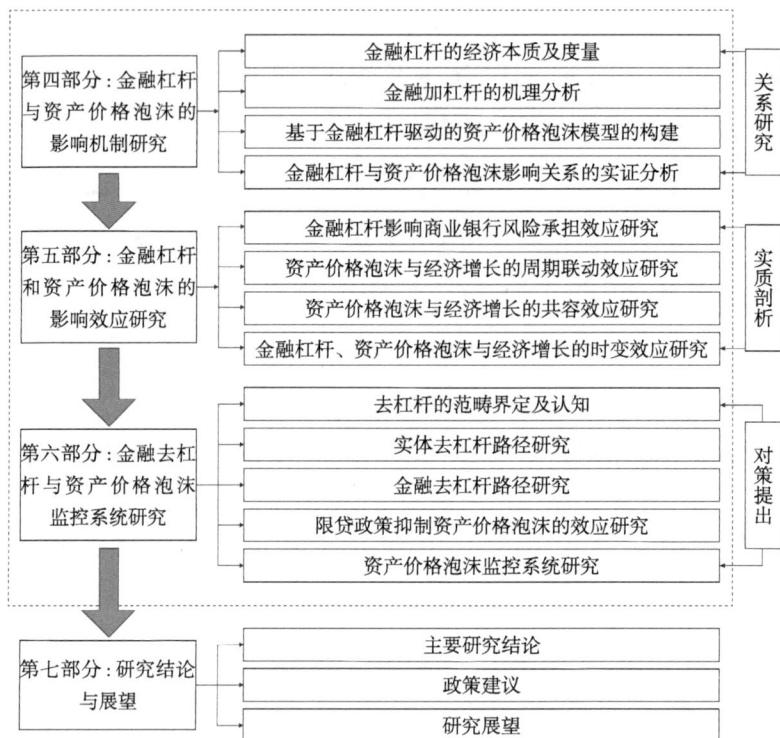

图 1.2.2　本书的研究内容框架

1.2.3　研究方法

本书基本坚持从理论到现实、从表象到实质，理论解释与数理模型相结合，定性分析和定量检验相佐证，涉及金融学、投资学、经济学、统计学和计算机科学等的理论和方法，运用多种软件和计量工具展开研究，具体研究方法主要包括以下四种：

（1）文献研究法

通过大量阅读梳理、分析和总结现有关于金融杠杆、资产价格泡沫和经济增长等国内外的经典著作及前沿文献，厘清选题的发展脉络和研究现状，综述和评论相关研究领域的争论焦点、存在问题和研究盲点，为本书

论题研究和方法创新提供文献支撑。

（2）定性研究法

从理论基础和影响因素两个方面分析以下几个方面的问题：资产价格泡沫的形成机理；金融杠杆的经济本质；金融加杠杆的根源、实质、动力、渠道、特点和成因等；金融杠杆对商业银行风险承担的影响机理；资产价格泡沫与经济增长的周期联动效应机理；去杠杆范畴界定和去杠杆的误区；实体去杠杆路径与金融去杠杆路径；去杠杆与稳增长的困境等。

（3）定量研究法

一方面，运用数理建模定量研究，比如，借鉴艾伦和盖尔（2000）等学者的思路，构建金融杠杆驱动的资产价格泡沫模型；基于 R & D 模型，加入金融杠杆，拓展内生经济增长模型，比较无资产价格泡沫与引入资产价格泡沫时两种经济增长模型的均衡结果，推断资产价格泡沫和经济增长共容的条件；另一方面，运用计量方法定量研究，采用 SADF 检验法、GSADF 检验法、协整和 VECM 方法、滚动宽窗 Granger 因果检验模型、DGMM（差分广义矩估计）、门限效应、频谱分析法、SV–TVP–SVAR 模型、合成控制法，对相关结论进行实证检验。

（4）人工智能方法运用

运用支持向量回归（SVR）模型、功效系数法和 BP 神经网络技术（BPNN），构建资产价格泡沫监控系统。

1.3 本书的创新与不足之处

1.3.1 创新之处

鉴于近几年我国金融市场出现的资产价格异常波动问题、金融杠杆过度扩张的特殊国情以及由此引起的资产价格泡沫演化过程中呈现的新问题和新难题，本书创新性地从金融杠杆视角，结合我国金融资产和金融市场的实际情况，从理论和实证层面，深刻剖析资产价格泡沫的形成机理、影响机制、金融经济影响效应和监控系统，旨在为维护实体经济与金融市场的稳定健康发展提供科学理论支撑。主要创新点包括以下三个方面。

（1）研究角度新颖

从金融杠杆角度研究资产价格泡沫是一个新问题。首先，以预期理论和行为金融学为主的传统资产定价理论是从投资者的预期、噪声交易、过度自信和投资者情绪等角度去研究资产价格泡沫，AG 模型是单纯从信用扩张诠释资产价格泡沫，我国金融杠杆过度膨胀的特殊国情导致的资产价格泡沫演化过程中出现的新问题和新难题，已经无法用传统金融理论和方法很好地诠释；其次，由于现代金融技术的迅速发展产生的影子银行和金融衍生品等空转套利推高金融杠杆导致的资产价格泡沫引起的危害正在超越传统金融理论预想的速度、强度和规模，出现了许多新特征和新变化，但现有文献较少涉及这方面的研究；最后，尤为重要的是，金融杠杆是债务或信用量与 GDP 的比率，与单独采用信用量等分析不同，金融杠杆的分子和分母不是独立变量，金融杠杆水平是由信用量（或债务）和国民生产总值共同决定的，同时，金融杠杆所具有的"乘数效应"使得金融杠杆过度膨胀而引起资产价格泡沫，其形成机理和动态演化周期等具有更大的复杂性，都需要从理论和实证角度重新进行深入研究。

（2）研究方法新颖

本书采用国际前沿和主流研究的新颖方法，将 SADF、GSADF 和 RADF 结合检验资产价格泡沫存在性、存续周期、出现频率和程度大小等，将滚动宽窗 Granger 因果检验和 Bootstrap 结合分析变量之间的动态影响关系，将差分广义矩估计（DGMM）和面板门限法结合研究"非线性"关系等，保证研

究的规范性和结果的可靠性；另外，借鉴人工智能中支持向量回归（SVR）模型、BP 神经网络，建立资产价格泡沫监控系统，这为解决运用时间序列金融变量和模型，可信度较低、假设较严和操作性不够提供了新思路。

（3）研究结论新颖

主要包括：①立足我国金融杠杆异常膨胀的特殊国情，面对新情况和新问题，突破传统金融理论对资产价格泡沫内涵的认识，从金融杠杆角度系统研究资产价格泡沫，这在理论上可以说是一次关键、有益的补充；②构建基于金融杠杆驱动的资产价格泡沫模型，研究两者之间的内在逻辑联系，并且运用滚动宽窗 Granger 因果检验和 Bootstrap 从实证角度进行检验；③金融杠杆是债务或信用量与 GDP 的比率，分子涉及金融因素，分母包括实体经济因素，因此，金融杠杆是联系金融系统与实体经济的关键纽带，将金融杠杆、资产价格泡沫纳入金融经济中去研究，进一步深刻挖掘隐藏在高杠杆与资产价格泡沫背后的实虚经济失衡，从表象分析上升到实质剖析；④支持向量回归（SVR）模型与 BP 神经网络技术具有较高泛化能力，能够较好地逼近与诠释数据所蕴含的内在规律，有效实现监控功能。

1.3.2　不足之处

本书遵循提出问题、分析问题、解决问题的逻辑思路，运用理论阐述、模型构建与实证检验，尽可能全面、系统地研究金融杠杆与资产价格泡沫之间形成机理、影响机制、金融经济的影响效应及监控系统，但由于写作水平、理论知识和数据获取等因素的限制，本书难免存在一些缺陷与不足，具体包括以下三个方面：

（1）理论方面

从现有国内外文献来说，资产价格泡沫研究源于 17 世纪的"郁金香疯狂"，也许更早，但无法否认的是，目前的资产价格泡沫理论仍然是有局限性的，最典型的表现就是国内外学者对其概念和形成机理并未取得共识；实体经济中是否存在资产价格泡沫争议较大；目前占主流的理性预期泡沫理论的"理性预期"是技术性假定，设定条件比较苛刻，难以反映复杂的经济现实和市场实际；就本书来说，资产价格泡沫有多种，但仅对资产价格泡沫中的股市泡沫和房地产泡沫进行研究，没有涉及大宗商品、期货、艺术品、汇率等资产的泡沫问题；关于资产价格泡沫形成机理的影响因素分析中，对宏观因素研究稍显不足。

（2）获取数据方面

本书涉及的经济变量种类较多，包括股价、房价、私人信贷、GDP、货币政策（M1、M2）、资本充足率、银行杠杆率、居民消费价格指数、人口密度、土地成交均价、商品房销售价格等，这些数据不仅起止时间和频率存在差异，而且数据长度有限，影响实证分析的可靠性；另外，本研究没有细化一些经济变量，如股市未区分上证和深证，也没有细分大盘股、中盘股和小盘股；房地产市场未细化一线城市、二线城市和三四线城市等，不能全面解释国内的实际情况。

（3）实证检验方面

不足具体包括：一是实证检验方法自身的缺陷，所有的实证检验都面临参数不稳定性的挑战（Granger，1996）；同时依据一个理论或假设、使用有限事实和现象去证明和诠释普遍理论或假说的正确性，不可避免地具有偶然性和概率性，容易出现"休漠问题"❶；二是本书虽然采用了较多

---

❶ 休漠问题：1711年5月7日，由英国哲学家大卫·休漠（David Hume）首先提出，主要指归纳问题和因果问题，即从"是"能否推出"应该"，换句话说，就是"事实"命题能否推导出"价值"命题，这在近代西方哲学史上占有重要位置，但终未被有效破解。

的计量方法，如 SADF 检验法、GSADF 检验法、协整和 VEC 模型、滚动宽窗 Granger 因果检验模型、DGMM（差分广义矩估计）、门限效应、频谱分析法、SV–TVP–SVAR 模型、合成控制法等，但可能由于笔者出于价值判断和偏好而决定方法和假设的选择，忽略了其他更适合的方法。

2　文献综述

资产价格泡沫研究起源于 20 世纪 70 年代金德尔伯格（Kindleberger，1978）对投机泡沫的阐述，但早期文献关于资产价格泡沫并没有形成一个具有共识的严谨定义，直到 2008 年，在《新帕尔格雷夫经济学大辞典》中才出现了较为准确的含义。此后，资产价格泡沫的复杂性和人们对资产价格泡沫本质认识的不断深入推动着该理论体系的发展。国内外学者就资产价格泡沫的含义、形成机理、与金融杠杆的动态关系和对资产价格泡沫监控等方面进行了有益探索，并提出了重要见解，本书对相关文献进行系统性的梳理、归纳、总结和评述，为后期展开研究提供科学的理论依据。

2.1　资产价格泡沫的含义及其形成机理研究综述

目前学术界对于资产价格泡沫的含义及其形成主要有五种观点。

2.1.1　理性预期理论

理性预期理论（Rational Expectations Theory）也称合理预期假说，假定市场参与者对未来事件的预期是理性的，在能够有效利用全部信息的条件下，对经济变量做出最准确或者与相关经济理论和模型相符合的预期。

理性预期假说最初是由美国经济学家穆思提出的，20 世纪 70 年代后，芝加哥大学的卢卡斯、明尼苏达大学的萨金特和华莱士等人对该思想进行了进一步的拓展 ❶。

运用理性预期理论来解释资产价格泡沫的形成机理，认为金融资产的现值取决于投资者对未来价格的预期，正是由于预期催生资产价格的变动并使其偏离基础价值，产生了泡沫（Bao & Duffy，2016；宗计川等，2017）。斯蒂格利茨（Stiglitz，1990）认为泡沫就是资产价格偏离了资产基本面的情形，一种或者一系列资产在一个连续过程中突然上涨，是由于投资者预期明天它的价格还会上涨，而与经济的基本面无关系，泡沫就存在了。也就是说，投资者忽视了资产本身可以盈利的能力，只关心买卖价差收益，这个泡沫将随着对资产价格预期出现逆转而结束。从这个定义中可以看出，资产价格泡沫是一个由价格连续不断上涨到暴跌的过程，预期在这个泡沫形成过程中尤其是价格发生逆转过程中起关键作用。该观点主要强调了资产价格泡沫形成过程中价格变动特征和投机在资产价格泡沫产生和破裂过程中的作用，由投机产生的泡沫一般被称为非理性泡沫，与其相对应的是迪巴和格罗斯曼（Diba & Grossman，1988）根据有效市场理论提出的理性泡沫，理性泡沫不是定价错误导致的结果，而是理性行为与理性预期允许的资产价格偏离内在价值的剩余部分，这种把泡沫分为理性泡沫和非理性泡沫的提法对后期国内外学者的研究产生了广泛的影响。

日本学者对资产价格泡沫定义的理解有以下共同点：一是强调泡沫是资产价格相对于经济基础的偏离，把资产泡沫与经济要素联系起来；二是强调资产价格泡沫的变化是资产价格的一个从上涨到暴跌的过程。

---

❶ 理性预期理论：最初出自于《合理预期和价格变动理论》一文，由美国经济学家 J.F. 穆思提出，后经芝加哥大学的卢卡斯、明尼苏达大学的萨金特和华莱士等人的拓展，形成理性预期理论体系。

很多学者主要从资产价格偏离经济基础角度来定义资产价格泡沫，黄明坤（2002）认为泡沫是经济失衡的一种表现，是某种价格水平相对于经济基础条件决定的理论价格（一般为均衡稳定状态价格）的非平稳性向上偏移。海梅耶等（Heemeijer et al.，2009）指出，投资者在市场交易中通过观察金融资产的历史数据可以形成对未来资产价格的预期，这一预期能够决定投资者的交易行为，当预期某一资产价格上升或者下降时，投资者便会更多地购买或者卖出这一资产，因此导致了该资产价格的上升或者下降。霍姆斯（Hommes，2011）运用实验研究方法发现，投资者追逐趋势的预期策略将引起资产价格的大幅波动并且偏离长期均衡预测值。

理性预期理论中的"理性预期"是技术性假定，由于设定条件比较苛刻，纵观历史上出现的资产价格泡沫，笔者发现该模型与市场实际情况相差甚远，并不能很好地解释市场上的泡沫现象。

2.1.2　行为金融理论

资产价格泡沫理论自 20 世纪 70 年代被引入理性预期理论以来，逐步从定性过渡到定量分析，从均衡发展到非均衡研究，从理性预期理论演化到有限理性理论。此时，行为金融学开始萌芽并逐步发展起来，不但丰富了资产价格泡沫理论，同时也解释了资产价格泡沫这种违背价值规律、套利行为无法出清市场的现象。

早期传统金融学的有效市场假说（Efficient Markets Hypothesis，EMH）是现代金融学的理论基石，该假说认为每个投资者都是完全理性的，理性投资者追求预期效用的最大化，股票价格完全反映所有关于这一证券价格可获得的内在价值信息，即"信息有效"，任何人都不可能持续获得超过市场平均水平的收益。EMH 有一个重要结论：即使金融市场中存在非理性交易者，市场实际价格仍然可以如实反映金融资产的价值，因为套利机制会使偏离价格得到迅速纠正和市场效率恢复，所以资产价格泡沫不会产生。但是，证券市场中却出现了许多有悖于 EMH 的投资者异常行为及金融市场异象，也就是说决定股票价格除了基本面因素外，还有一系列非基本面因素，这直接导致了后来以噪声交易行为、过度自信、投资者情绪、羊群效应为主要研究内容的行为金融学产生。行为金融学理论认为，投资者个体是有限理性的（bounded rationality），投资者不仅是偶然偏离理性，而且经常以相同方式偏离理性，当这种非理性最终趋于一致时，就会导致市场错误定价的发生。资产价格泡沫是由于存在噪声交易、过度自信、投资者情绪和正反馈机制，引起投资者对资产价格的判断错误，导致了资产定价扭曲，从而产生了非理性泡沫。下文分别从噪声交易行为、过度自信、投资者情绪等方面进行综述。

噪声交易理论是研究非理性资产价格泡沫的重要根据。布莱克是解释噪声交易的奠基人，他指出噪声是指金融市场中那些失真的或者虚假的、与资产本身价值没有联系的信息。布莱克（Black，1986）认为，股市异常波动是由于"噪声交易者"加入导致的"噪声交易者风险"造成的，同时指出投资者购买金融资产的依据是"噪声"而非"信息"。噪声主要来源于两个方面：市场参与者自己的误判和主动制造。他把这种基于非理性噪声信息进行交易的市场参与者称为噪声交易者，并且用此来解释金融市场中存在的大量异象，噪声交易理论成为现代行为金融学的重要理论内容和研究基础。噪声交易理论中最著名的当属德隆（De Long，1990a）在布莱克研究基础上提出的噪声交易模型（DSSW），他认为资产价格均衡会受到噪声交易影响而偏离其基础价值，推动价格泡沫的形成。宾斯万格（Binswanger，1999）把动态 DSSW 模型进行了扩展，即假设噪声交易者对资产价格的误判可以随着时间而变化，并且资产的基本价值是随机游走的，进而研究了噪声与资产价格泡沫的关系，持类似观点的还有安德森（Andersson，

2014）、李斌等（2015）、塔恩（Tan，2015）、赫斯莱弗（Hirshleifer，2015）、巴贝里斯（Barberis，2015）、利蒂米（Litimi，2016）。

过度自信也是形成资产价格泡沫的一个关键因素。丹尼尔（Daniel，2015）发现，投资者对噪声（主要指私人信息）过度自信，当噪声是利好信息时，过度自信将使得资产价格上涨并偏离其真实价值，形成资产价格泡沫。欧登（Odean，1999）发现投资者过度自信将导致高估资产的预期收益，从而倾向于风险较大的交易并频繁进行买卖操作，交易量增加引起的过度自信导致过度交易，催生了泡沫。莫伊纳斯和普吉（Moinas & Pouget，2013）指出，投资者过度自信将导致异质信念，而这种异质信念和卖空限制是导致资产价格泡沫产生和破裂的主要动因，持类似观点的学者还有杰拉西（Jlassi，2014）、丹尼尔和赫斯莱弗（Daniel & Hirshleifer，2015）、米哈伊洛娃和施密特（Michailova & Schmidt，2016）。我国学者扈文秀等（2016）在 DSSW 模型中嵌入了过度自信、资产缺乏弹性和流动性过剩三个影响因子，研究发现三个因子数值越大，非理性资产价格泡沫的膨胀速度就越快。

投资者情绪作为一种主观期望，在受到投资者自身特性和外部信息冲击的影响下引起投资者情绪的变化，最终反映到投资决策的选择上，投资者情绪也是催生资产价格泡沫形成的一个重要因素。斯坦堡（Stambaug，2012）认为，投资者情绪对资产价格波动的影响是非对称性的，投资者在情绪低落时更加关心资产价格的波动。杨和李（Yang & li，2013）研究发现，情绪投资者比例增加将加大对资产价格的冲击。伯杰和特特儿（Berger & Turtle，2015）指出，对资产价值过度估计是投资者情绪累积变化的重要因素，从而催生了资产价格泡沫；李（Li，2015）研究发现，投资者情绪对市场和企业层面的股价暴跌产生正向影响，且投资者情绪对股票价格的同步性影响较大，持类似观点的学者还有尼（Ni，2015）、库玛丽和玛哈库德（Kumari & Mahakud，2015）、黄（Huang，2015）、艾西亚（Aissia，2016）、雷诺（Renault，2017）。国内学者陆静和周媛（2015）将投资基金损失率作为投资者情绪的代理变量，研究发现投资者情绪对我国 AH 股票价格有显著的影响。王健俊等（2017）针对我国 2015 年发生的"股灾"，选取 2014—2016 年的时间序列数据进行研究，指出在微观层面，投资者情绪对波动风险和股市收益有明显的推动作用，在宏观市场层面，发现投资者情绪与资产价格泡沫互为原因，即投资者情绪通过作用于融资杠杆对股票价格泡沫和融券杠杆产生影响，而股票价格泡沫的变化又反过来影响投资者情绪，在这三个因素中，投资者情绪的冲击程度最显著。高大良等（2015）、靳晓宏等（2016）、陈明珠（2016）也有类似观点。

此外，国内外学者还从正反馈机制、流动性、羊群效应和心理账户等角度研究资产价格泡沫（顾荣宝等，2015；Clements et al.，2017）。从行为金融学角度形成的理论虽然对资产价格泡沫的解释比理性预期理论有所提高，但仍无法解释泡沫历史中的基本特征。

2.1.3　以分形和混沌理论为代表的非线性理论

有效市场假说（EMH）假定信息一旦被市场参与者知晓，它就无法再影响资产定价，即有效市场的信息是独立的。虽然不是所有的有效市场都要求信息独立性，但是基于有效市场假说的统计检验方法必须要求信息独立性和内在的有限方差。本杰明（Benjamin，1989）研究发现，股票收益率可能是无定义的或者是无限方差。埃德加（Edgar，1999）借助 R/S 分析（Rescaled range analysis，R/S 分析）和赫斯特指数（Hurst exponent）等发现美国股市存在着分形（fractal）和混沌（chaos），即其收益率并不服从正态分布，所以一些以正态分布为基础的统计分析（比如 T 统计量、相关系数等）可能会得出误导投资者的结论。大量研究结论表明：股市收益分

布偏离正态分布，具有尖峰和肥尾特征，传统资本市场理论对此异象解释乏力，主要根源在于传统资本市场理论大多是线性的，分形和混沌理论作为研究非线性模型的有力工具，它的出现标志着资产价格泡沫研究进入了一个新的发展阶段。

混沌（chaos）研究最早起源于物理学，其核心内容就是一些看似混乱无关联的事物之间实际上存在一定联系，即存在所谓的"蝴蝶效应"。20世纪80年代后，随着相空间重构技术的发现，混沌研究逐渐被运用到多个学科，美国经济学家斯图策（Stutzer）在1980年开创了运用混沌理论研究经济和金融系统的先河。科德瑞斯和帕佩尔（Kodres & Papell，1991）、谢（Hsieh，1989）、马哈詹和瓦格纳（Mahajan & Wagner，1999）研究发现，汇率具有明显的混沌性质。混沌理论认为资产价格泡沫形成不是一个确定性过程，其与影响因素之间不能用简单的线性关系表示，资产价格泡沫的形成、膨胀与破灭从表象上看是混乱无序的，其实际运行轨迹却存在一定的必然性。

分形理论（Fractal Theory）也是研究非线性的重要理论，其核心内容是宇宙万物虽有不同的类型，但某一种类型的整体与部分之间往往存在着某些相似形态。分形理论认为：不同类型的资产价格泡沫，比如股票价格泡沫和房地产价格泡沫，其生成和破灭的过程、机制可能不同，但同一类型资产价格泡沫，比如不同的股票价格泡沫，其生成和破灭的过程、机制具有相似性。作为分形理论的创始人，曼德布罗（Mandelbrot，1991）通过对纽约期货市场进行研究，发现棉花期货价格具有明显的分形特征。分形理论提供了一种资产价格泡沫生成与破灭机制研究的科学方法论。

关于混沌与分形的文献有很多。格林和菲利茨（Greene & Fielitz，1980）最早将R/S分析法运用到金融、经济学研究中，分析了美国普通股收益率的分形特征。其后，有许多学者应用R/S分析法来研究金融时间序列的分形结构，例如彼得斯（Peters，1991）等。自回归条件异方差系列模型（ARCH）可以较好地解释市场波动的尖峰厚尾、非线性、非对称性等特征（Engle，1982；Bollerslev，1986）。克里斯滕森（Christensen，2012）在均值 GARCH 模型中加入限定条件：波动率由其自身滞后值和收益率观测值决定，这个限定能够估计波动率的非线性均值效应，而且能够设定波动率均值线性决定于某些外生变量，研究表明收益和风险的线性关系不成立。林和锡（Lim & Sek，2013）运用对称 GARCH 模型与非对称 GARCH 模型，对马来西亚股价的波动率进行了比较研究，指出在经济危机发生时期股价波动具有明显的非对称特性，而在危机发生前或后的时期，则无这种非对称性，苏（Su，2017）持有类似观点。国内学者黄荣哲等（2009）、雷强和李争争（2009）指出沪深股市的赫斯特指数大于 0.5，表明沪深股市具有分形和混沌的特征，因此，投资者要预测股市应该是比较困难的。庄岩（2012）利用 ARCH 族模型指出，棉花价格变动无异方差效应，稻谷和生猪等价格变动有显著集聚性，并且稻谷价格变动有非对称性。付莲莲和朱红根（2016）采用带有正态分布、GED 分布和 t 分布的 ARCH 族模型对一些农作物价格变动做了研究，结果表明大米和大豆价格变动具有明显聚集性，粮食价格变动具有"尖峰厚尾和非正态"特点，但是小麦和玉米价格变动无显著的 ARCH 效应。

但截至目前，以分形和混沌理论为代表的非线性理论没有形成完整的理论体系。

2.1.4　信贷理论

从信贷角度系统研究资产价格泡沫首推艾伦和盖尔（2000）提出的 AG 模型，该模型指出资产价格泡沫就是"用贷款去购买资产，由于风险转移引起的价格超过其基础价值的部分"，即投资者利用自有资金购买金融资产的

价格是其基础价值，而利用贷款购买金融资产引起其价格上涨的部分就是"泡沫"。法希和让·梯若尔（Farhi & Jean Tirole，2012）认为，这是因为运用贷款进行投资并且只承担有限责任时，投资者能够把资产价格下降的风险转移给贷款人，而取得资产价格上升时的收益，在这种激励下，资产价格将偏离基础价格，产生泡沫。

前三个理论有一个共同特征，即都是利用自有资金购买资产，而 AG模型强调资产价格泡沫是运用贷款购买资产出现风险转移而引起的价格超过其基础价值的部分，瞿强（2005）指出，从信贷角度定义资产价格泡沫的思路是一次关键性突破与有益的尝试。

2.1.5 金融发展理论

金融发展对经济发展有重要的影响作用，健康完善的金融体系能够有效配置资源、促进经济发展（Schumpeter，1911；Ramey & Ramey，1995）。金融发展程度，即金融市场的完全性，影响资产价格泡沫的产生。资产价格泡沫可以说是资产的定价扭曲，它的产生根源于金融市场的不完全性，也就是说，金融市场缺乏某些或者某种能够用于在不同市场状态间进行资源配置的金融资产，金融市场的这种不完全性使得一种资产要发挥多种职能而扭曲了现有资产的定价（Caballero & Krishnamurthy，2006；Caballero et al.，2008）。金融市场的不完全性导致资产价格泡沫产生这一说法得到了大多学者的赞同。如果金融市场是完全的，市场中出现的任何可能状况在发生前都能够通过相应的金融资产工具及其组合冲掉风险，金融资产能够得到正确估价，因而也就不会产生泡沫（王永钦等，2016）。

金融市场的不完全有多种形式，其中主要包括金融资产种类单一、跨际迭代、缺乏保险和保值金融工具等。

金融市场的不完全表现在可用作抵押和保值的金融资产数量匮乏，在信贷约束较严的情况下，为资产价格泡沫的产生提供了条件。法希和让·梯若尔（Farhi & Jean Tirole，2011）指出，在信贷受到约束的情况下，由于经济中能够充当抵押品的金融资产数量缺乏，一些项目得不到融资，在这种状况下，泡沫资产本身就可以作为抵押品使企业获得更多的外部融资，即可以"挤入"投资。也就是说，投资者利用借款购买资产，资产价格上涨将增加抵押品价值，借款人能够获得更多信贷资金，从而购买更多资产（挤入投资），如此反复，便可能导致资产价格上涨与资产价格泡沫出现；当资产价格开始下跌，逆向反馈机制同样发生作用，即资产价格下跌引起抵押品价值发生贬值和信贷收缩，借款人被迫出售资产导致资产价格泡沫破裂。马丁和文图拉（Martin & Ventura，2012）指出，如果充当抵押品的泡沫资产对企业信贷限制放松效果（"挤入投资"）较小，那么资产价格泡沫破灭对实体经济的"挤出"效应会更加显著，资产价格泡沫使得资金从生产服务部门转移到非生产服务部门，从而"挤出"了投资，使投资水平低于社会最优水平。此外，信息不对称和合约的不完备也会导致信贷限制，在这种情况下，只有足够的抵押品才能放松银行的信贷限制，反之，信贷限制越严重，泡沫就越容易产生（Farhi & Jean Tirole，2012）。

金融市场的不完全还表现在跨际迭代上。戴蒙德模型即代际交叠模型（Overlapping Generation Model，OLG），该模型中假设未来的交易者没有产生，隔代之间不能交易。让·梯若尔（Jean Tirole，1985）进一步拓展了萨缪尔森（Samuelson，1958）的模型后研究发现，在经济人合乎理性的假设下，资产价格泡沫只能在无限期模型中产生，这是因为在有限期内，根据倒推法，最后一期的投资者不会购买该泡沫资产，依此类推，倒数第二期以及以后的投资者也将不会购买该泡沫资产，因而也不会出现资产价格泡沫，而跨际迭代的无限期以及隔代交易者之间不能交易，这样的金融市场是不完全的，因此催生了资产价格泡沫。实际上，艾伦（Allen，1993）指出，

如果交易者对宏观经济面无法达成共识，即使在有限期内也可能出现泡沫。

金融市场不完全还表现在缺乏为未来不确定性或者风险进行保值和保险的金融资产，这样，交易主体就必须承受难以化解的风险，从而放弃一些预期收益高的项目，就容易滋生泡沫。

由于大部分发展中国家金融市场的不完全性和金融资产种类简单，投资者缺乏更多地可以充当抵押品和保值手段的金融资产，为资产价格泡沫的产生提供了条件。资产价格泡沫会吸引许多纯粹基于投机或者保值动机的投资者，诱惑部分企业和个人放弃原有的生产性投资，转而热衷于房地产和股市等资本市场投机，导致资金从实体经济部门流向证券市场和房地产市场，在这些封闭的经济体中，资产泡沫开始滋生并且膨胀，这就使有效投资或者生产性投资下降，生产部门受到挤压，对实体经济造成巨大危害。

2.2 资产价格泡沫的存在性检验及测度研究综述

2.2.1 资产价格泡沫的存在性检验

自有历史记载的"郁金香泡沫"之后几个世纪，尽管学术界一直致力于对资产价格泡沫的研究，但对经济中是否存在资产价格泡沫，争议较大，出现了两种截然相反的观点。

一种认为不存在资产价格泡沫，例如标准的新古典经济学和有效市场假说等。标准的新古典经济学认为资本市场中不会出现资产价格泡沫，这是因为在有限交易和投资者都是理性的情况下，资产价格泡沫显然是无法滋生的。让·梯若尔（1985）指出，假设交易者都是理性的，不管是否存在卖空限制，其交易都无法获得利得，除非其对给定资产价值具有不同的先知先觉，或者想依靠市场进行价格风险保险（Insurance）或转移。换句话来说，资产价格泡沫是不可能出现的。桑托斯和伍德福德（Santos &

Woodford，1997）指出，在无限交易中，无论是否存在借款限制和市场是否完全，资产价格泡沫都不可能存在，另外，荷兰郁金香狂热、南海股市泡沫等出现的资产价格大涨和大跌都不是真正的资产价格泡沫，而仅是市场的理性反应。申克曼（Scheinkman，2003）、卡萨里斯（Katsaris，2005）运用跨期均衡模型研究发现，在无限交易的某些状况下，资产价格泡沫也是不存在的。

另一种指出市场中必然出现和存在资产价格泡沫，比如过度信心理论和资产价格公司经理操纵论等。西（West，1987a）运用设定检验法，对美国 1971—1980 年的 S & P 500 道琼斯工业指数（1928—1978）是否存在资产价格泡沫进行了检验，其基本内容设定了两种情况：一种情况假定不存在资产价格泡沫，运用最小二乘线性回归模型（Ordinary Least Square，OLS）估计股票价格对股利的回归系数；另一种情况是假设存在资产价格泡沫，即股利服从平稳的一阶自回归模型，估计股票价格对股利的回归系数。如果资产价格泡沫不存在，在上述两种情况下估计的回归系数不存在显著差异，反之，则证明存在，而实证结果进一步表明，在美国股市中存在明显的泡沫现象。由于资本市场上有很多变量是无法观察和不可获得的，因此传统金融实证方法存在难以解决的技术困境，史密斯（Smith，1988）运用实验经济学，提供了一条判断资产价格泡沫是否存在的途径。实验经济学能够通过可重复实验把一些现实资本市场中无法观测或者获取的变量变成可以控制的实验变量，通过研究个体在市场交易中的行为，对金融理论做出较为可信的检验和比较。他研究发现，无论资产价格泡沫形成原因是什么，资产价格泡沫确实会产生。吴（Wu，1997）采取卡尔曼滤波方法，检验出美国股市在 1870—1995 年存在显著的投机性资产价格泡沫，尤其是 1960 年的股价中有 40% ~ 50% 来自投机泡沫。我国学者郑海涛等（2018）采用均值回归随机平稳终结模型，检验了京沪各区县房地产泡沫的存在性。

还有一些学者运用自相关检验和尖峰厚尾检验方法。以上这些计量检验方法虽然简单、容易实现，但是准确性和有效性都受到了质疑。

存在两种相反观点的根源是由于对资产基础价值判断标准的不统一，衡量资产价格是否存在泡沫，必须分离和计算由基本面因素决定的资产基础价值，把资产基础价值和当前的市场价格相比较，判断两者之间是否存在着显著的差异，但是由于对资产基础价值的判断标准的不客观和不统一，有学者认为存在资产价格泡沫，但这一观点马上就被其他学者否定。

2.2.2　资产价格泡沫存在性的检验方法

尽管对资产价格泡沫是否存在分歧较大，但国内外仍有一些学者致力于检验泡沫的存在。检验方法有间接检验法和直接检验法两种。

（1）间接检验法

间接检验法的核心思想是把金融市场价格中能够用未来各期收益理性预期现值阐述的部分作为零假设，如果该零假设被拒绝，就表明存在资产价格泡沫。基于上述思想，希勒（Shiller，1981）提出了方差界检验或称希勒检验，但该检验有三个前提条件：完全有效市场、理性预期和不要求充分假定信息集，同时假设资产价格等于实际价格与理性预期误差序列之和，在这些假设限制下必然存在资产价格方差大于实际价格方差，若拒绝零假设，则表明否定了有效市场假设，市场中存在资产价格泡沫。但一些学者对此却提出了质疑：拒绝零假设不是因为存在泡沫，可能是由于套利失败或者别的因素影响，因此拒绝零假设解决不了什么问题。另外，间接检验法由于无法处理泡沫的非线性特征也受到了批评，尽管存在质疑，但运用间接检验法研究资产价格泡沫的文献较多。

间接检验法一般不设定泡沫运动过程，运用协整、方差界、单位根方法，从价格、收益率等方面检验是否存在泡沫。格兰杰和斯旺森（Granger &

Swanson，1997）运用一般化随机鞅求出了理性资产价格泡沫的解集后，国内外学者以理性预期理论为基础，提出了一系列资产价格泡沫的检验方法，如单位根检验、方差边界检验、协整检验和状态空间检验等。布兰查德和华生（Blanchard & Watson，1982）运用方差检验法研究发现美国股市在1971—1979年存在泡沫。坎贝尔和希勒（Campbell & Shiller，1987）认为，如果红利收入和股票价格无协整关系，则表明存在资产价格泡沫泡沫。迪巴和格罗斯曼（Diba & Grossmann，1988）研究发现，假设股市中存在理性泡沫，则股票价格的一阶差分存在非线性。菲利普斯（Phillips，2015）提出了检测单个周期性泡沫的 SADF 方法和多个周期性泡沫的 BSADF 方法，是现今较为前沿的检验资产价格泡沫的方法。克劳斯尔（Kräussl，2016）运用 sup-ADF 研究了艺术品市场的资产价格泡沫。刘（Liu，2017）运用递归 sup-ADF 研究了 2006—2014 年我国居民消费价格指数投机泡沫。阿尔穆达夫（Almudhaf，2017）利用 GSADF 检验了一些新兴和发达非洲国家的股票市场泡沫。类似研究还有凡塔齐尼（Fantazzini，2016）、恩斯特德（Engsted，2016）、苏（Su，2017）、胡和奥克斯利（Hu & Oxley，2017）。我国学者简志宏和向修海（2012）采用修正的 BSADF 检验方法，对我国股市泡沫进行了检验，发现存在多个周期性泡沫。邓伟和唐齐鸣（2013）把单位根检验和指数平滑转移模型结合，提出一种泡沫检验的新方法，即 sup-KSS 检验。王燕青等（2015）利用 SADF 方法对鸡蛋期货结算价格进行泡沫检验，结果表明，鸡蛋期货市场存在泡沫，持续时间较长且多为正泡沫。郭文伟（2018）利用 BSADF 检验方法，对我国股市和房地产周期性泡沫进行了研究，结果表明，在研究期内，我国股市和房地产多次出现周期性泡沫。黄慧莲等（2018）采用 SADF 方法，对我国 13 个主要农产品期货价格泡沫进行分析，发现各农产品期货泡沫的持续时间存在明显差异并且农产品期货价格波动与泡沫长度有关。欧阳志刚等（2018）

利用 GSADF 和 BSADF 方法检验了我国股市泡沫产生、破灭时点、泡沫持续时间、泡沫膨胀速度和程度等。但是，单纯运用单位根检验是否存在资产价格泡沫的准确性偏低，这是因为：资产价格变量序列一般具有一阶单整过程，极少存在二阶和二阶以上单整过程，因此仅用单位根检验方法，结果更加趋向于不存在资产价格泡沫。所以，一些学者提出不仅要进行单位根检验，还应加上协整检验，才能准确分析资产价格泡沫的存在性，如果金融变量序列之间存在协整关系，就证明不存在资产价格泡沫，反之，则存在资产价格泡沫。米赫德和泽姆克（Mikhed & Zemck，2009）运用单位根检验和协整检验研究了美国加权重复销售指数和租金，实证结果表明，20 世纪 80 年代后期美国的金融市场泡沫程度较大。

（2）直接检验法

直接检验法是利用实际经济的运行数据，设定泡沫的具体运动过程，直接检验投机性泡沫的存在（Etienne，2015；Bosi & Pham，2016）。由于泡沫解的多重性，直接检验所有泡沫的可能性不大，所以其核心思想是明确研究某个具体泡沫。目前，学者们只直接检验两种泡沫：一种是确定性理性泡沫（Deterministic Rational Bubbles）；另一种是内生性理性预期泡沫（Intrinsic Rational Bubbles），该种泡沫具有非线性特征，能够较好地解释市场价格的波动性，并且与其他泡沫设定不同，可以通过实证方法进行检验。国内学者周春生和杨云红（2002）运用最优投资行为模型，对中国股市中存在资产价格泡沫的可能性提出多种理论解释。袁志刚和樊潇彦（2003）利用局部均衡模型对资产价格泡沫的产生、存在条件和破裂因素进行了分析。徐爱农（2007）用剩余收益率模型对我国的 A 股进行了泡沫检验，结果表明，从表面上看，中国 A 股市场长期以来基础价值保持相对稳定，但股票价格却频繁剧烈变动，市场中存在较多的泡沫成分，并且泡沫多数属于异常波动引起的超常泡沫。

另外，由于资产价格泡沫被视为有两种或更多种状态，艾哈迈德（Ahmed，2010）提出 Hamilton 区制转换模型（Van Norden Schaller，VNS），这被称为直接检验法中检验泡沫最有力的工具，并且能够处理泡沫的非线性特征（Harvey et al.，2017），但该模型仅仅研究了泡沫产生和泡沫破裂两个状态。有学者认为泡沫还存在潜伏期，于是提出 Hamilton 三区制转换模型。史兴杰和周勇（2014）运用 2001—2011 年我国直辖市的房价数据，提出一种更有效的自回归（Auto-Regressive，AR）模型，实证结果表明：北京市和上海市的房价泡沫较显著，而天津市和重庆市的房价泡沫不显著；处于生存状态的房地产价格泡沫概率走势图中显示，政府的房地产调控政策能够挤出北京市的泡沫，但对上海市的泡沫调控不起作用。陈国进等（2013）分别运用马氏域变模型和三区制模型对我国的资产价格泡沫进行了检验。孟庆斌和荣晨（2017）利用马氏域变模型研究发现，我国房地产资产价格泡沫主要集中于四个阶段：第一个阶段是由于住房货币化改革的出台催生的 2003 年到 2004 年第一季度的资产价格泡沫；第二个阶段是经济快速增长促进了 2007 年第二季度到 2008 年上半年资产价格泡沫；第三个阶段是金融危机期间采取货币宽松政策引起了 2009 年年初到 2010 年年底的资产价格泡沫；第四个阶段是 2012 货币政策的微调刺激了 2013 年全年的资产价格泡沫；第五个阶段是经济"换挡期"的结构性变化激发了 2015 年到 2016 年的资产价格泡沫。

2.2.3 资产价格泡沫的测度方法

关于资产价格泡沫的度量，目前国内外学术界主要有三种研究方法。

从泡沫定义及资产基础价值出发，认为资产价格泡沫就是资产价格偏离基础价值的部分，通过构建模型估算基础价值并与实际价格相比较，实现对资产价格泡沫的度量（Narayan et al.，2013；Caspi，2016）。赵

志君（2003）运用改进后的剩余收益模型，对我国股市泡沫进行了度量，发现在企业平均净资产收益率不断下降的状况下，股票价格却仍然超过其基础价值，股市呈现严重的泡沫化。徐爱农（2007）对我国的股市泡沫进行了测量和提取，结果表明，我国 A 股市场的基础价值较稳定，但股票价格却频繁大幅波动，股票价格与基础价值偏离严重，存在较多的资产价格泡沫成分。周松柏（2009）发现，从市场整体角度和从行业视角都可以测度出我国的股票市场存在大量资产价格泡沫，并且整体市场泡沫波动与行业泡沫波动具有联动效应。以上文献研究尽管在数据、变量和研究方法上存在差异，但都证明中国股票市场确实存在较大的资产价格泡沫。高波等（2014）运用预期均衡价格模型估算了我国 30 个大中城市房地产价的基本价值和泡沫，虽然东部地区的泡沫数值显著高于中西部地区，但 30 个城市的泡沫趋势大体一致。陈长石和刘晨晖（2015）运用 MS-VAR 模型度量了我国房地产价格中的基础价值和泡沫，结果表明 2014 年整体房地产泡沫率大约是 45%。

由于基础价值计算比较复杂，加上我国分红制度不完善，因此一般不采用该方法计算资产价格泡沫。

从金融、消费、供求和投资等宏观和微观层面选取一系列指标体系，构建一个综合合成指数进行度量（Van Nodren & Sehaller，1999；Zhang et al.，2016；Shi et al.，2017）。国内学者江彦（2003）选取货币供应量、上证综指、工业生产指数和居民消费价格指数等，运用多因素模型，测度了我国 1991—2001 年的股票市场价格的基础价值部分并且提取了泡沫成分。冯祈善和孙晓飞（2005）选取企业投资净资产收益率、长期债券年利率为基础，结合股票市场的风险溢价，首先计算了中国股票市场 1997—2004 年合理的市盈率范围，然后根据股票市场的实际市盈率，判定资产价格泡沫是否位于合理范围内。还有一些学者认为，房地产价格最终取决于居民的收入支付能力，故选择房价收入比作为度量指标，由于该指标能够直接反映房地产市场泡沫的严重程度，所以目前的研究较多使用该指标，比如杨晃和杨朝军（2015）、张川川等（2016）；冯文芳等（2017）选取上证综指、银行间 7 天同业拆借利率、CPI 和工业增加值四个变量作为股票基础价值代理变量，然后运用向量误差修正模型（VEC）提取股市泡沫。

这类研究也存在一些争议：发展中国家的股市尚不完善，资本市场尤其是股市作为经济的"晴雨表"的作用有时并不明显，即资产价格指数与宏观经济状况的联系并不紧密；另外，影响资本市场的宏观因素较多，很难做到在变量选取上的准确性和全面性。

从动态角度测度资产价格泡沫的变化速度。吕炜和刘晨晖（2012a）运用价格解析法度量了全国 30 个省份的投机泡沫，其中运用动态调整的方法对投机泡沫进行了分解。此后，刘晨晖和陈长石（2015）也运用价格解析法度量了房地产泡沫。吴立力（2017）运用动态 GMM 模型和我国 35 个大中城市的面板数据，分析了银行信贷对房地产泡沫的影响作用，实证结果发现，银行信贷对房地产泡沫有显著的正向作用，房地产泡沫存在跨期动态传递效应，所以建议政府应该采取"因城施策"的差异化信贷政策，有效防止房地产泡沫。

2.3　金融杠杆对资产价格泡沫的影响研究综述

2.3.1　金融杠杆对资产价格泡沫的影响

金融杠杆与资产价格泡沫之间存在相互影响和相互促进的关系，直接导致了资产价格泡沫的产生、膨胀和崩溃。

宾斯万格（Binswanger，1999）认为，信贷或金融限制的放松不但对实物投资有关键作用，而且它为滋生"可持续性泡沫经济"也提供了必要

条件，这是因为运用贷款投资，如果投资者失败的话，可以通过破产、清算等方式将资产的投资风险转移到信贷机构，但是如果投资者成功，就会获得利润，所以投资者将出现追逐资产价格倾向和抬高资产价格的动机，从而导致泡沫的产生。早期研究中，佩桑多和詹姆斯（Pesando & James，1974）通过简单回归方程研究发现，金融杠杆对资产价格泡沫有重要影响。金德尔伯格（Kindleberger，2000）认为投机过热一般都是在货币和金融杠杆扩张的助长下加速发展的，金融杠杆膨胀对资产价格上涨起着火上浇油的作用。荷兰的"郁金香疯狂"便是由私人信贷的过度扩张引起的，英国的"南海股票泡沫"中发挥主要作用的是索沃德银行。格德鲁普（Gerdrup，2003）通过对1890年以来发生在挪威的三次主要金融危机进行对比研究发现，三次危机之间存在着一些共同特征：即在危机前金融杠杆显著膨胀、非金融部门负债不断增加和资产价格大幅上涨。还有一些学者研究发现，引起资产价格泡沫的一个重要原因是蓬齐对策（Ponzi Games），即债务人不是依靠经营收入获得现金流，而是通过不断借取新的债务来维持流动性，导致了"金融连锁性"游戏的产生，出现了资产价格泡沫。乔达（Jorda，2015）指出，资产价格泡沫在本质上是不同的：一种是纯粹未加杠杆的"非理性繁荣"泡沫，它们对金融稳定和宏观经济前景影响有限；另一种是"信贷繁荣"泡沫，这种泡沫可能是一种危险的组合体。这正如米什金（Mishkin，2007）指出，当"信贷繁荣"泡沫破灭时，导致的持续去杠杆将压制商业和家庭开支，削弱经济活动以及增加信贷市场中的宏观经济风险，而这些持续的去杠杆压力是经济在金融危机后复苏缓慢的根本原因（Mian & Sufi，2015）。近期研究中，诺尔（Knoll，2017）进一步解释了 AG 模型中金融杠杆与资产价格泡沫的作用机理在于投资者的风险转移行为，当投资者不用自有资本，而是依靠银行贷款进行投资时，其投资组合价值如果超过银行贷款价值，投资者将获得扣除贷款本息后的剩余部分；其投资组合价值如果无法补偿银行贷款，投资者将选择破产来避免更大的损失。投资者把资产价格下降的风险转移给银行，而取得资产上升时的全部收益，当市场中许多投资者得到这种激励时，就会引起过度投资行为，最终必然导致风险资产价格高于其基础价值而产生资产价格泡沫，这表明金融杠杆和资产价格泡沫之间有密切联系，法希和让·梯若尔（Farhi & Jean Tirole，2012）、马丁和文图拉（Martin & Ventura，2012）、平图斯和温（Pintus & Wen，2013）、巴利维（Barlevy，2014）、宁次（Nneji，2015）、缪（Miao，2015）、于格尼耶和普列托（Hugonnie & Prieto，2015）、布兰奇（Branch，2016）、恩德斯和哈肯斯（Enders & Hakenes，2018）也持类似观点。

我国学者马勇等（2009）、陈雨露和马勇（2012）基于66个国家的面板数据，运用 ML-Bi-Nary Probit 方法，研究发现金融杠杆膨胀与资产价格泡沫存在显著的正相关关系。张睿锋（2009）研究发现，金融杠杆与资产价格泡沫存在正相关关系，即较高的金融杠杆引起资产价格泡沫的概率较高，资产价格泡沫也较大。储著贞（2012）、陈继勇等（2013）指出，资产价格上涨同时常常伴随着金融系统信贷扩张，两者的相互影响和彼此强化催生了资产价格泡沫。冯文芳（2017）通过引入滚动宽窗 Granger 因果模型研究了金融杠杆与资产价格泡沫之间的动态引导关系。金融杠杆与资产泡沫之间的这种引导关系与经济周期事件相关。薛晴和刘湘勤（2018）利用结构向量自回归（SVAR）模型，发现信贷扩张对股票价格和房地产价格有正向冲击影响。刘晓星和石广平（2018）运用分位数回归方法，从宏观杠杆、政府部门杠杆、金融部门杠杆和非金融部门杠杆四个维度分析了杠杆对我国股市泡沫和房地产泡沫的非线性影响效应，结果表明：不同类型杠杆对资产价格泡沫的影响不同，相同水平的杠杆在资产价格泡沫不同阶段对其影响也不相同。

2.3.2 金融杠杆对房地产泡沫的影响

20 世纪 80 年代以前，国内外学者对房地产泡沫研究的文献不多见，随着日本房地产泡沫、美国次贷危机以及东南亚金融危机等事件的发生，学术界开始关注房地产泡沫并着手研究其度量和监控等问题，取得了较大的进展。

房地产具有消费、保值和增值等多重属性，这使房地产成为投资者投资和投机的对象，但随着投资与投机需求不断上涨，将导致其市场价格大幅偏离资产基础价值而滋生泡沫。在此单列房地产，有以下三个原因：一是房地产对我国经济产出的直接或者间接贡献高达 19%，对银行、重工业和建筑有很大影响（Lascelles，2016），二是近年来，大量信贷资金以房地产开发贷款、住房消费贷款、土地储备贷款等多种形式涌入了房地产市场，房贷余额 /GDP 比值在 2015 年底高达 20.7%，这个数值与日本房地产泡沫顶峰时的水平持平（吴秀波，2016）；三是 Jorda（2015）指出，对房地产泡沫而言，资产价格泡沫若是金融杠杆繁荣支撑的结果，则此类泡沫将会对实体经济造成巨大危害，金融杠杆支撑的房地产泡沫尤为危险。对房地产泡沫而言，克鲁格曼（Krugman，1999）认为房地产泡沫有一个共同特征，即都是由金融中介融资引起的，认为各国房地产波动和泡沫形成的原因是国际资本流动，金融管制放松，信贷扩张和大量流动性资金涌入等。赫林（Herring，1999）通过构建信贷市场模型，研究发现银行集中贷款导致了房地产泡沫。埃德尔斯坦和保罗（Edelstein & Paul，2000）运用土地价格预期模型，对日本的房地产泡沫进行了研究，认为导致房地产泡沫的原因主要是利率较低和国际资本流动引起的房地产金融支持过度。对房地产泡沫而言，许多学者发现其有共同特征：房地产泡沫形成的原因是利率较低和金融杠杆过度膨胀（Huang et al.，2015；Favara & Imbs，2015）。

国内学者近几年也开始研究金融杠杆对房地产泡沫的影响，谢百三和王巍（2005）认为，我国部分城市房地产过热的原因关键是商业银行信贷资金的大量介入，指出房地产市场完全建立在银行信贷支撑的基础上，银行信贷在房地产价格大涨中起到了重要作用，使住宅价格极大地偏离了长期均衡值，市场出现了非理性繁荣。周京奎（2006）运用局部均衡模型，认为房地产市场上存在投机和风险转嫁行为的主要原因之一就是金融制度的变迁、不确定性和信息的不对称造成了金融部门对房地产市场的过度支持。他指出，如果开发商和消费者都能获得银行贷款，这种集体投机行为将导致房地产资产的市场交易价格超过其基础价值，产生了房地产泡沫，而且银行对房地产信贷供给数量的增加与房价的上升高度相关。谭政勋和王聪（2011）运用动态随机一般均衡模型和 GARCH 模型，研究指出信贷与房价之间的联动有显著的 GARCH 效应；王敏等（2014）使用 TARCH 模型，分析了我国的一、二线城市房地产泡沫的杠杆效应，研究结果表明，东部和长三角地区二线城市的房地产泡沫存在显著杠杆效应，其他城市和地区则无杠杆效应。齐讴歌（2015）采用 VAR-MVGARCH-ASYMMETRIC-BEKK 模型，从均值和波动角度研究了房地产价格波动和银行信贷之间的关系，实证结果表明房地产价格波动和银行信贷具有显著的强相关性。另外，相比于房地产价格上涨情况，房地产市场风险在其价格下跌时更容易被集聚扩大，这进一步导致了银行信贷波动幅度的增加。张烽（2016）发现由于融资渠道不畅和融资结构失衡，房地产行业从最初的开发到最后的销售几乎都依赖银行信贷，我国部分城市房地产过热的关键原因是商业银行信贷资金的大量介入。宋勃和雷红（2016）运用 Granger 因果检验研究了我国银行信贷与房地产价格之间的关系：一线城市的房地产价格对银行信贷存在单向 Grangerr 因果关系，而二线城市的银行信贷对房地产价格存在单向 Grangerr 因果关系，并且后者银行信贷对房地产价格波动冲击的程度更大。

2.4 资产价格泡沫对经济增长的影响研究综述

王永钦等（2016）研究发现，资产价格泡沫既可以"挤出"投资，也能"挤入"投资，因此资产价格泡沫既能减轻经济中的扭曲，也有可能加剧经济中的扭曲。国内外文献关于资产价格泡沫对经济增长的影响存在截然相反的两种观点：有些学者认为资产价格泡沫可以促进经济发展，而另外一些学者却持否定态度。

2.4.1 资产价格泡沫对经济增长的促进作用

2006 年，美国经济学家费尔普斯（Phelps）在 1966 年提出了资本积累水平合理确定的"黄金定律"（Golden Rule），即在完全市场中要达到资源配置最优，必须满足资本边际产量与人口（或劳动）增长率相等，这时，在完全竞争市场上，资本边际产量等于利率，从而可以推算得出利率与人口增长率相等。如果利率小于人口增长率，则出现由于利率过低、投资过高的现象，即所谓的动态无效率问题（Diamond，1965）。泡沫资产是一种能够挤出一定投资从而减轻经济动态无效率的金融资产。让·梯若尔（Jean Tirole，1985）提出具有开创性意义的外生增长世代交叠模型，指出股市泡沫的出现对动态无效经济是一种帕累托最优改进，由于储蓄的收益一般低于其他金融资产，如果投放于相对低效实体经济的储蓄转移到相对高效的泡沫资本，其实是降低了资金的占用成本，提高了人们的福利，这就是帕累托改进，同时，投资增加刺激了经济增长，持相同观点的还有萨金特和华莱士（Sargent & Wallace，1985）。但让·梯若尔（Jean Tirole，1985）的观点是基于外生经济增长理论的，泡沫出现只对短期经济增长有促进作用。对股市理性泡沫做最早研究的萨缪尔森（Samuelson，1958）指出，股市泡沫的存在将减少市场的信息不对称，增加其有效性和福利。希尔瓦尼和威尔布拉特（Shirvani & Wilbratte，2002）指出，由于股票市场具有财富效应，在资本市场形成泡沫时就会刺激消费而对经济增长产生促进作用。股市泡沫对经济增长的这种促进作用程度有多大？里戈邦和萨克（Rigobon & Sack，2003）指出，若标准普尔 500 指数上升 5%，美国的总消费将相应增加 230 亿美元且带动 GDP 增长 0.23%。我国学者刘宪（2008）指出股市泡沫和经济增长之间存在相互作用：股票市场中产生的泡沫能够刺激人们的创新意识，提高实体经济增速，股市泡沫对经济增长起到了推动作用，而实体经济增速的提高和总量的扩张又能够不断地吸收持续膨胀的股市泡沫，也就是说，股市泡沫破灭的几率被有效的经济增长降低了。奥利维尔（Olivier，2010）指出，理性确定性投机泡沫能够促进经济增长，菲莫尼斯（Femminis，2016）、平野和亚纳川（Hirano & Yanagawa，2017）、波西（Bosi，2017）也持有类似观点。我国学者曾海舰（2012）进一步验证了上述结果，指出我国存在明显的抵押担保效应，即当房价上涨时，其投资将显著增加。桥本和艾玛（Hashimoto & Im，2016）认为相对于无泡沫的经济体制，在泡沫经济体制中具有较高的经济增长率；波西和范（Bosi & Pham，2016）基于 OLG 模型研究了税收、泡沫形成和经济增长之间的关系，认为在公共投资（研究开发外部效应）助推经济增长且政府从泡沫收益中获取税收来支持投资的情况下，理性泡沫将促进经济增长。

2.4.2　资产价格泡沫对经济增长的不利作用

对于资产价格泡沫和经济增长的关系，凯恩斯主义学派认为，资产价格泡沫对经济增长是有害的，这是因为当实体经济的回报率低于虚拟经济时，投资者将会增加虚拟资产资金，实体经济出现负乘数效应，阻碍实体经济的增长。托宾（Tobin，1965）、卫（Weil，1987）、施莱弗和萨默（Shleifer & Summer，1990）也持有同样的观点。格罗斯曼和亚纳

川（Grossman & Yanagawa，1993）运用内生经济增长模型揭示了泡沫和经济增长的关系。他指出，在内生经济增长模型中，假定技术是内生变量，技术水平的提高可以促进实体经济的增长。由于泡沫资产的回报率相对较高，因而人们不断增加持有泡沫资产从而就会减少对实体经济的投资，而实体资本才是促进技术进步的重要因素，所以从长期来看，资产价格泡沫对经济增长的影响是负面的，也减少了下一代以及后代人的福利（Futagami，Shibata，2000）。格罗斯曼和亚纳川（1993）运用内生经济增长模型分析股市泡沫和经济增长关系是一个关键性的突破，此后的研究几乎都是基于该模型进行分析。宾斯万格（Binswanger，2001）指出股市泡沫引起的过度投机将导致资金需求膨胀，在信贷资金供给有限的情况下，贷款利率上升，一方面，贷款成本的增加抑制了实体经济的正常资金需求，另一方面，高利率将诱惑银行不断扩大贷款，大量资金进于股票市场，没有实体经济增长支持的股市泡沫一旦破灭，对企业、银行和投资者都会造成巨大伤害，引发经济危机。王和温（Wang & Wen，2010）、布莱克和刘（Bleck & Liu，2018）指出，房地产泡沫能够通过利率机制，加大融资成本和融资难度，"挤出"长期投资，引起社会资源错配。松冈和柴田（Matsuoka & Shibata，2012）在包含不完全信用市场和多重技术的信用循环模型中引入泡沫资产，指出泡沫可能会通过阻止高生产率科技的应用而阻碍经济发展，从而造成经济不发达。缪和王（Miao & Wang，2014）通过建立两部门的内生增长模型研究发现，资产价格泡沫存在明显再分配效应，这是因为，受资产价格泡沫的诱惑，资金将从实体经济部门流入泡沫部门，导致了企业实际投资水平的降低。尤其在发展程度较低的金融体系中，金融机构总是激励将更多信贷投资于已经过热的房地产市场，进一步压缩了实体经济投资。上述结论也得到了我国国内学者的支持，赵志君（2000）认为，中国股票市场的"晴雨表"作用根本不存在，过度膨胀的股市泡沫与经济增长存在严重的负相关，持此观点的还有刘建和和曹建钢（2007）等。吴海民（2012）运用面板模型，对沿海地区 12 个省市的民营企业展开研究，发现房地产价格快速上涨导致民营企业"空心化"现象。张杰等（2016）指出房地产市场过热抑制了工业企业的创新活动。陈志刚等（2018）首先运用房价预期均衡模型和迭代回归法度量了我国 31 个省、直辖市和自治区的房地产泡沫，然后分析了房地产泡沫对实体经济的影响，结论表明，金融规模的扩张加大了房地产泡沫对实体经济投资的抑制作用，且房地产泡沫越大，抑制作用越明显。

2.4.3　资产价格泡沫与经济增长的周期联动效应

克拉里达（Clarida，1999）研究认为，经济波动与股市之间有显著的相关性，股价的周期性下跌可能是实体经济衰退引起的。大多数学者还认为股市泡沫对经济增长有一定的监控作用，股票市场的波动变化要领先于宏观经济的波动。皮尔斯和罗利（Pearce & Roley，1988）运用 1956—1983 年的股票数据进行研究，提供了股票价格领先于经济发展观点的有力证据：即股票价格在实体经济进入衰退期前的二到四个季度内就已经开始下跌，而在经济进入繁荣期前，股票价格也开始提前上涨。多米安（Domian，1996）通过实证模型，发现股票指数的转折提前于经济周期的转折，但提前期不稳定，变化范围较大，平均值为 6，标准差却在 7 左右。

2.5　资产价格泡沫监控研究综述

近年来，在发达国家和发展中国家的经济领域，都出现了资产价格的大幅波动，对于如何治理和监控资产价格泡沫，也是众说纷纭，代表性观点有以下四种。

2.5.1 从市场层面入手监控资产价格泡沫

丹尼尔（Deniel，2002）认为，由于投资者的过度自信和对市场的有限关注，政府政策的重点是帮助投资者减少错误和提高市场效率，在市场层面上消除资产价格泡沫，所以他们提出的措施包括加强信息批露、限制企业的虚假广告和一些中介机构的推荐或分析等行为，以免误导投资者，Fernández-Kranz（2002）也持有同样的观点。

2.5.2 从货币政策角度监控资产价格泡沫

早在 20 世纪 70 年代，阿尔奇安和克莱因（Alchian & Klein，1973）就开创性地提出了中央银行和货币监管当局应该将物价指数纳入资产价格形成广义指数作为货币政策的目标。此后，围绕货币政策与资产价格泡沫的议题，中央银行或货币监管当局与学术界、实务界一直没有停止过争论，一个最核心的议题是中央银行或货币监管当局是否应该对资产价格波动做出反应，即著名的"有为论"和"无为论"，直至目前仍然没有达成统一观点。

（1）有为论

一些学者强调货币监管当局应该运用货币政策对资产价格泡沫做出反应，主要理由有以下两点。

第一，货币监管当局对资产价格泡沫做出反应可以减少经济波动。切凯蒂（Cecchetti，2000）通过在泰勒规则（Taylor Rule）中纳入资产价格，检验货币政策对资产价格泡沫做出反应是否能够对社会产出产生正向影响作用，研究结果表明，尽管对资产价格泡沫区分基本因素与非基本因素类别存在困难，但在大多数情况下，货币监管当局实施货币政策对资产价格泡沫做出反应能够减少经济波动。20 世纪 90 年代后，世界上许多国家的货币监管机构先后从多重货币政策目标（即稳定物价、经济增长、充分就业、国际收支平衡和金融稳定等）转向单一盯住通货膨胀目标。古德哈特和舒马克（Goodhart & Schoenmaker，1995）提出利用包括股票和房地产等金融资产在内的广义价格指数替代消费品价格指数这些传统的反映通货膨胀程度的指标。广义通货膨胀指数的计算就是传统通货膨胀率和资产价格上涨率的加权，该方法考虑了资产价格的变化，即使消费品价格指数等传统意义上的通货膨胀指标还比较稳定的时候，货币监管当局一旦发现房地产和股票等资产价格上涨过快，就应当采取紧缩性货币政策，从而保障经济的平稳运行。甘巴科尔塔和西诺雷蒂（Gambacorta & Signoretti，2014）研究指出，在中央银行调控目标中纳入信贷和资产价格可以增加社会福利，有效提升货币政策的实施效果。诺塔尔彼得罗和西维耶罗（Notarpietro & Siviero，2015）运用新凯恩斯模型，研究了货币政策对房价反应的效果，发现当房价变动是由需求或者金融冲击引起时，货币政策可以很好地刻画房价变化情况，经济中的金融摩擦程度决定了货币政策对房价反应的方向和强度，当金融摩擦较小时，最优货币政策反应应该是负向的，而当金融摩擦较大时，货币政策应该逆向调节房价。昂格尔（Ungerer，2015）认为，通过高杠杆导致的资产价格泡沫在破裂后会负面冲击实体经济，所以必须运用紧缩性货币政策抑制杠杆膨胀和信贷扩张。国内学者侯成琪和龚六堂（2014）运用 DSGE 模型研究表明，货币政策对房地产价格作出反应可以有效降低房地产价格的波动，并且能够通过金融加速器减弱经济波动和社会福利损失，持相同观点的还有王春丽和江晶（2014）、杜修立和董凯（2016）、罗娜和程方楠（2017）等。

第二，金融发展和金融创新导致金融环境发生了变化，传统货币政策范式把币值稳定作为首要目标，认为币值稳定可以促进金融稳定的论调在新的金融环境下已经被改变并且与现实存在较大差异，因此，需要建立一套新的货币政策范式（Borio，2011）。许桂华等（2012）指出传统的货

币政策范式根源于菲利普斯曲线（Phillips Curve），其反映社会产出与通货膨胀之间的关系。后期研究通过分析货币供给量、利率和产出等变量之间的关系，形成了规则与相机抉择两种范式，而这些范式在资产价格泡沫频繁出现的社会现实中是失效的，这是因为：首先，传统的货币政策范式由于没有考虑资产价格这一关键变量而难以发挥调节和控制资产价格泡沫的作用；其次，传统货币政策范式需要特定金融结构才能发挥作用，而金融创新改变了原有的金融结构，使传统货币范式立足的基础被打破，尤其是住房抵押贷款证券化出现以后，资本市场、房地产市场和信贷市场之间的界限更加模糊，银行可以通过信贷证券化进入资本市场和房地产市场，将信贷风险转移给其他市场，信贷约束机制减弱（Assenmacher-Wesche，Gerlach，2010）；最后，传统货币政策范式片面强调物价稳定，而没有关注资产价格与产出增长之间的关系，有些本末倒置。2008 年金融危机后，国内外货币监管当局和理论界都支持构建新的货币政策范式（Woodford，2001）。新的货币政策范式主要有三类：第一类是广义价格目标制，构建不仅包含物价指数，还应该包含房价和股价等金融资产在内的综合指数。古德哈特和舒马克（Goodhart & Schoenmaker，1995）指出，中央银行应构建一个包含广泛资产价格的综合指数，这个综合指数不但要盯住当前商品与服务物价指数，还应该盯住反映未来资产价格变化的商品与服务物价指数。卡萨纳斯和察瓦利斯（Kazanas & Tzavalis，2015）研究指出，欧洲中央银行一般实行非对称货币政策规则，该政策规则较多重视通货膨胀而不是促进经济增长，通货膨胀在较低区间时，该政策规则可以对负的产出缺口和金融压力指数作出反应。阿拉姆和吉尔伯特（Alam & Gilbert，2017）运用结构 VAR 模型和扩展的 VAR 模型研究宏观经济冲击、货币政策对农产品价格波动的影响，实证结果表明，宏观经济冲击、货币政策和汇率在农业商品价格波动过程中有重要作用。第二类是果断挤压泡沫论。该理论的核心就是不管哪种类型的资产价格泡沫，其根源都是货币流动性过度增加引起的，通过控制资产流动性来抑制过度投资，从而控制资产价格过度膨胀。申树斌（2013）运用传统资本资产定价模型，分析了流动性溢价的行为规律及政策含义，发现如果流动性定价标准是规模较大的风险资产的市场收益率，流动性趋于零时将会引起收益率剧烈下降；如果流动性定价标准是规模较小的风险资产的市场收益率，流动性趋于零时收益率变化相对平稳，这个结果说明流动性在货币政策调控中有重要的作用。第三类是逆风向行事原则。由于资产价格存在非对称性效应，因此资产价格对金融市场的负面冲击超过其正面冲击，而逆风向行事原则就是通过对资产价格实施对称性措施，即在资产价格上涨时紧缩，而在资产价格下降时放松，相比起果断挤压泡沫论来说，该原则不会向投资者传达任何明确救市的信号，这在某种程度上能够消除投资者的道德风险。

（2）无为论

无为论主张货币监管当局对资产价格泡沫无作为或者不必进行关注。20世纪90年代后，世界上一些国家的货币监管当局或中央银行在实践中先后放弃了传统货币政策目标（即物价稳定、经济增长、充分就业、国际收支平衡和金融稳定），转向了盯住通货膨胀的目标。即使实施盯住通货膨胀的目标，仍有部分学者认为货币监管当局或中央银行对资产价格泡沫应当无作为。其原因仍然主要有以下两点。

第一，货币政策识别资产价格泡沫的发生与破裂存在较大困难。伯南克和格特勒（Bernanke & Gertler，2000）指出资产价格泡沫是宏观经济政策制定与实施中面临的难题，这是因为资产价格变动不仅与经济基本面信息有关，而且与非基本面因素有关，货币监管当局或中央银行难以准确判断资产价格变化是由基本面还是由泡沫引起的，因此，货币政策不应该对资产价格泡沫作出反应。伯南克和格特勒（2001）认为，资产价格泡沫的

出现一般伴随着生产率的提高，这可以抵消（至少是部分抵消）金融市场中的投机因素和成份。同时，货币监管当局对资产价格的反应会导致金融市场中不必要的恐慌，为此，他们采用修正的标准动态新凯恩斯模型研究了货币监管当局的作为，结果表明，不管在什么状态下，对资产价格不作反应都是最优选择。另外，积极的盯住通货膨胀政策在降低通货膨胀的同时，也减少了产生缺口，二者相互依存。林（Lim，2003）指出，识别资产价格泡沫是有难度的，所以中央银行应避免对资产价格泡沫作出反应，持此观点的还有桥本和艾玛（Hashimoto & Im，2016）。在许多文献中，关于扩张性货币政策是推动资产价格泡沫滋生主要因素的论点得到大多数学者的认同，但关于紧缩性货币政策能否抑制资产价格泡沫却存在较大争议，一些学者认为，运用紧缩性货币政策来抑制资产价格泡沫的做法存在很大的弊端，比如：耶伦（Yellen，2011）研究表明资产价格波动与紧缩性货币政策之间的关系可能与支持"逆向操作"简单想象的说法存在很大差异。而加利和甘贝蒂（Galí & Gambetti，2015）通过实证进一步表明：由于名义刚性的存在，中央银行通过调节实际利率实行的紧缩性货币政策能够增加泡沫规模。我国学者邓创和徐曼（2017）通过实证发现，针对资产价格泡沫的货币政策具有低效性和较强的不确定性，因此，货币政策操作并不能令人满意。我国学者陈守东和林思涵（2018）认为运用紧缩性政策将不但损害股票基础价值，而且无法达到抑制泡沫的作用，传统的"逆向操作"政策对资产价格泡沫的作用收效不大，因此在资产价格泡沫治理方面应该慎重运用货币政策工具与措施。

第二，物价稳定是金融稳定的充分条件，因此，货币政策只要盯住通货膨胀目标就能够间接盯住资产价格目标，不需要再额外考虑资产价格因素（Bordo & Wheelock，2004）。欧塞皮（Eusepi，2011）研究指出，如果一种商品的价格粘性越大，则价格波动引起的资源配置效率就越低，因此社会福利损失就越大。房地产价格缺乏弹性，其社会福利损失不大，所以货币政策无须对房价波动作反应。

就"有为论"和"无为论"而言，货币政策是否应该反应资产价格变动都具有充足的依据和解释。2008年，美国次贷危机引爆全球金融危机后，货币政策是否应该对资产价格变动作出反应成为学术界关注的热点，美联储仍然坚持"无为论"，但效果欠佳。此后许多学者开始大量支持"有为论"，可是"有为论"的最大障碍在于央行对引起资产价格变动的冲击因素和性质的判断能力受到质疑，虽然有一些学者持有乐观态度，但对于这一问题，学术界和货币监管当局仍存在分歧。不过，目前越来越多的文献支持"有为论"观点，另外一些国家中央银行的货币政策实践也佐证了这一点。

2.5.3 利用托宾税监控资产价格泡沫

托宾税是20世纪70年代由美国经济学家詹姆斯·托宾（James Tobin）提出的，其核心内容就是对所有外汇交易按照很小的比例征收税金，这意味着"给国际资金融通的轮盘里掺点砂子"，能够让货币交易速度减慢和成本增加，从而减少投机。但在当时，托宾税主张并没有引起多大的关注，经济学家对其不予理睬。20世纪90年代，里拉危机、英镑危机等使经济学家重新思考国际金融市场车轮是否过于光滑，托宾税的研究再次被提起，但进展缓慢。直到2008年全球金融危机爆发，托宾税才引发了热议，德国、法国等欧盟成员国指出应该对债券、股票和金融衍生品的交易征收金融交易税，这个提法目前获得了很多共识。

使用托宾税也是治理资产价格泡沫的一个重要问题。利用托宾税调控资产价格泡沫的目的就是通过提高交易成本起到抑制资产价格泡沫的形成和膨胀，其原因在于资产价格泡沫的产生与借贷或过度借贷有关，通过提高借款难度和利率，能抑制资产过度需求，从而减少投机和调控资产价格

泡沫。希勒（Shiller，2000）指出，货币监管机构可以通过提高借贷资本比例要求向市场释放信号，警告或劝诫投资者减少过度借贷，同时也表明期望市场降温的愿望。

2.6　对现有文献的评述

综上所述，现有文献研究虽然取得了一些成果，但仍存在不足之处。

（1）需要从金融杠杆角度重新定义和度量资产价格泡沫

目前，有关资产价格泡沫定义和度量文献的不足之处主要体现在四个方面：一是是否存在泡沫、如何识别和定义泡沫，如何准确提取资产价格泡沫，国内外几乎无统一的共识；二是大多数研究基于资产价格泡沫就是资产价格偏离资产基础价值的部分，对基础价值运用传统资产定价理论模型确定，按照国外的做法运用红利或者资产价格变动直接度量资产价格泡沫，这是不恰当的，也忽视了中国资本市场中资产价格泡沫形成有其独特的实际情况，我国资本市场分红制度不完善且存在制度性缺陷，测度资产价格泡沫基础价值和考虑其形成机理时不能照搬发达国家的经验，构建的一般资产价格泡沫模型的结果也可能不稳健；三是从金融、消费、供求和投资等层面选取一系列指标因素度量资产价格泡沫，由于缺乏客观标准，选取变量随意且存在漏选或者多选因素的风险，因此计算也可能不准确；四是很少有从金融杠杆角度对资产价格泡沫展开系统分析。

（2）需要深刻剖析金融杠杆与资产价格泡沫之间的内在逻辑联系

资产价格泡沫的形成是一个非常复杂的过程，但现有文献对成熟市场的研究居多，成熟市场具有的高度市场化和金融自由化特点与我国不一样，有一些观察指标在中国是失灵的；已有文献证明金融杠杆与资产价格泡沫之间存在高度相关性，但基于传统资产定价理论的"泡沫"模型无法合理解释这种引导关系，因而不具备实际操作意义；现有文献大多把资产价格泡沫的形成、膨胀和破裂过程割裂开来，缺乏完整性。

（3）需要加强研究金融杠杆与资产价格泡沫的动态影响机制

现有文献对金融杠杆与资产价格泡沫关系的研究偏重定性分析，缺乏运用数理统计、实验分析和数学建模等定量分析方法，少有的用定量分析的模型偏重从全样本和静态视角进行分析，并且要求变量在整个样本期内一直是稳定的，忽略了经济现象的复杂性和事物总是处于动态变化的过程，虽然参数在整个样本期内稳定，但在短期、某个小区间内可能存在结构上的变化从而导致模型的内在不稳定，那么结果也会随着小样本区间变化而发生变化。因此，从动态影响角度进行分析可以判断金融杠杆对资产价格泡沫的引导关系的运行状态、影响范围和严重程度，为后续有效调控等提供可靠依据；另外，金融杠杆对资产价格泡沫的引导关系的动态演化规律揭示了资产价格泡沫从产生到膨胀并最终破裂的过程，目前对这一问题研究甚少。

（4）需要从金融杠杆视角深刻挖掘资产价格泡沫背后的金融经济影响效应

首先，高杠杆和资产价格泡沫仅是表象，隐藏实质是虚拟经济与实体实经济失衡，金融杠杆、资产价格泡沫与金融实体经济之间存在风险效应、周期联动关系和时变效应等，但已有文献对此研究较少；其次，资产价格泡沫能否与经济增长共容提高经济增长效率？其共容需要满足什么条件？现有文献对此研究甚少或者由于选取经济增长模型的不同，结论存在差异。

（5）去杠杆与资产价格泡沫监控要结合实际国情，全面监控

加杠杆与去杠杆研究处于探索阶段，存在较大争议；现有研究对资产价格泡沫的监控研究主要集中于三个方面：一是过分注重出现问题"管"，

而对平时的"监控"几乎很少涉及，只评判低效的宏观监管体系，但对监管主体和投资者的非理性行为、政府或明或暗的债务担保行为研究甚少；二是传统货币政策处于刺激实体经济与抑制泡沫膨胀的两难境地，因而运用传统货币政策简单或者粗暴地收缩金融杠杆，这不但无助于解决资产价格泡沫膨胀问题，而且可能对实体经济造成巨大伤害；三是不能结合我国实际情况，系统、完整地研究和构建资产价格泡沫的监控系统。

2.7　本章小结

本章通过大量阅读、归纳和整理现有关于金融杠杆、资产价格泡沫和经济增长等国内外经典著作及前沿文献，对相关研究主题从资产价格泡沫的含义及其形成机理、资产价格泡沫存在性检验及测度、金融杠杆与资产价格泡沫的影响关系、资产价格泡沫对经济增长的影响和资产价格泡沫监控五个方面对其进行了梳理和综述，厘清了选题的发展脉络和研究现状。同时，不但对涉及选题五个方面的个别文献进行了评述，而且指出了所有所列文献相关研究领域的争论焦点、存在问题和研究盲点，为后期研究的顺利展开提供文献支撑和理论基础。

3 资产价格泡沫形成 机理及其检验研究

准确界定资产价格泡沫定义是研究的基础，但遗憾的是，目前学术界仍未对其有明确和统一的共识；现有国内外文献对资产价格泡沫的形成机理提出了多种观点，但各有优点和不足；如何正确识别、检验我国资产价格泡沫的存在性、存续时间等；采取什么方法剥离资产基础价值和泡沫成分，这些问题的解决是后续研究得以顺利展开的重要前提。

3.1 资产价格泡沫的理论界定

3.1.1 资产

资产价格泡沫不是凭空生成的，必须要有依附的载体，各种各样的资产由于具有内在价值❶而成为资产价格泡沫产生的最佳基础物。

资产是一个常用的含义，其具有丰富的内容。资产一词最早出现于

---

❶ 还有一部分资产价格泡沫无内在价值，例如不可兑现的信用货币等，自身无价值却有价格，可以被当作是内在价值为零的资产价格泡沫。

《后汉书·崔骃传》❶ 中，指资财或产业。在完整会计理论体系和原则未建立前，资产的定义往往与经济学联系在一起，1929 年的《会计中的经济学》（*Economics of Accountancy*）❷ 认为：资产是处于货币形式的未来服务。20 世纪 50 年代，会计准则的形成与确立出现了从会计角度定义的资产 ❸，认为资产是所有者按照公认会计准则确认和计量的经济资源，资产的定义发生了根本性的变化。70 年代后，针对资产的定义，会计界又结合经济学进行解释。美国学者约翰·道恩斯和乔丹·艾略特·古德曼（John Dawns & Jordan Eliot Goodman）在《巴伦金融投资词典》（*Barron's Dictionary of Finance and Investment Terms*）中对资产的定义是：由个人或机构所拥有的具有商业或交换价值的所有物品 ❹。在经济学中一般指经济资产，国际货币基金组织（IMF）对经济资产的释义是：由机构独立或共同拥有的价值实物或法律合约，该拥有者通过持有和使用经济资产能够获取未来的经济利益。所以经济资产具有两个特征：①所有权特征的实物资产或法律合约；②能够给所有者带来未来经济收益或损失。该理论被称为未来经济利益观，认为资产的本质在于其蕴涵的未来经济利益，并且把一些不是经济资源但有利于实现未来经济利益或减少未来经济损失的项目，比如备抵项目、减值准备等包括在资产中，相比其他说法更加合理、全面，因而成为比较流行和公认的资产定义。

经济资产有实物资产（Real assets）和金融资产（Financial Assets）之分。

---

❶ 参阅《后汉书·崔骃传》："葬讫，资产竭尽，因穷困，以酤酿贩鬻为业。"

❷ 参阅《会计中的经济学》（*Economics of Accountancy*），按照经济学要求，对会计中的一些基本概念进行界定，坎宁著，立信会计出版社 2014 年版。坎宁的《会计中的经济学》与佩顿的《会计理论》、斯普瑞格的《帐户原理》等共同成为会计理论研究之经典而享誉国际学术界。

❸ 参阅美国会计原则委员会于 1953 年和 1970 年发布的第一号和第四号报告。

❹ 参阅 *Barron's Dictionary of Finance and Investment Terms*（第八版）（英汉双解），机械工业出版社 2013 年版。该词典收录金融与投资方面的专业术语 5000 余条，术语释义准确而权威。

3.1.1.1 实物资产（Real Assets）

实物资产是指在经济运行中创造的可以用于商品生产和劳务服务的各种资产，包括土地及其土地的覆着物、厂房等建筑物、原材料储备、生产产品的机械设备等具有实物形态的有形资产和所有没有实物形态或依附于某些实物资产的非金融性的无形资产，例如各种商标权、专利权等。一个社会能够拥有的物质财富决定于实物资产的数量。

3.1.1.2 金融资产（Financial Assets）

金融资产是指在金融市场上能够交易，以价值形态存在且拥有现实价格和未来估价的各种金融工具（信用工具）的总称，其本质上是通过拥有的金融资产能够获得索取实物资产的一种权利。比如，拥有商业票据的所有者表明他有获取与该商品价值相等的货币的权利，所有者持有股票能够索取与投入资本份额相应的红利权利等，所以金融资产的最大属性是可以在金融市场交易中为其所有者带来即期或远期的货币收入流量。

根据 1993 年和 2008 年国民经济核算体系（SNA），将金融资产分为八类，①黄金和特别提款权（Special Drawing Right，SDR）；②通货和存款；③债务证券；④贷款；⑤股权和投资基金份额；⑥保险、养老金和标准化担保计划；⑦金融衍生品和雇员认股证；⑧其他应收 / 应付账款。SNA 中的金融资产实际是依据国民经济各个不同部门资产负债表中列示的资产和负债进行分类，反应了不同经济部门资金的来源和运用。

金融资产有其独特的属性：

（1）虚拟性

金融资产的虚拟性首先表现在金融资产本身没有价值，不能直接用来生产物质产品，仅是一种索取实物资产的权利；其次，一些金融资产，比如股票、基金等无任何具体的实物形式，其记录采用电子账簿登记；最后，金融资产的虚拟性主要表现在金融工具的市场价值脱离了其自身实物价值，金融资产在不断创新中与实物资产之间的联系日渐疏远。像存款、贷款等货币型金融资产与实体经济虽然联系密切，但仍具有一定的虚拟性；而债券、股票、与房地产相关的所有权凭证等非货币型金融资产，从产生之初便是虚拟的，金融衍生品中的期权和期货等则具有更大的虚拟性，不但是"虚拟的再虚拟"，而且是"无中生有"的金融资产；金融衍生品中的指数型期权和期货等更是"多重虚拟"（图 3.1.1）。所以，非货币型金融资产不仅其"量"是虚拟的、想象和设定的，而且其"质"都是虚拟的，远离实体经济，四个层次金融资产从左到右，依次是虚拟度越来越高、离实体经济越来越远，价格波动幅度越来越大，风险也越来越剧烈（白钦先，常海中，2007）。

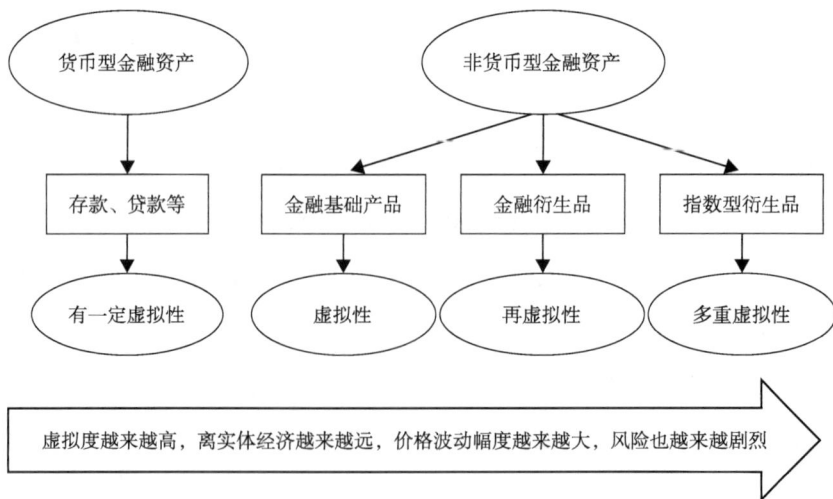

图 3.1.1　金融工具的虚拟度

（2）内在价值性

金融资产的内在价值就是金融资产的未来收益性，是指金融资产凭借对未来收益的索取权能够得到在法律上承认的、确定的货币收入流量。其

实质是凭借拥有的索取权对实物资产的剩余价值进行分割，金融资产的运动是以实物资产的运动为基础的价值运动，即金融资产的拥有者让渡使用权，购买有形资产，投入生产过程实现增值，从而间接通过生产性投资获取货币收入流量。换句话说，如果没有未来预期收益，金融资产的持有者不会让渡其使用权，内在价值是形成金融资产的动力。金融资产价值运动过程分为三个阶段：第一阶段涉及金融资产使用权的让渡；第二阶段是生产和流通过程，即真正的增值过程；第三阶段涉及收益的回流，如图 3.1.2 所示，其中，G 表示初期金融资产，W 是商品，G' 是期末金融资产。

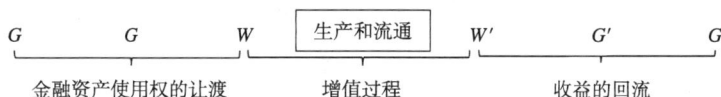

图 3.1.2　金融资产的价值运动过程

（3）流动性

资本的本性是逐利的，金融资产作为实物资产的一种表现形式，具有内在价值性，金融资产所有者投资于实物资产在于获取由此带来的资本利得，这使金融资产能够在不同经济主体之间进行流通转让，在这个过程中，金融资产凭借着其具有的自身内在价值属性进行流转、分割，达到变现目的。金融资产作为财富代表，必须在流动过程中才能实现其增值，而且流动速度与金融资产增值的可能性和机会成正比，因此，金融资产要求其具有充分流动性，并在其流动性中实现收益性和安全性。

（4）风险性

金融资产风险性是指金融资产持有者面临未来预期收益的不确定性，这是由未来经济状况不确定性所导致的，有些未来经济发展状况投资者能够预测，而有些则难以预测，导致了金融资产的持有者未来预期收益的不确定性。金融资产的风险性与收益性并存，收益是对其所承担风险的一种补偿。当实际收益率与预期收益率相同或相差不大时，表示投资者持有的金融资产风险性较小，反之，则风险较大。在统计学中，常用标准差来衡量风险的大小。

3.1.2 资产价格泡沫的载体类型

能够充当资产价格泡沫的载体，一般包括三类：第一类是具有稀缺属性的实物资产，例如土地和房地产等；第二类是易于流通和交易的虚拟资产，例如股票、纸币、债券、金融衍生品等金融资产。不管是实物资产还是金融资产，两者都可以成为资产价格泡沫的载体，其原因在于作为载体所共有的属性：都是商品，具有使用价值和价值，其价格不仅取决于生产成本和费用，在现实中更表现为一系列的未来预期现金流贴现之和，因此心理预期在资产定价中具有关键作用。第三类是不可再生的物品，例如钱币、古董、珠宝、珍稀艺术品等。不可再生的物品正是由于其稀缺性、不可再生性和增值性，其价格可以脱离价值无限上涨，从而催生泡沫。本书仅研究前两类。

3.1.3 资产价格泡沫含义的界定

泡沫一词源于 18 世纪的英国南海泡沫事件，但学者对其概念并未达成共识。目前共有三类观点。

（1）基础价值偏离论

《新帕尔格雷夫经济学大辞典》认为泡沫是一种或一系列资产在连续过程中的忽然涨价，这种上涨使得人们对此产生还要上涨的预期，因此吸引新的投资者进入市场，当价格上涨远远超出其基础价值，便产生了资产价格泡沫（Kindleberger，1978）。金德尔伯格指出了"投机"和"预期"在泡沫滋生过程中的作用，得到了学者们的普遍认同，但该定义只是描述

了泡沫发生的状态和过程，并未阐述其内在根源，并且只适合事后识别。

斯蒂格利茨（Stiglitz，1990）也指出预期可以使得资产价格和基础价值发生背离，但未明确说明什么程度的背离才能成为资产价格泡沫，因为不是所有的资产价格相对于基础价值的偏离都可以称为资产价格泡沫。比如，股票价格波动是常态，股票价格与其真实价值经常发生背离。

国内外一些学者指出资产价格泡沫是难以用基础价值解释的资产价格的变动部分，与金德尔伯格的差别在于：无法解释的因素可能是一些尚未发现的因素，所以存在不是由于投机导致的泡沫，但历史上发生的任何泡沫事件都存在明显的投机痕迹，所以该定义也存在局限性。

资产基础价值指的是资产未来所有收益的贴现值，资产的基础价值确定不但需要清楚掌握未来的所有收益，而且需要选择一个适当的贴现率。显而易见的是，未来所有收益很难准确预期，贴现率在实际选择时也存在困难，资产的基础价值不容易或者说根本没办法确定，因此，对资产价格泡沫度量的窘境导致了人们对其定义的模糊。

（2）实体经济偏理论

我国的陈道富（2015）指出，资产价格泡沫是一种特殊的国民经济运行失衡现象，并进一步解释了其机理：通货膨胀和资产价格泡沫都表现为货币超发或信用扩张引发的相对价格调整，当这种调整最终传递到所有商品和服务导致绝对价格上升时，就被定义为通货膨胀，而当这种调整仅仅表现在某些领域价格持续上升时，就可能演化为资产价格泡沫。资产价格泡沫的本质是国民经济基于"非真实"因素在局部领域形成的，与更大的系统不协调，但可以在较长时间内维持的自我循环系统。

日本学者认为资产价格泡沫就是实体经济无法解释的部分，所谓泡沫经济，是指资产价格严重偏离实体经济的暴涨和暴跌过程。该定义把资产价格泡沫与泡沫经济混同，泡沫经济实际上是经济的一种状态，而资产价格泡沫指的是一种资产。另外，将泡沫破裂简单定义为价格大幅度的急剧"暴跌"并进行量化，对于检验、预防和治理泡沫都毫无意义。

（3）市场价格的非理性剧烈波动论

布莱克（1986）认为投资者购买金融资产的依据是"噪声"而不是资产。套利者难以完全消除非理性投资者的错误对金融资产价格的影响。同时，在大多数情况下，金融资产较难找到与之相匹配的替代品，即使能够找到，也面临其他风险。另外，投资者并不是偶然偏离理性，而是往往以同样方式经常偏离理性。

基于以上分析，本书遵循西方主流文献研究，将资产价格泡沫从直观上定义为资产价格对其基础价值持续性背离的部分，如果一种资产产生了泡沫，资产价格超出其基础价值的部分就是泡沫，后续研究将持续使用此观点。该定义下的资产价格泡沫具有以下特征。

资产价格泡沫是指资产价格对其基础价值持续性背离的部分，在大部分情况下指高于其基础价值。资产的基础价值真实存在并且是衡量资产价格泡沫的基准，但是难以得到，所以一般运用统计方法提取资产价格泡沫，而这是研究资产价格泡沫的核心和重点。

资产价格泡沫具有形成、膨胀、破灭、继续形成的周期性循环特征。资产价格泡沫的最终结果不外乎三种：第一种是资产价格泡沫被市场容忍和经济增长共容，持续存在；第二种是缓慢消失，这是最为理想的结果；第三种是资产价格泡沫破灭，即短期内能量急剧释放，当资产价格泡沫以这种方式消失时，常给实体经济和市场造成损害。

马克思的价值规律（law of value）认为，价值是基础，价格围绕价值上下波动，价格可以暂时脱离价值，但从长期来说，价格必然回归价值。但资产价格泡沫不是这样，资产一旦滋生泡沫，价格偏离价值可能是长期的、持续性的偏离。政府发行的债券和纸币自身无任何内在价值，但有价格，

可以视为基础价值为零的泡沫，从一定意义上说，以货币和信用为基础的现代经济从来就没离开过泡沫。

3.2　资产价格泡沫的形成机理分析

资产价格滋生泡沫意味着资产没有在市场上合理定价，这对资产定价理论是一个挑战，资产定价问题一直是金融学领域的核心研究问题之一，金融资产能否正确定价是开展一切金融决策的前提和依据。资产定价理论试图解释不确定情况下未来支付的金融资产的价值或价格，这是因为在确定性情况市场里，资产定价可以用无风险收益率或报酬率对资产未来收益折现得出该种金融资产的现值。事实上，金融市场中充斥着相当多的不确定性，从而存在风险，因此在不确定性条件下，资产定价理论不但要考虑到投资者对风险的态度，而且应权衡风险与收益之间的匹配，或为了补偿投资者承担的风险对其给予额外报酬，即风险溢价问题。本节从资本资产定价理论和影响因素两个角度出发，深刻揭示资产价格泡沫的形成机理。

3.2.1　资产价格泡沫形成的理论基础

资产定价理论从资产收益和风险水平角度出发来分析决定资产收益率的各种影响因素，该理论最早可追溯到伯努利（Bernoulli，1938）的研究，他认为金融资产的价值应该由其未来带来的收益或效用决定，而不是价格，并且提出了"期望效用最大化"和"边际效用递减"的经济学术语，但这些术语长期被认为是属于数学而非经济学未得到重视。1950年是金融资产定价理论发展的一个分水岭，开始出现系统地运用数学工具表达金融思想的资产定价理论，在此之前存在的金融理论被称为古典金融资产定价理论，而之后出现的为现代金融资产定价理论，现代金融资产定价理论起源于Markowitz（1952）提出的均值—方差模型。

3.2.1.1　均值—方差模型

现代资产组合理论创始人马科维茨（Markowitz，1952）提出的均值—方差模型是现代金融理论的一个重大突破，也是金融投资最具影响力和最重要的经济学理论之一。该理论首次运用严谨的数理工具解释了风险厌恶型的投资者如何在众多风险资产中构建最优资产组合。投资的本质是人们在不确定性的收益和风险之间进行抉择。均值—方差模型就是运用均值—方差来刻画投资组合理论中的收益和风险两个关键因素，金融资产的收益率是随机变量，其价值和风险可用收益率的数学期望和方差来度量，投资者应该在期望收益率和风险（收益率的方差）之间进行平衡，即满足两个条件：在既定期望收益率下实现风险最小或在既定风险下实现期望收益率最大，而不是伯努利（Bernoulli，1938）提出的能够同时实现收益率最大化和风险最小化，这为衡量金融资产收益和风险之间的关系提供了理论依据。均值—方差模型可以抽象如下：

$$\min \sigma^2 = \sum_{ij=1}^{n} x_i x_j \, \sigma_{ij} = \sum_{i=1}^{n} \sigma_i^2 x_i^2 + \sum_{i,j=1,i=j}^{n} \sigma_{ij} x_i x_j \qquad （3.2.1）$$

$$s.t \begin{cases} \sum_{i=1}^{n} x_i R_i = r \\ \sum_{i=1}^{n} x_i = 1 \\ x_i \geq 0, \ i=1, \ 2, \ \cdots, \ n \end{cases} \qquad （3.2.2）$$

其中，r_i（$i=1$，2，$\cdots$，n）是 n 种证券组合的收益率；x_i（$i=1$，2，$\cdots$，n）是 n 种证券组合的权重；$R_i=E$（r_i）是期望收益率；方差 σ_i 是第 i 种证券的风险；协方差 σ_{ij} 是第 i 种和第 j 种证券的相关系数。

该理论的贡献在于首次提出并准确定义了风险，指出风险是整个投资的关键并且投资组合可以降低非系统性风险（图3.2.1），并提出了最优投资组合选择（图3.2.2）。

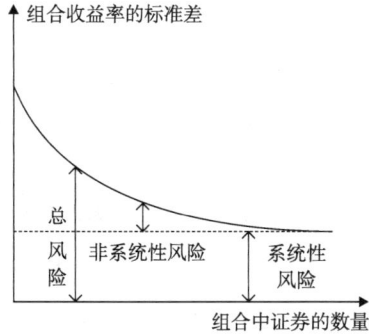

图 3.2.1　投资组合与市场风险之间的关系

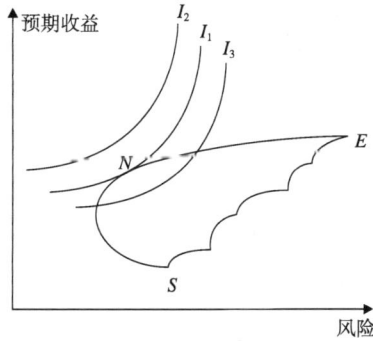

图 3.2.2　最优投资组合

图 3.2.1 表明投资风险随着证券数量的增加而减少，即"不要把所有鸡蛋放同一个篮子"，分散投资可以降低风险，但投资风险不仅与单个证券的风险均值有关，还取决于各证券之间的协方差。图 3.2.2 中的无差异曲线 I_n 表示给投资者带来相同投资效用的预期收益率和风险的所有组合，有效集 ES 代表同时满足上述两个条件的投资组合。最优投资组合位于 I_1 和 ES 的切点 N 上，这是因为：I_2 的投资效用最大，但与有效集 ES 既无切点也无交点，在既定的有效集 ES 下无法实现；既定的有效集 ES 与 I_3 有两个交点，可以实现，但 I_3 小于 I_1 的投资效用，因此最优投资组合在 I_1 和

ES 的切点 *N* 上。马科维茨（Markowitz）的均值—方差模型后期被许多学者进行了拓展，如表 3.2.1 所示。

表 3.2.1　Markowitz 均值—方差模型的拓展研究

作者	模型	主要内涵
Roy（1952）	安全首要模型	把均值和方差当作整体来分析，是 VaR 的基础
Tobin（1958）	二基金分离模型	有效证券组合是无风险资产与特殊风险资产的组合
Sharpe（1963）	单一指数模型	假定资产收益只与市场收益相关
Orter（1974）	均值—半方差模型	风险采用半方差定义
Yamazaki（1991）	均值—绝对偏差模型	风险采用期望绝对偏差定义
Konno & Suzuki（1995）	均值—方差—偏度模型	收益率分布不对称情况下，偏度大的资产组合可获取较大收益率
Cai（2000）	线性规划模型	风险采用收益的最大期望绝对偏差定义
Athayde & Flores（2002）	奇数矩阵最小化	非对称分布情况下的资产配置
Rockinger（2005）	最优化资产配置	考虑收益率联合非正态分布和时变特征

在西方比较完善的资本市场中，马科维茨的均值—方差模型在实务中被证实是行之有效的，并且在资产投资组合的选择和配置中被广泛应用，但我国资本市场理论界和实务界对该模型的适用性一直存有较大争议。

3.2.1.2　资本资产定价模型（Capital Asset Pricing Model，CAPM）

投资组合理论有狭义和广义之分，狭义投资组合理论指的是 Markowitz 的均值—方差模型，而广义投资组合理论不仅包括经典理论及其各种替代理论，而且包含由有效市场假说（EMH）和资本资产定价模型（CAPM）构成的资本市场理论。

夏普（Sharpe，1964）、林特纳（Lintner，1965）和莫辛（Mossin，1966）利用数学规划方法，借鉴 Markowitz（1952）均值—方差模型，共同提出了著名的资本资产定价模型（CAPM）。该模型的核心内容研究风险资产预期收益与风险之间的关系，即投资者需要获得多大的报酬率才能补

偿某一特定程度的风险。该模型认为，市场风险是唯一能给金融资产带来超额收益的风险，收益风险同源。CAPM 模型第一次解析了收益和风险之间的函数关系，揭开了金融市场瞬息万变的有价证券价格难以捉摸的神秘面纱，同时开启了实证研究的先河，对整个金融理论与实践的发展都产生了巨大影响。风险资产预期收益与风险之间的数量关系如下：

$$\bar{r}_i = r_f + \beta_i * (\bar{r}_m - r_f) \qquad （3.2.3）$$

$$\beta_i = Cov（\bar{r}_i, \bar{r}_m）/Var（\bar{r}_m） = \sigma_{im}/\sigma_m^2 \qquad （3.2.4）$$

其中，$\bar{r}_i$ 是风险资产 i 的预期收益率；r_f 是无风险收益率，是对放弃即期消费的补偿；β_i 是风险数量；$\bar{r}_m$ 是市场预期的收益率；（$\bar{r}_m - r_f$）是市场溢价（Market Premium），对单位风险的补偿，即风险的价格；$\sigma_{im} = Cov（\bar{r}_i, \bar{r}_m）$ 是风险资产 i 预期收益率与市场预期收益率的协方差；$\sigma_m^2 = Var（\bar{r}_m）$ 是市场组合收益率的方差。β_i 是风险资产衡量的标志，具有重要意义，需要对其进行进一步的讨论：

（1）$\beta_i > 0$，即风险资产预期收益率变化与市场同向

若 $\beta_i > 1$，该资产价格变化大于市场平均价格变化，风险补偿大于市场组合风险补偿；当市场收益率上升，该资产收益率上升幅度大于市场平均水平；当市场收益率下降，该资产收益率下降幅度仍然大于市场平均水平。

若 $0 < \beta_i < 1$，该资产价格变化小于市场平均价格变化，风险补偿小于市场组合风险补偿；当市场收益率上升，该资产收益率上升幅度小于市场平均水平；当市场收益率下降，该资产收益率下降幅度仍然小于市场平均水平。

（2）$\beta_i < 0$，即风险资产预期收益率变化与市场反向

当市场收益率上升，投资者应该选择 $\beta_i > 1$ 的资产投资，反之，则需选择 $\beta_i < 1$ 的资产投资，从而使投资收益最大化。

资本资产定价模型可以通过证券市场线（Securities Market Line，SML）表示，如图3.2.3所示，市场均衡时，风险资产预期收益率与证券市场风险（系统性风险）之间呈线性关系。风险包括两部分：但只有市场风险（系统性风险）需要补偿，投资多样化能够减少甚至消除非系统性风险，因此无需补偿。从式（3.2.3）可以看出，任一风险资产的预期收益率由两部分组成：无风险收益率和由于存在风险增加的利率补偿，风险越大，这部分利率补偿就越大，风险资产的预期收益率就越大，即高风险高收益，这个结论在现代金融理论中仍占据主导地位。但CAPM模型苛刻的约束条件使其脱离了金融市场的实际情况，同时，该模型也面临着许多市场异象的挑战，比如规模效应、债务杠杆效应和权益账面市值比效应等。

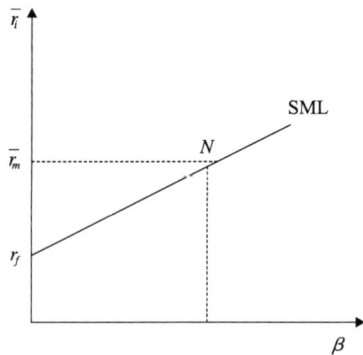

图 3.2.3　证券市场线

3.2.1.3　因子模型

CAPM模型在研究决定资产预期收益率的影响因素时，仅涉及一个因素，即市场组合的影响，并且该模型要求的假设太严格。一些学者指出，单一因子无法全面解释现实中的资产收益率的决定，因子模型认为各种资产的收益率由一个或几个因子共同影响，不同资产的收益率之所以具有相关性是因为其可以对这些因子起共同反应。即对于一个有 n 种资产、k 类

因子的市场，有：

$$R_i = \alpha_i + \sum_{j=1}^{k} \beta_{ij} x_i + \varepsilon_i \quad i=1, 2, \cdots, n \quad E(\varepsilon_i)=0, 1 \leqslant i \leqslant n \quad （3.2.5）$$

其中，R_i 是第 i 种资产收益率，且 $R_i = (R_1, R_2, \cdots, R_n)^T$；$\alpha_i$ 是常数且 $\alpha_i = (\alpha_1, \alpha_2, \cdots, \alpha_n)^T$；$\beta = (\beta_{ij})_{n \times k}$ 是因子 j 对第 i 种资产收益率的影响程度，也被称为灵敏度；x_i 是第 i 种因子，且 $x_i = (x_1, x_2, \cdots, x_k)^T$；$\varepsilon_i$ 是随机误差，且 $\varepsilon_i = (\varepsilon_1, \varepsilon_2, \cdots, \varepsilon_n)^T$。

罗斯（Ross，1976）根据因子模型，提出了套利定价理论（Arbitrage Pricing Theory，APT），使资本资产定价模型出现突破性的发展。APT 模型的主要假设条件只有一个：市场上存在不增加风险便能增加收益的套利机会，投资者可以进行无风险套利最终导致均衡状态下的套利机会消失。该理论的核心是价格规律：即在均衡市场上，两种性质相同的商品无法以不同价格出售。资产的收益率是由一组市场方面和产业方面的因子决定的，根据无套利原则推导出风险资产的均衡收益率与一组因子之间存在线性相关关系。与 CAPM 模型相比较，APT 模型假设条件简单，也不依赖于效用函数，同时指出系统风险受一组因子的影响，可以有效研究系统风险的内部结构。但该模型也存在缺陷：具体的因子难以确定，实证检验存在困难和需要技巧。

在 CAPM 和 APT 模型诞生之后，一些学者发现公司自身的特征因子：如公司规模、账面价值与股价比、销售收入增长率等对资产收益率具有一定的解释力，而这些因子与系统性风险无直接关系，这一发现与上述两个模型存在悖论。法玛和弗伦茨（Fama & French，1993）指出市场上除了系统性风险外，还存在市值风险、价值风险等，据此构建了 Fama-French 三因子模型，其实质就是把 CAPM 模型中未被解释的超额收益部分分解为市值因子、B/M 因子（book to market，账面价值）和其他因素。Fama-French

三因子模型把 CAPM 模型、罗斯（Ross，1976）的 APT 模型和默顿（Merton，1973）的 ICAPM 等多因子模型有效结合在一起，合理解释了各类市场异象。但遗憾的是，近年来，国内外许多学者对 Fama-French 三因子模型进行的各种实证分析发现，三因子模型中的三个风险因子不能解释所有的超额收益。豪根和贝克（Haugen & Baker，1996）认为影响资产定价的因子与宏观市场因子无关，盈利能力、投资风格等表示公司特征的变量才是决定股票预期收益的风险因子。诺维·马克思（Novy-Marx，2013）、侯（Hou，2015）发现，盈利能力与收益率具有显著的正相关性：盈利能力越强，收益越高，反之则越弱。阿哈罗尼（Aharoni，2013）指出投资对收益率有显著的负向相关关系，持类似观点的还有王茵田和朱英姿（2011）、渡边（Watanabe，2013）。Fama-French 三因子模型没有分析盈利能力和投资风格引起的股票收益率差异，为此，在三因子模型中纳入盈利能力因子和投资风格因子后，法玛和弗伦茨（Fama & French，2015a）构建了五因子模型。Fama-French 五因子模型提出和检验都是以金融市场较发达和较完善的欧美国家的数据为样本进行研究的，在欧洲股票市场、北美股票市场和亚太股票市场，其适用性得到了检验和证明。法玛和弗伦茨（Fama & French，2017）运用 1963 年 6 月—2013 年 12 月共 606 个月的数据，囊括 RSP 和 Compustat 数据库中包括美国证券交易所、纽约证券交易所和 NASDAQ 所有上市公司作为研究样本，实证结果表明，在诠释美国股市平均收益特征上，五因子模型比三因子模型表现更好。尼科尔和道林（Nichol & Dowling，2014）研究发现，在英国金融市场上，五因子模型的解释能力更强。但 Fama-French 五因子模型的相关检验却对日本金融市场的显著性不明显。

中国作为新兴金融市场，与欧美成熟金融市场相比，在监管和运行机制完善性、投资者交易理念和行为、信息披露规范性等方面存在较大差距。尤其是各种问题和乱象的存在，如典型的政策市，上市公司更热衷于投机

和融资圈钱而不注重股东利益，机构投资者少，散户众多，羊群效应明显，不重视价值投资重题材和概念股的炒作，缺乏退市机制，走势较独立，与世界经济环境的联动性差等，上述情况通过各种市场交易行为都可以阻碍价格机制正常发挥作用。对 Fama-French 五因子模型是否适用于中国金融市场是一个需要探讨的课题。

从单因子模型到三因子模型再到五因子模型，资本资产定价模型不断进行"结构"和"解构"的演变，国内外学者们努力寻找资本资产价格的方法和模型，试图发现金融市场的波动规律和资本资产价格变动的共同因子（沈艺峰，2015）。

3.2.1.4 有效市场假说（Efficient Markets Hypothesis，EMH）

（1）有效市场模型

有效市场假说是现代金融理论发展史上的又一个重要里程碑，这个假说的奠基人是法国的数学家巴舍利尔（Bachelier，1900），他运用计量学方法研究发现股票收益率波动的数学期望值总为零。近代对有效市场的研究始于萨缪尔森（Samuelson，1965），后经法玛（Fama，1991）、马基尔（Makiel，1992）等的进一步发展和深化，建立了一系列检验市场有效性的方法和模型。

有效市场假说认为，若资本市场在确定证券价格时，已经及时、准确、完全地反映了所有的相关信息，市场就是有效的，任何人根据这个相关信息进行交易，不可能获得高于市场平均水平的超额利润。金融市场中资产价格总可以充分反映所有可获得的信息，因此不合理的资产价格将被很快消除，任何战胜市场的企图都是徒劳的，收益率不可以预测，任何依靠信息都不能产生超额收益。Fama 有效市场的模型如下：

$$E\left(P_{i,\ t+1} | \phi_t\right) = [1 + E(r_{i,\ t+1} | \phi_t)] P_{i,\ t} \qquad （3.2.6）$$

式中，E 表示预期；$P_{i,\,t+1}$ 表示证券 i 在时间 $t+1$ 的价格；$P_{i,\,t}$ 表示证券 i 在时间 t 的价格；ϕ_t 表示在时间 t 充分反映在股价中的信息集；$r_{i,\,t+1}$ 表示证券 i 在时间区间 $[t,\,t+1]$ 内的收益率；

假设市场是有效的，则投资者利用已获取的信息集 ϕ_t 将无法获取超额收益，超额收益为：

$$R_{t,\,t+1=}P_{i,\,t+1}-E\left(P_{i,\,t+1}|\phi_t\right) \tag{3.2.7}$$

在有效市场中，超额收益为 0，即

$$E\left(R_{i,\,t+1}|\phi_t\right)=0 \tag{3.2.8}$$

罗伯茨（Roberts，1967）按照可以获取信息集大小，把有效市场划分为三个层次：弱式有效市场（Weak-form EMH），半强式有效市场（Semi-strong-form EMH）和强式有效市场（Strong-form EMH）。信息集与有效市场之间的关系如图 3.2.4 所示。

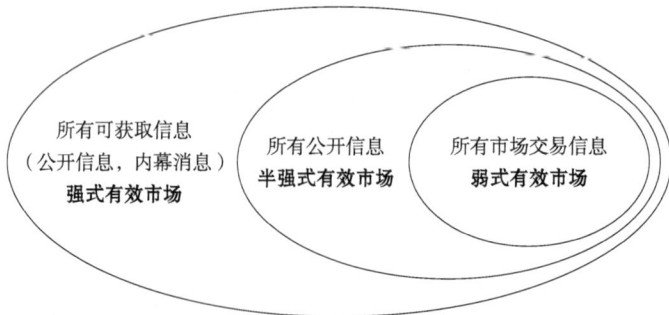

所有可获取信息
（公开信息，内幕消息）
强式有效市场

所有公开信息
半强式有效市场

所有市场交易信息
弱式有效市场

图 3.2.4　信息集与有效市场之间的关系

金融资产价格对信息集的反应与市场的有效性有关，如果市场是有效的，金融资产价格在收到信息集时就会做出迅速而准确的反映，t_0 时期产生的利好信息使得金融资产价格从 P_a 迅速上升到 P_b，利空则相反；然而，在非完全有效市场中，信息的传递并不顺畅，金融资产价格对新信息的影响存在另外两种反应路径，即反应迟缓和过度反应，如图 3.2.5 所示。

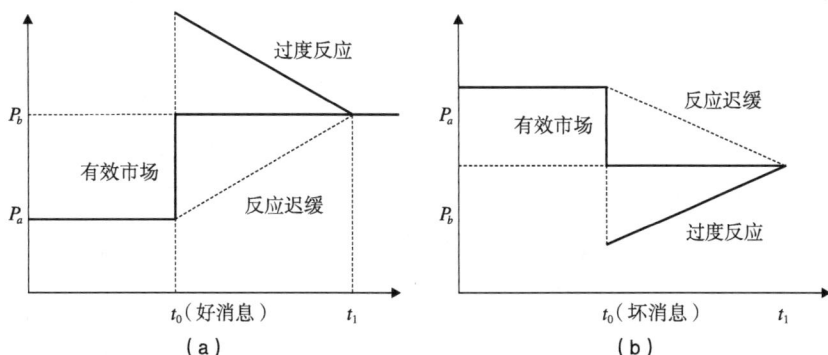

图 3.2.5　有效市场和无效市场对新信息的反应

（2）有效市场假说面临的挑战

有效市场假说一经提出，支持和反对的证据都很多，是当前最具争议性的金融理论之一，其面临的挑战主要集中在以下三点。

第一，理论上的挑战。首先，投资者并不都是完全理性的。EMH 有一个重要的前提：投资者是理性的且能够理性评估资产的价值，这一假设与现实明显不符。但 EMH 又进一步解释，即使市场中存在部分非理性投资者，但因为他们之间进行的交易是随机的，能够互相抵消，所以不会影响资产价格，同时市场存在的理性套利行为也可以消除那些非理性投资者对资产价格的影响，资产市场总是有效的（Sharpe et al.，1964），这与布莱克（1986）认为购买金融资产的依据是"噪声"的观点相悖。其次，套利者难以全部消除非理性投资者的错误对金融资产价格的影响。同时，在大多数情况下，金融资产较难找到与之相匹配的替代品，即使能够找到也面临其他风险。最后，投资者不是偶然偏离理性，而是以同样的方式经常偏离理性。

第二，实证上的挑战。在实证上，EMH 似乎陷入一个"窘境"，一方面，根据有效市场的定义，市场有效性检验的统一思路就是检验在一定信息范围内资产收益率的可预测性。此后，大量实证检验表明：美国的证券市场是弱式有效市场；另一方面，假设市场是有效的，市场实际价格已经充分完全反应了所有信息，因而掌握充分信息的专业投资者（投资经理）与一般投资者的投资业绩应无差异，但现实中的职业投资却有愈演愈烈的趋势，可见，EMH 理论与实践之间存在着一定的距离。此外，实践过程中，还出现"账面市值比效应"、日历效应、小公司现象、"规模效应""1月效应""周一效应"等。

第三，资产价格泡沫对 EMH 的反驳。资产价格泡沫是资产价格在长期内偏离其基础价值的一种现象，历史上发生的资产价格泡沫事件表明资产价格高估是公开信息，但信息却无法反应到资产价格中。另外，在有效市场中，收益率是不可预测的，如果收益率可以预测，则意味着一定存在超额收益，并且投资者可以在追逐这些机会的过程中使市场恢复有效，资产价格泡沫破裂表明收益率可以预测，但投资者却不能从中获取收益。

值得一提的是，市场是否有效，学术界的争议仍在持续，这也从另一个侧面证明，迄今为止，人们对资产价格波动规律的认知还是比较肤浅的，要真正把握其内在规律，还有一段很长的路程要走。

3.2.1.5 行为金融学（Behavioral Finance，BF）

传统定价方法体现在"基于价值的管理"（Value-based Management），也就是说，理论基础以理性行为、有效市场理论和资本资产定价模型为基石，然而，金融市场上存在的大量异象❶表明，金融资产价格并非只由企业内在价值决定，存在超越其波动边界的异常变动，这意味着决定资产价格除了基

---

❶ 包括溢价之谜、股价长期偏离基础之谜、弗里德曼—萨维奇困惑、赢者输者效应、日历效应、规模效应、过度交易、处置效应、注意力驱动交易、反转效应、模糊厌恶、私房钱效应、羊群效应等。

本面因子外，还存在一系列非基本面因子。丹尼尔·卡纳曼（Kahneman[1]，1979）运用心理学和经验科学对传统经济学进行了大胆创新，构建了风险决策过程的心理学理论，开创了行为经济学研究的新领域。行为金融学属于行为经济学的一个分支，研究人们的认知、态度、情感等心理因素在金融决策中的作用及由此产生的市场非有效性，试图解释金融市场中存在的异象和投资者在判断中出现系统性错误的原因，与此同时，一些学者提出基于心理学和行为金融学视角的资本资产定价模型[2]。

（1）基于效用函数修正的行为资产定价模型

传统经济学中的"理性经济人"追求的是既定价格和预算约束下的自身效用的最大化，基于效用函数修正的行为资产定价模型把市场参与者的限制从单一的预算约束发展到效用函数自身包括的行为限制，也就是说，投资者在进行决策时不但要权衡收益与风险，而且决策本身与消费习惯、财富偏好、追赶时髦、厌恶损失等心理学的非标准偏好有关，并且运用这些非标准偏好修正代表投资者的效用函数。这些模型与传统模型有重大差别，即对市场参与者的理性施加限制，更好地刻画了投资者的真实状态，能够有效分析金融市场上的异象。

假设经济中的投资者同质，经济达到竞争性均衡，竞争性均衡不但使得投资者效用最大化，而且市场达到出清。投资者 t 时刻的财富为 W，使用该财富的最大化期望效用为：$\max E_t \left\{ \sum_{i=0}^{\infty} \beta^i u(c_{t+i},\ \omega_{t+i}) \right\}$。

其中，E_t 是条件期望算子；β 是主观贴现因子；c_t 是消费；$u(c_t,\ \omega_t)$

---

❶ 1979 年，美国普林斯顿大学的犹太籍心理学教授丹尼尔·卡纳曼（Daniel Kahneman）发表《期望理论：风险状态下的决策分析》一文，将心理学和经济学研究融合在一起，在不断修正"经济人"假设的过程中，发现单纯的外在因素无法解释一些复杂的决策行为和"经济理性"缺陷。2002 年，其成果获得了诺贝尔经济学奖。

❷ 饶育蕾，盛虎. 行为金融学［M］. 北京：机械工业出版社，2010.

是修正效用函数且二次连续可微，其中 ω_t 表示消费习惯、财富偏好、追赶时髦、厌恶损失等变量。对投资者来说，控制变量是其持有的资产，状态变量是财富和 ω_t，运用预算约束方程把 c_t 替代为控制变量和状态变量，把下一期的财富代为控制变量，得到：

$$1 = E_t[U_{t+1}(\theta), R_{t+1}] \qquad (3.2.9)$$

其中，R_{t+1} 是收益率，$U_{t+1}(\theta)$ 是随机贴现因子（Stochastic Discount Factor，SDF），投资者的主观参数向量 $\theta = (\theta_1, \theta_2, \cdots, \theta_n)$。

下文将进行分类讨论（表 3.2.2）。

表 3.2.2　基于效用函数修正的行为资产定价模型

模型	修正的效用函数	市场异象解释	作者
消费习惯模型	$u = \dfrac{(c_t/h_t)^{1-\alpha}}{1-\alpha}$，$h_t$ 是消费习惯	股票溢价之谜 无风险利率之谜	Abel（1990）
财富偏好模型	$u = (c_t, W_t)$，W_t 是财富	股票溢价之谜	Bakshi & Chen（1996a）
追赶时髦模型	$u = (c_t, v_t)$，$v_t = c_t/c_{t-1}^{\eta}$ η 是追赶时髦的程度	无风险利率之谜	Abel（1990） Campbell & Cochrane （1999）
厌恶损失模型	投资者风险回避程度是变量	股票溢价之谜	Barberis et al.（2001）

除了上述模型，基于效用函数修正的行为资产定价模型还有主观贴现因子模型、递归效用函数模型等，这些模型都能较好地解释股票溢价之谜或无风险利率之谜。

（2）基于市场参与者异质性的行为资产定价模型

同质性假说假定市场参与者在偏好、信念等具有一致性和在投资决策上是同质的、完全相同的。现实中，个体投资者由于本身拥有的知识、能力、信息等存在较大差别，更多表现出异质性，即使职业投资者在进行决策与判断时也不会总出现"英雄所见略同"，也会表现出异质性。传统资产定价模型中使用的"一个代表性参与者"可以设定金融资产价格，但通常持有错误信念。同时，市场上的代表性参与者不会模仿任何其他参与者，即代表性参与者也表现出异质性。

假设市场有两个代表性参与者,对未来出现事件的预期有不同信念(异质性),市场参与者 t 时刻对事件 a 的判断概率是 $P_i(a_t)$,由于两个代表性参与者有不同信念,所以 $P_1(a_t) \neq P_2(a_t)$,以消费 c_i 为基础的市场参与者的期望效用函数为:

$$E(u_i) = \sum_{i=1}^{2} P_i(a_t) \, \delta \ln[c_i(a_t)] \qquad (3.2.10)$$

其中, δ 是贴现因子且 $\delta \leqslant 1$, $c_i(a_t)$ 为市场参与者 i 在事件 a_t 发生后的消费量,事件 a_t 表示 t 时刻 c_i 上升和下降的序列。从式(3.2.10)可以看出,期望效用不但决定于消费量、价格,而且与市场参与者的主观信念、情绪有关。

另外,假设市场参与者的初始财富为 W_i, $w_i(a_t)$ 为市场参与者 i 持有的初始财富, $v(a_t)$ 是 t 时刻发生事件 a_t 的状态价格,则市场参与者受到的财富约束为:

$$\sum v(a_t) w_i(a_t) \leqslant W_i \qquad (3.2.11)$$

运用拉格朗日函数,从式(3.2.10)和式(3.2.11)可得金融资产 $v(a_t)$,

$$v(a_t) = \frac{\delta P_R(a_t)}{g(a_t)} \qquad (3.2.12)$$

其中, $P_R(a_t)$ 是市场参与者的总主观概率, $g(a_t)$ 为总消费增长率

$$P_R(a_t) = w_1 P_1(a_t) + w_2 P_2(a_t) \qquad (3.2.13)$$

$$g(a_t) = w(a_t)/w(a_0) \qquad (3.2.14)$$

从式(3.2.12)~式(3.2.14)可得,状态价格 $v(a_t)$ 与市场参与者的总主观概率 $P_R(a_t)$ 相关,而 $P_R(a_t)$ 代表两个异质性市场参与者加权凸组合,这进一步表明,市场参与者持有的财富比重,即"话语权",也决定资产价格。

除了同质性,投资者情绪也被认为是影响资产价格的重要因素。在经济学中,情绪就是错误的同义词❶。投资者个人情绪可以通过过度自信和表征推断等汇聚成市场情绪,从而反映在价格中。目前,比较流行的方法

---

❶ 饶育蕾,盛虎.行为金融学[M].北京:机械工业出版社,2010.

就是用分布函数来定义情绪 I，即：

$$I=\ln \frac{P(x_t)}{\prod(x_t)} \cdot \frac{\delta(t)}{\delta_{\prod}(t)} \qquad (3.2.15)$$

式（3.2.15）表明，投资者错误情绪导致了两个偏离：第一个偏离来自代表性投资者的信念，用 $\frac{P(x_t)}{\prod(x_t)}$ 表示，$P(x_t)$ 是投资者的信念，$\prod(x_t)$ 是客观信念；第二个偏离体现在投资者对时间的折现部分 $\frac{\delta(t)}{\delta_{\prod}(t)}$，$\delta(t)$ 是代表性投资者对时间的偏好，是实际时间的折现，$\delta_{\prod}(t)$ 是客观时间的折现。

综上所述，任何证券的风险溢价都可以表示为三部分：第一部分是均衡利率错误定价程度；第二部分是价格有效时的风险溢价；第三部分是情绪溢价。

$$E_{\prod,0}[r_z(x_1)]-i_1=(i_{1,\prod}-i_1)-\frac{\text{cov}[g(x_1)^{-r}, r_z(x_1)]}{E_{\prod,0}[g(x_1)^{-r}]}+$$

$$(i_{1,\prod})\frac{(1-h_{z,0})}{h_{z,0}} \qquad (3.2.16)$$

$$h_{z,0}=\frac{E_{\prod,0}[\delta_{\prod}\varphi g(x_1)^{-r}r_z(x_1)]}{E_{\prod,0}[\delta_{\prod}g(x_1)^{-r}r_z(x_1)]} \qquad (3.2.17)$$

当 $h_{z,0}>1$ 时，情绪溢价 $(i_{1,\prod})\frac{(1-h_{z,0})}{h_{z,0}}<0$，表示投资者对预期报酬率非常乐观，即表现在 $g(x_1)^{-r}r_z(x_1)$ 高出现事件 x 在 $E_{\prod,0}[\delta_{\prod}\varphi g(x_1)^{-r}r_z(x_1)]$ 比在 $E_{\prod,0}[\delta_{\prod}g(x_1)^{-r}r_z(x_1)]$ 得到更多关注；这时候，证券的期望回报率小于基本价值的数值。

当 $h_{z,0}<1$ 时，情绪溢价 $(i_{1,\prod})\frac{(1-h_{z,0})}{h_{z,0}}>0$，这时候，证券的期望回报率大于基本价值的数值。

当 $h_{z,0}=1$ 时，情绪溢价 $(i_{1,\prod})\frac{(1-h_{z,0})}{h_{z,0}}=0$，这时候，证券的期望回

报率等于基本价值的数值。

式（3.2.16）就是行为资产定价模型（Behavioral Asset Pricing Model，BAPM），是行为金融学的核心。BAPM 模型中包括两类交易者：信息交易者（Information Trader）与噪声交易者（Noise Trader），这两类交易者并非都具有相同理性信念。信息交易者就是 CAPM 模型中的"理性投资者"，具有良好认知和均值方差偏好；噪声交易者即"非理性交易者"，通常易犯各种系统性认识错误，比如，高估近期事件影响或忽略远期发生事件等，也无严格均值方差偏好，容易追赶时髦或出现羊群效应，往往背离 CAPM。DSSW 模型证明了噪声交易者可能比理性交易者获利更多，噪声交易者由于承担了额外风险必须获得更多补偿，这个额外风险被称为"噪声交易风险"（Noise Trader Risk，NTR），因此在 BAPM 模型中，预期收益决定于"行为 β 系数"（β^b），其与均值方差有效组合的切线相关，而不是市场组合。行为 β 系数（β^b）与噪声交易风险（NTR）构成 CAPM 的 β^c，即 $\beta^c = \beta^b + NTR$，如图 3.2.6 所示。

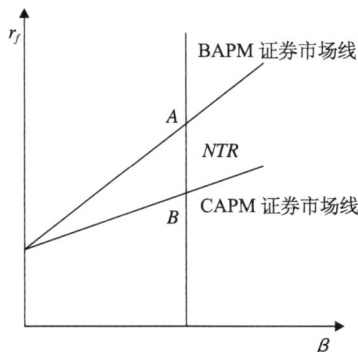

图 3.2.6　$\beta^c = \beta^b + NTR$

综上可知，行为资产定价模型（BAPM）不但部分接受了市场有效性，也秉承了行为金融学所遵循的"有限理性"，非理性交易者在现实中长期性和实质性存在，体现了行为金融学的核心实质，BAPM 是理性交易者和非理性交易者互动情况下的定价理论。

3.2.2 资产价格泡沫形成的影响因素

资产价格泡沫是指资产价格对其基础价值持续性背离的部分，资产价格滋生泡沫则意味着资产没有在市场上合理定价，在上一节，笔者从理论上进行了详尽的解释，在实际经济活动中，导致资产价格泡沫的原因是复杂的，下面从微观与宏观因素进行分析。

3.2.2.1 预期

资产价格是投资者依据过去或目前的某些信念、情绪和知识，利用市场机制融合并表现出来的以货币对资产未来收益的预期，把预期引入经济学研究，是凯恩斯的一大贡献。预期是解释行为人面临不确定情况时的一个重要假设，不确定性是普遍存在的，行为人的多数决策都涉及对未来不确定性的处理，因此对未来预期则是一个关键的影响因素。布兰查德和沃森（Blanchard & Watson，1982）、迪巴和格罗斯曼（Diba & Grossman，1988）把理性预期纳入资产价格泡沫的分析中，结果表明，资产价格与未来预期价格和收益有关，模型如下：

$$P_t = \beta \cdot E\left[\frac{P_{t+1}}{I_t}\right] + \delta_t \qquad （3.2.18）$$

其中，P_t是资产在t时间的资产价格；δ_t表示与资产有关的某个变量，例如资产未来获得收益等；I_t是t时间的所有信息[1]；β是期望收益率的倒数。式（3.2.18）运用迭代期望定律求解，迭代期望定律可以表示如下：

$$E[E[P_{t+1} \mid I_t]I_{t-1}] = E[P_{t+1} \mid I_{t-1}] \qquad （3.2.19）$$

---

[1] Muth 在 1961 年 7 月发表的《理性预期与价格变动理论》中针对理性预期的分析，指出一个核心问题：凡是能影响到预期结果的所有信息都应该被考虑。

将式（3.2.19）带入式（3.2.18），得：

$$P_t=\sum_{i=0}^{T}\beta^i E\left[\frac{\delta_{t+i}}{I_t}\right]+\beta^{T+1}E\left[\frac{P_{T+t+1}}{I_t}\right] \qquad （3.2.20）$$

假设 $|\beta|<1$ 且 $\lim_{T\to\infty}\beta^{T+1}E\left[\frac{P_{T+t+1}}{I_t}\right]=0$，当 $T\to\infty$，有特解，

$$P_t^*=\sum_{i=0}^{\infty}\beta^i E\left[\frac{\delta_{t+1}}{I_t}\right] \qquad （3.2.21）$$

对应的齐次方程为：

$$\bar{P}_t=\beta\cdot E\left[\frac{\bar{P}_{t+1}}{I_t}\right] \qquad （3.2.22）$$

其通解为，

$$\bar{P}_t=\beta^{-1}\cdot C \qquad （3.2.23）$$

其中，C 为常数，非其次线性方程的解为：

$$P_t=P_t^*+\bar{P}_t=\sum_{i=0}^{\infty}\beta^i E\left[\frac{\delta_{t+i}}{I_t}\right]+\beta^{-1}\cdot C \qquad （3.2.24）$$

从式（3.2.24）可以明显得出，右边第一部分 $\sum_{i=0}^{\infty}\beta^i E\left[\frac{\delta_{t+i}}{I_t}\right]$ 是资产给持有者带来的所有收益的现值，即资产基础价值，资产价格并不等于资产基础价值，这是因为存在资产价格泡沫，即公式右边第二部分 $\beta^{-1}\cdot C$。理性预期仅仅阐述了资产价格泡沫的存在性和存在条件，没有具体揭示其形成机理，但无论如何，预期在资产价格泡沫形成中的作用不容小觑。

3.2.2.2 持续的认知偏差

预期与实际经济运行产生偏差是不可避免的，资产价格泡沫的滋生既存在制度、经济周期性波动和预期等的货币反应，也是以价格表示的人们对经济价值未来认知的偏差，这是滋生资产价格泡沫的重要原因之一。无论是微观领域的实体投资和金融投资行为，还是宏观政策抉择，都是对经济过去运行和目前经济运行情况的认知和评判，并以此形成对经济未来运

行轨迹的预测。由于某些原因，人们的认知与经济运行现实逻辑会发生偏离，如果只是微观主体的认知偏差，其作用有限，但微观主体往往能够通过制度、投资等对管理当局的货币政策和宏观调控产生影响，将这种认知偏差累积和固化并最终形成巨大的割裂和偏离。市场经济中出现错误是正常和合理的，但如果同一方向长期存在错误（即错误锁定）则并非正常，而资产价格泡沫恰好属于这种错误。

形成持续认知偏差的原因包括以下三点。

（1）微观主体的主观认知偏差

这包括个体性认知偏差（过度自信、代表性偏差和情绪等）和群体性认知偏差（羊群效应和合成谬误等）。资产价格泡沫根源于人性的无知、恐惧与贪婪，无法根除。在我国滋生的资产价格泡沫背后，持续认知偏差是关键推手。究其原因，一方面主要表现在实体经济高速发展之后，其竞争力和增长速度开始下降，但人们的认知和宏观政策仍停留在原有的增长轨迹上，市场主体把高速增长作为常态，对预期经济增速出现错误估量，没有或没有迅速调整经济政策和目标，国家和政府仍然过度刺激经济以及企业仍然过度使用金融杠杆扩张，脱实向虚严重，基于经济虚拟化创造的"虚假繁荣"，推高了资产价格，最终出现资产泡沫。另一方面，在经济出现疲软或消费不足时增加投资，投资增加或扩张性的经济政策，本身将会引致需求和销量上涨，但这会成为扩大投资正确性的支持佐证，而且利用各种渠道放大这些佐证，进而影响市场走向并延滞调整目标。投资扩张和流动性宽松导致的资产价格上涨，从微观层面上就是人们表现出来的过度自信和过度情绪化等非理性行为，尤其是群体的非理性，比如羊群效应等又引致资产价格上涨，进而再次证明了资产价格上涨的合理性。比如我国在金融危机之后投入的 4 万亿元，借助某些领域（房地产、生产建设投资等）的"繁荣"将经济增长人为地维持在上一阶段水平上，这非常容易

引起"非真实"因素的持续作用，不以实际储蓄为基础的派生货币、未来价格上涨等预期这些"非真实"因素将造成与现实的割裂和金融脱媒等，容易产生资产价格泡沫。

（2）宏观机制原因

主要表现在两个方面：一方面，资产价格泡沫滋生往往与制度和政策变革、经济模式转换、金融自由化和创新等新现象并存。影响较大且具有全局性的资产价格泡沫往往发生在这些时期，这是因为人们的认知来自过去的信息并停留在原有的发展轨迹上，一旦发生转型或创新，利用原有知识将难以有效估算，反映资产未来价值的价格更多依赖于人们的想象和情绪变动。另一方面，激励约束机制扭曲。历史上出现的著名资产价格泡沫事件的根源在于收益获取与风险承担之间的不对称激励约束机制的扭曲。

比如我国政府的"隐性担保"，这种由市场参与主体获取利益，而由政府部门分担风险的扭曲激励约束机制，毋庸置疑地成为我国每次重大资产价格泡沫事件的重要推手。在我国，隐性担保有四种形式：其一，通过财政补贴、化解"三角债"和"债转股"改革等形式对国有企业的隐性担保；其二，通过债券、直接注入财政资金或动用外汇等补充资本金、剥离国有银行的不良贷款等形式对国有银行的隐性担保；其三，我国的股票市场属于典型的"政策市"；其四，前几年，各级政府纷纷出台救房市的措施，地方政府在出让土地使用权、疏通银行关系、政策监管等方面为房地产行业提供便利，吹大了我国的房地产泡沫。"隐性担保"是政府滥用信用和职能错位造成的，扭曲了正常市场交易机制，导致资源错配，引起资产价格泡沫的滋生、膨胀和集聚等。

（3）信息不对称

认知偏差的出现与信息不对称相联系。行为金融学认为，市场上普遍存在非理性交易者，而"非理性"的形成更多是基于资产供给者和资产需求者之间的信息不完全和信息不对称。在典型的庞氏骗局（Ponzi Scheme）中，资产供给者为获取高额利润，常会提供虚假的利多信息，从而诱发真实投资或投机需求。资产供给者不但包括原始供给方（比如股票发行企业或房地产企业），而且包括二级市场的供给者（例如机构投资者等），还包括某些权威者发出的信号，比如，政策制定者、股评专家、社会知名人士等。纵观历史上的资产价格泡沫事件，不管是"郁金香泡沫""英国南海股市泡沫"、1929 年的"美国股市大崩溃"、1987 年的"全球股灾"还是 2007 年的"中国股灾"等，虽然出现的时机、国家及地区、市场不同，但有其共同特征：利好消息和庞氏骗局，利好消息带来大众乐观预期和在"名人效应"推动下，引发资产价格上涨，而"空手套白狼"和"拆东墙补西墙"的庞氏骗局吸引资金涌入资本和资产市场，催生资产价格泡沫。

3.2.2.3 资产本身的属性特征

资产价格泡沫形成必须要有依附的载体，没有现实载体，资产价格泡沫无从产生，但不是任何载体都能滋生资产价格泡沫，其必须具备一定条件。

（1）资产的相对稀缺性

资产价格泡沫是价格超常规的偏离现象，因此作为其载体的资产往往是稀缺的，可以用供给的价格弹性进行诠释，如图 3.2.7 所示。对任何一种资产，如果供给是完全弹性的，供给对价格的反应则非常灵敏，只要价格上涨，供给就会增加，无论需求多大，市场都能满足，而价格几乎不会发生变化，资产价格泡沫也就无从产生。若资产受到天然禀赋限制或供给相对稀缺时，即供给缺乏弹性，需求的突然增大将引起资产价格上涨的同时供给无法迅速扩大，当价格持续偏离合理幅度时，资产价格泡沫便产生

了，所以，资产价格泡沫在土地等垄断性资源中较易滋生，这是因为房地产具有的实物消费和资产投资的双重属性使得其价格构成非常复杂；另外，土地的稀缺性和房地产商品具有的不可再生、不可复制特性使得其供给的价格弹性为零，而需求却表现出逆运动性，即"买涨不买跌"，房地产价格持续高位运行，资产价格泡沫被不断吹大。

从图 3.2.7 可以看出，当价格从 P_0 上升到 P_1，在同样 P_1 价格下，供给弹性小的曲线只能提供 Q_1 的供给量，而供给弹性大的曲线却能提供 Q_2 的供给量，$Q_2 > Q_1$，对于供给弹性小的曲线，由于价格上升无法迅速扩大供给量而易滋生泡沫。

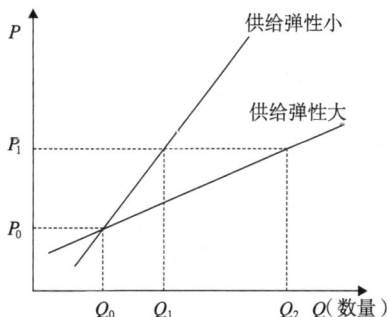

图 3.2.7　供给的价格弹性与供给量之间的关系

（2）能够脱离资产本身而存在的虚拟资本

能够脱离资产本身而存在的虚拟资本，比如股票、金融衍生品等有价证券，其基础价值难以确定，而且本身无价值，仅仅是虚拟资本代表的凭证，但其具有能够脱离自身价值或者实物形态进行独立运动的属性。在金融市场中，有价证券具有商品属性，进行流通后便有了交易价格，尽管这个商品并不是真正意义上的、通过劳动生产出来的具有使用价值和价值，但它具有一个重要特点——增值能力，能够带来投资者账面价值的变化。虽然这个账面收益没有投入实体经济的再生产过程中也就不会创造任何真实的财富，也就是说，当有价证券的价格发生波动时，实体经济并没有因此而发生任何数量上的改变，但是投资者对此却毫不在意，因为他们认为账面价值的变化就是财富形式的变化。同时由于金融资产的高风险、高收益的特点和受资本的逐利性和供求关系的影响，这种财富效应不断吸引投资者在金融市场大量投入资金，资产价格偏离其基础价值便成为必然，从而产生了资产价格泡沫，并且资产的虚拟程度越大，越容易产生泡沫。

预期、持续的认知偏差和资产本身的属性特征，这些微观因素虽然能够解释资产价格泡沫形成的原因，但也有缺陷：资产价格泡沫一般在市场经济中存在，自然经济和计划经济下却极少出现，所以仅从微观因素研究存在局限性，下文将结合宏观因素分析。

3.2.2.4 信用扩张

在金本位制度下，货币发行与流动完全依附于商品交易，货币仅充当交易媒介的作用，而作为价值度量标准的黄金保证了金融市场套利的有效性，因此资产价格泡沫难以产生。随着布雷顿森林体系的解体，货币发行不再受到黄金储备的硬性约束，完全成为服务于货币政策的信用符号，货币供给成为一个具有内生性的外生变量❶，货币流动表现出明显的独立性，金融活动对实体经济的依附关系被打破，金融脱媒和虚实经济的严重分化使得实体经济的货币需求不再是货币总需求的全部，伍超明（2003）指出，虚拟经济规模的扩张对货币存在吸收作用，这意味着实体经济的货币需求仅是货币总需求的一部分，因此对金融脱媒和虚实经济严重分化引致的货

---

❶ 内生变量是指纯粹由经济体系内部的经济因素影响的变量，一般不被政策因素所左右，比如价格、利率等变量；外生变量是指由经济机制中的外部因素所决定的变量，主要是政策因素，如税率等。目前，世界各国的以中央银行为主的金融体系使得货币供给更多表现出具有内生性的外生变量。

币独立运动形成的货币需求不能再视而不见，而作为货币数量理论基础的传统货币数量方程式 $MV=PY$ ❶ 可能失效。

传统货币数量方程式 $MV=PY$ 中，M 是一定时期内流通中所需要的货币数量；V 是一定时期内的货币流通速度；P 是所有商品价格的加权平均值；Y 是以实物形式计量的财产，即总产出。由于货币流通速度 V 由公众的信用范围和支付习惯等因素决定，可以当作一个常量，因此，通货膨胀率等于货币供给增长率减去实际经济增长率后的差值。即传统货币数量方程式认为：货币供给量的增加无论在短期还是长期必然导致物价同方向上升。但苏（Su，2016）运用 Granger 因果检验研究表明，在我国，货币供给量的增加对通货膨胀存在影响，但却无法得出货币数量方程式成立的结论。一些学者运用美国的经济数据研究表明：货币供给增加与通货膨胀之间不符合传统货币数量方程式的表述关系。伍志文（2002）指出，越来越多的事实和研究表明，超额货币供给并没有危害商品市场，给我国带来通货膨胀，甚至出现通货紧缩的"中国之谜"现象 ❷，足以说明传统货币数量方程在我国是失效的。

伍志文（2002）指出，"中国之谜"现象的实质是出现了货币失踪，从图 3.2.8 可以清晰地看出，2008 年之前，货币供应量增长率（M_1，M_2）与商品零售物价指数（CPI）呈现同步趋势，两者同涨同跌，但 2008 年后，两者之间不但没有呈现同步趋势，反而随着货币供应量增长，CPI 出现通货紧缩现象。

---

❶ 美国经济学家费雪（Fisher）在 1911 年出版的《货币购买力》一书中提出了著名的货币数量方程：$MV=PY$，英国经济学家庇古（Pigou）在 1917 年针对 $MV=PY$ 关于货币流通速度 V 的缺陷，提出了剑桥方程式：$M=KPY$，美国经济学弗里德曼（Friedman）从货币需求角度出发，在 1956 年提出了货币数量方程 $MV=PY$，此后，该方程作为货币数量方程的范式，成为现代货币数量理论的基础，同时也是分析货币供给与商品价格之间关系的有效工具。

❷ 货币供给增加、物价稳定甚至出现物价负增长并存的悖论，被国内外学者称为"中国之谜"。

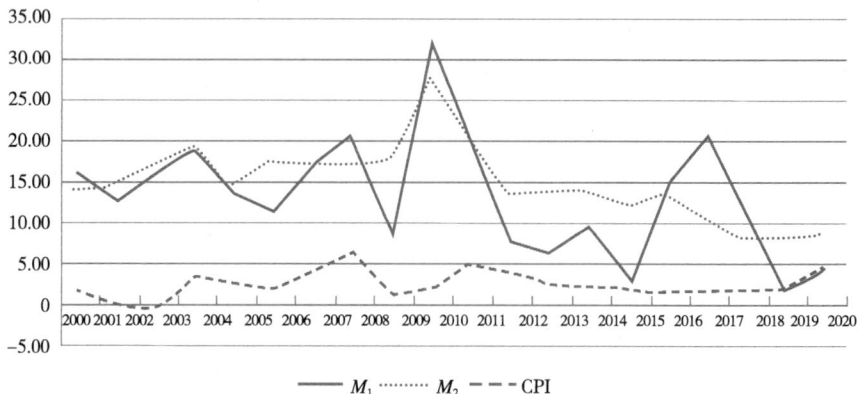

图 3.2.8　M_1、M_2 和 CPI 之间的关系

　　究其原因，是因为我国在改革开放前实行计划经济，分配、生产与销售等全部由政府统一计划与供给，在此经济体制下，经济活动即使无货币也可以正常运行；改革开放后，至 2008 年的金融危机期间，经济体制逐步由计划经济过渡到市场经济，分配、生产与销售必须借助货币才能实现，经济逐步货币化，市场和经济对货币的需求大幅上涨。但同时，金融市场的发展和繁荣使得货币从商品市场部分分流到金融市场，出现了高货币增长率和低通货膨胀率并存的情况，货币数量方程式失效。这是因为，与商品市场相比，金融市场具有更高的流动性和期望收益率，这些属性决定了其对货币流向具有更高诱惑力，不仅新增货币供给会优先选择流向金融市场，而且会吸引商品市场货币向金融市场溢出，结果导致商品市场货币需求无法完全满足，而金融市场货币供给过度，催生了金融市场的资产价格泡沫，货币供给增长的宏观经济效应不再表现为单一的通货膨胀，而是表现为货币供给增长与通货膨胀、资产价格泡沫之间的复杂关系（李腊生等，2017）。与此同时，为了维持经济平稳运行，中央银行只有不断超发货币来解决商品市场的资金供给不足问题，进一步刺激了金融市场的更加繁荣（葛永波，周倬君，2012）。经济运行明显出现了"二元经济"特征：一

方面是金融市场发展壮大和资产价格泡沫剧增；另一方面则是实体经济或产品市场不断萎缩。陈彦斌等（2013）指出，2008 年金融危机后，我国货币数量方程式失效出现了新特点，即宽松货币政策与高额货币供给并没有引起通货膨胀，但同时伴随着地方政府债务规模大幅攀升和房地产价格持续上涨，这可以解释金融危机后的货币失踪原因。

资产价格泡沫本质是一个货币现象，是过多货币追逐过少资产（包括实物资产和金融资产）的结果，滋生资产价格泡沫的客观基础是货币超发和信用的过度扩张，因此，国际清算银行将资产价格泡沫称为"央行信用难题"和"央行信用悖论"。以下借鉴李腊生等（2018）的文献，运用扩展货币数量方程对货币失踪进行解释。

传统货币数量方程是以货币流通依附于商品市场的实体经济基础上建立的，忽略了信用货币制度下，规模和比重不断增大的以独立资产运作的虚拟经济，也正是以金融市场为核心的虚拟经济的出现导致了传统货币数量方程的失效和出现了货币失踪。因此，流通中的货币需求不能依据传统货币数量方程仅考虑实体经济部门的商品与服务交易的需求，还应该包括虚拟经济部门中独立运行的资产交易需求。假设金融市场有 n 种资产交易，每种资产的价格为 Q_i，交易量为 N_i，传统货币数量方程式 $MV=PY$ 可以扩展为：

$$MV=PY+\sum_{i=1}^{n}Q_iN_i \qquad （3.2.25）$$

对式（3.2.25）进行微分，得

$$MdV+VdM=PdY+YdP+\sum_{i=1}^{n}Q_idN_i+\sum_{i=1}^{n}N_idQ_i \qquad （3.2.26）$$

对式（3.2.26）两边同除以 MV，得

$$\frac{dV}{V}+\frac{dM}{M}=\frac{PdY}{MV}+\frac{YdP}{MV}+\frac{\sum_{i=1}^{n}Q_idN}{MV}+\frac{\sum_{i=1}^{n}N_idQ_i}{MV} \qquad （3.2.27）$$

令 $v=\dfrac{dV}{V}$，v 就是货币流通速度增长率；$m=\dfrac{dM}{M}$，m 就是货币供给增

长率；y 就是经济增长率；$f=\dfrac{dP}{P}$，f 就是通货膨胀率；$r_i=\dfrac{dQ_i}{Q_i}$，r_i 就是第 i 种资产的收益率；$n_i=\dfrac{dN_i}{N_i}$，n_i 就是第 i 种资产的交易量增长率；式（3.2.27）可以写成：

$$m+v=\frac{yPY}{MV}+\frac{fPY}{MV}+\frac{\sum\limits_{i=1}^{n}Q_iN_ir_i}{MV}+\frac{\sum\limits_{i=1}^{n}Q_iN_in_i}{MV} \qquad (3.2.28)$$

由于 V 可以被看作一个常量，所以，

$$v=\frac{dV}{V}=0 \qquad (3.2.29)$$

$$m=\frac{yPY}{MV}+\frac{fPY}{MV}+\frac{\sum\limits_{i=1}^{n}Q_iN_ir_i}{MV}+\frac{\sum\limits_{i=1}^{n}Q_iN_in_i}{MV_n} \qquad (3.2.30)$$

令 $\delta=\dfrac{PY}{MV}$，δ 就是实体经济对货币的吸收率；令 $\varepsilon=\dfrac{\sum\limits_{i=1}^{n}Q_iN_i}{MV}$，$\varepsilon$ 就是虚拟经济对货币的吸收率，令 $\sum\limits_{i=1}^{n}r_i=R$，$\sum\limits_{i=1}^{n}n_i=N$，则式（3.2.30）可以写成：

$$m=\delta(y+f)+\varepsilon(R+N) \qquad (3.2.31)$$

因此，

$$f=\frac{1}{\delta}m-\frac{\varepsilon}{\delta}(R+N)-y \qquad (3.2.32)$$

从式（3.2.32）可得：通货膨胀率与货币供给增长率同方向变动，而与虚拟经济对货币的吸收率和经济增长率成反方向变动，这能够诠释为何中国进入 20 世纪 80 年代中后期以来，虽然货币超发较严重，却未能引致严重的通货膨胀，"失踪"货币从商品市场流向资产市场，而正是这些流向资产市场的"失踪"货币导致了资产价格泡沫，下文将展开详细分析。

若商品市场和资产市场都处于均衡，则 $R=f+y$，代入式（3.2.32），有

$$R=\frac{1}{\delta-\varepsilon}(m-\varepsilon N) \qquad (3.2.33)$$

若商品市场和资产市场不处于均衡，有两种情况：

当 $R < f+y$，有 $R < \dfrac{1}{\delta - \varepsilon}$（$m - \varepsilon N$），资产市场无资产价格泡沫存在；

当 $R > f+y$，有 $R > \dfrac{1}{\delta - \varepsilon}$（$m - \varepsilon N$），资产市场有资产价格泡沫存在，因此，资产价格泡沫的形成与货币供给增长率（m）、资产市场的收益率（R）、商品和资产市场的结构（δ，ε）、资产市场的规模扩张（N）有关系。m 和 R 越大，形成资产价格泡沫的可能性就越大；δ、ε 和 N 越小，形成资产价格泡沫的可能性就越大。在目前，我国的"二元经济"结构下，货币超发和信用扩张就会滋生资产价格泡沫，另外，即使货币供需均衡，如果大量货币相对集中地向某一类资产市场流动，比如房地产、股票市场等，同样能够引起资产价格泡沫。

3.3　资产价格泡沫的检验

2014年，国家首次承认我国实体经济滋生一定程度的资产价格泡沫，特别是房地产泡沫，因此引发学者们对我国资产价格泡沫的一系列研究，但其中准确识别和检验资产价格泡沫是否存在是对其研究的至关重要的环节。

资产价格泡沫的检验方法众多，但即使对同一问题或同一研究对象，由于构建模型和演算过程不同，也难以获得统一结论；如果考虑数据频率和国别差异，检验结果差别较大甚至完全相反，例如，西（West，1987）运用两步法拒绝了不存在资产价格泡沫的原假设，而迪巴和格罗斯曼（Diba & Grossman，1988）采用协整检验得到了完全相反的结论。资产价格泡沫的存在性、大小程度及其持续时长等一系列问题始终无法形成一致结论（吴海霞等，2018），而爆炸性泡沫的出现，布兰查德（Blanchard，1982）指出，Dickey-Fuller 的单位根检验和平稳性检验更是无法对资产价格泡沫做出合理解释。一些学者运用 Monte Carlo 模拟，发现爆炸性泡沫存在意味着金融资产价格具有高度非线性特征，以致在整个样本区间内金融资产价格几乎是平稳的，这些非平稳性检验方法陷入困境。

但一些学者受此启发采用非线性计量方法研究资产价格泡沫的非平稳性，另外也提出了避免"泡沫检验陷阱"❶的理想方法。最有效的形式就是依据菲利普斯等（Phillips，2007）提出的"中度偏差"概念，对资产价格泡沫的单位根、平稳性和爆炸模型予以改进与完善，并在此基础上提出带有上确界的 ADF 检验，即 Sup ADF 检验（SADF），该方法能够准确检验资产价格泡沫产生和破灭的具体时间点，能够实时判断序列的结构突变，捕捉序列从单位根过程（无资产价格泡沫）向爆炸过程（有资产价格泡沫）的变化以及其逆过程（Phillips et al.，2011a）。Monte Carlo 的模拟结果也表明该方法可以有效检验到资产价格泡沫的存在。菲利普斯（2011b）在 SADF 上考虑了更加灵活的递归估计宽窗，构建了 GSADF，该方法不仅前向递归增加了样本量，而且将 SADF 检验法中递归估计宽窗起始点的固定性修改为可变，在资产价格多重泡沫检验上优势明显。下文对 ADF 检验、SADF 检验和 GSADF 一一进行介绍，并运用这些方法检验我国的资产价格泡沫。

3.3.1　检验方法

（1）ADF 检验

泡沫从本质上是价格运动现象，是资产的实际市场价格超过基础价值的情形。资产的实际市场价格可以表示为：

$$P_t = \sum_{t=0}^{\infty} \left(\frac{1}{1+r} \right) E\left(I_{t+1} + R_{t+1} \right) + \Delta P_t \tag{3.3.1}$$

---

❶ 泡沫检验陷阱：克里斯·埃文斯（Evans，1991）指出，资产价格泡沫可能在破裂到某非零状态后再继续生长，形成新一轮泡沫，但是传统单位根方法无法检验，这就是"泡沫检验陷阱"。

其中，P_t 是资产的实际市场价格；$\sum_{t=0}^{\infty}\left(\dfrac{1}{1+r}\right)E\left(I_{t+1}+R_{t+1}\right)$ 是资产的基础价值，r 为 t 时期未来预期现金流在某种风险水平下的贴现率，$I_{t+1}+R_{t+1}$ 是预期未来所有收益的现金流；ΔP_t 是资产价格的偏离值；由于不同种类金融资产的收益、期限和风险等属性不同，其基础价值表现形式稍有差异，但基本内容大致一样，都是运用收益的资本化原理，根据预期现金流贴现计算得到。迪巴和格罗斯曼（Diba & Grossman，1988）指出，若资产价格序列的一阶差分不平稳，则表明金融市场上存在着大量投机需求，能够判断存在资产价格泡沫。但传统 ADF 检验不但存在"泡沫检验陷阱"，而且无法识别资产价格的周期性泡沫和具体存续期等。

（2）SADF 检验

与传统 ADF 模型以左尾检验，其备择假设（左尾）H_1: $\rho < 1$ 不同，SADF 以右尾检验为基础，其备择假设（右尾）H_1: $\rho > 1$，即把检验资产价格泡沫的问题转换成检验该资产价格 P_t 是否存在爆炸过程，则有式（3.3.2）：

$$P_t = \alpha_{w1,\,w2} + \rho_{w1,\,w2}P_{t-1} + \sum_{i=1}^{k}\varphi^{i}_{w1,\,w2}\Delta P_{t-i} + \varepsilon_i, \quad \varepsilon_i \sim i,\ i,\ d\left(0,\ \sigma^2\right) \quad (3.3.2)$$

其中，P_t、P_{t-i} 分别是 t、$t-1$ 时期的资产价格；w_1、w_2 分别是起始点和终止点样本量与样本总量之比；k 为滞后阶数。

SADF 模型通过递归滚动回归和顺次 ADF 检验判断资产价格泡沫的存在性：将起始点宽窗 w_1 设为 0，顺序向右移动不断扩大样本量形成子样本，运用式（3.3.2）逐步进行 ADF 检验，直至 $w_1=0$ 从扩大到全样本 $w_2=1$，因此得到一系列 ADF 统计量，如式（3.3.3）所示，然后把 SADF 统计量的最大值与临界值相比较，确定是否接受原假设来判断资产价格泡沫的存在性、生成和破灭的时间。

$$SADF(w_0) = \sup_{w_2 \in [w_0,\, 1]} \{ADF_0^{w_2}\} \qquad (3.3.3)$$

其中，w_0 是最小的子样本窗口。原假设 H_0 表示无漂移项的随机游走，根据连续映射原理，SADF 统计量收敛于式（3.3.4）：

$$SADF(w_0) \xrightarrow{d} \sup_{w_2 \in [w_0,\, 1]} \frac{w_2 \int_0^{w_2} W(t)\, dw - W(w_2)\int_0^{w_2} W(t)\, dt}{w_2^{1/2}\left[w_2\int_0^{w_2} W(t)^2 dw - \left(\int_0^{w_2} W(t)\, dt\right)^2\right]^{1/2}} \qquad (3.3.4)$$

其中，$W(\cdot)$ 为标准 Wiener 过程，SADF 模型是一种右尾单侧检验，一些学者指出，SADF 模型在检验单一泡沫时，优于其他方法。但该方法中向前滚动的仅是终止点 w_2，起始点 w_1 始终保持不变，则意味着在时间跨度较大的样本中有多个泡沫时，SADF 模型面临的非一致性问题削弱了其检验能力，GSADF 检验可以有效克服这一弱点。

（3）GSADF 检验

GSADF 模型不固定样本的起始点 w_1，而是使得起始点 $w_1 \in [0,\, 1-w_r]$ 变动，顺序向右移动，得到 ρ 的一系列 ADF 统计量，即为 GSADF 序列：

$$GSADF(w_0) = \sup_{w_2 \in [w_0,\, 1],\, w_1 \in [0,\, w_2-w_0]} \{ADF_{w_1}^{w_2}\} \qquad (3.3.5)$$

根据连续映射原理，GSADF 统计量收敛于式（3.3.6）：

$$GSADF(w_0) \xrightarrow{d} \sup_{w_2 \in [w_0,1], w_1 \in [0,w_2-w_0]} \frac{\frac{1}{2}\left[w_r(w_2)^2 - W(w_1)^2 - w_r\right] - \int_{w_1}^{w_2} W(w)dw\left[W(w_2)-W(w_1)\right]}{w_2^{1/2}\left\{w_r\int_{w_1}^{w_2} W(w)^2 dw - \left[\int_{w_1}^{w_2} W(w)dw\right]^2\right\}^{1/2}}$$

$$(3.3.6)$$

GSADF 模型也是一种右尾单侧检验，与 SADF 模型相比较，GSADF 模型增大了子样本容量，能够检验多重连续泡沫和波动温和的大样本数据。无论是 SADF 模型，还是 GSADF 模型，其检验的渐进临界值均通过 Monte Carlo 模拟实现。

（4）Monte Carlo 模拟

为方便模拟，将资产价格泡沫数量限制为两个，且在无泡沫时是一个单位根过程，则该过程可以表示为含有两状态区制转换的一个非线性方程，即：

$$P_t = \alpha_{w_1 w_2} + \rho_{w_1 w_2} P_{t-1} 1\{t \in N_0\} + \lambda_1 P_{t-1} 1\{t \in B_1\} + \lambda_2 P_{t-1} 1\{t \in B_2\} +$$

$$\left(\sum_{m=\tau_{1f}+1}^{t} u_m + P_{\tau_{1f}}^* \right) 1\{t \in N_1\} + \left(\sum_{m=\tau_{2f}+1}^{t} u_n + P_{\tau_{2f}}^* \right) 1\{t \in N_2\} + u_t 1\{N_0 \cup B_1 \cup B_2\}$$

$$（3.3.7）$$

其中 $N_0 = [1, \tau_{1e}]$，$N_1 = [\tau_{1f}, \tau_{2e}]$，$N_2 = [\tau_{2f}, T]$；$B_1 = [\tau_{1e}, \tau_{1f}]$，$B_2 = [\tau_{2e}, \tau_{2f}]$；设 $P_{\tau_{1f}}^* = P_{\tau_{1e}} + P_1^*$，$P_{\tau_{2f}}^* = P_{\tau_{2e}} + P_2^*$；$\tau_{1e} = \lceil \tau_{r1e} \rceil$ 和 $\tau_{1f} = \lceil \tau_{r1f} \rceil$ 分别为第一个资产价格泡沫产生时间和爆炸时间；$\tau_{2e} = \lceil \tau_{r2e} \rceil$ 和 $\tau_{2f} = \lceil \tau_{r2f} \rceil$ 分别为第二个资产价格泡沫产生时间和爆炸时间；从式（3.3.7）得知，当第一个资产价格泡沫发生爆炸后，P_1 跳跃到 P^*，累计新冲击到达 $\tau_{2e} - 1$，也就说，P_t 是一个单位根重新初始化的过程，在 τ_{2e} 第二个资产价格泡沫产生，持续的时期为 B_2，在 τ_{2f} 第二个资产价格泡沫爆炸，P_t 继续保持单位根过程直至最后一个值为止。

3.3.2 变量说明及数据来源

资产种类很多，为方便研究，本书中只选取股票和房地产进行分析，后续研究一直如此。

选取上证综合指数（SZZZ）、深证综合指数（SZZS）和国房景气指数（FJPM）分别作为股票和房地产泡沫检验的代理变量，如图 3.3.1 ~ 图 3.3.3 所示，时间为 2006 年 1 月—2019 年 6 月，总共 162 个月度数据，数据来源于 Wind 金融统计数据库。

从图 3.3.1 ~ 图 3.3.3 可知，上证综合指数（SZZZ）在 2006 年 1 月—

2008 年 5 月和 2014 年 7 月—2016 年 2 月出现两个尖峰状态，深证综合指数（SZZS）出现两个尖峰状态的时间与上证综合指数（SZZZ）几乎接近；国房景气指数（FJPM）分别在 2006 年 1 月—2008 年 9 月、2009 年 8 月—2011 年 10 月出现两个尖峰状态，在 2014 年 2 月—2015 年 12 月形成一个深谷状态。上证综合指数（SZZZ）、深证综合指数（SZZS）和国房景气指数（FJPM）序列的描述性统计及相关检验如表 3.3.1 所示。

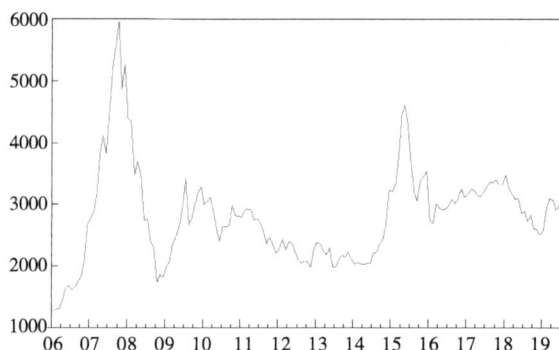

图 3.3.1　上证综指（SZZZ）

图 3.3.2　深证综指（SZZS）

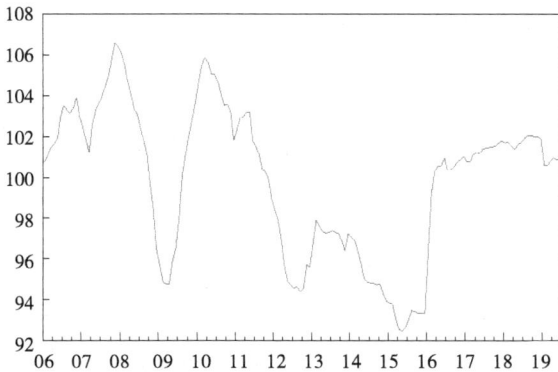

图 3.3.3　国房景气指数（FJPM）

表 3.3.1　三组序列的描述性统计及相关检验

指标	均值	中位值	最大值	最小值	标准差	偏度	峰度	J-B 值	P 值
SZZZ	2818.69	2782.89	5954.77	1258.05	792.63	1.08	5.23	64.93	0.00
SZZS	1257.409	1167.76	2793.25	307.11	503.244	0.3501	2.6168	4.3014	0.1164
FJPM	99.84543	100.915	106.59	92.43	3.67761	−0.357	2.0415	9.6456	0.008

可以看出，三组序列的最大值与最小值之差以及标准差数值，都表明数据存在较大波动。上证综合指数（SZZZ）和深证综合指数（SZZS）相比较，上证综合指数（SZZZ）的波动性最大，其标准差为 792.63，深证综合指数（SZZS）的波动性较小，其标准差为 503.244；国房景气指数（FJPM）在编制时由于考虑了季节性因素，不能与上述两个指标作比较，但其中位值为 100.915，说明波动也较剧烈；从偏度（Skewness）检验统计量可知，三个序列是有偏的，其中上证综合指数（SZZZ）和深证综合指数（SZZS）都是右偏分布，且为正值，说明股价存在向上跳跃的趋势；国房景气指数（FJPM）则是左偏分布；Jarque-Bera（J-B 值）都大于 0，序列均拒绝了正态分布假设，以上结果表明可能存在资产价格泡沫；另外，从 P 值看，上证综合指数（SZZZ）和国房景气指数（FJPM）序列是平稳的，而深证综合指数（SZZS）序列不平稳。

3.3.3 检验结果及其分析

（1）资产价格泡沫存在性检验

运用 ADF、SADF、GSADF 和 RADF（在此多加的一项）检验上证股市泡沫、深证股市泡沫与房地产泡沫，结果如表 3.3.2 所示。

从表 3.3.2 可知，ADF 检验结果表明股票价格是一阶单整序列，因此运用传统 ADF 检验方法无法识别资产价格泡沫（Diba & Grossman，1988），故拟采用 SADF、GADF 和 RADF 对股市泡沫进行检验。上证综合指数（SZZZ）、深证综合指数（SZZS）和国房景气指数（FJPM）的 SADF 统计值分别大于 5%、1% 和 1%，GSADF 统计值分别大于 1%、1% 和 5%，RADF 统计值分别大于 1%、1% 和 10%，以上结果均表明我国的股票市场和房地产市场在研究期内显著存在周期性资产价格泡沫。

表 3.3.2　资产价格泡沫存在性检验

指标	上证综指	深证综指	国房景气指数
ADF	—		
原始序列	−0.224629	−0.074595	−0.115116
99%	−2.579404	−2.579404	−2.579495
95%	−1.942818	−1.942818	−1.942830
90%	−1.615392	−1.615392	−1.615384
一阶差分	−11.62169***	−10.81301***	−6.319600***
99%	−2.579495	−4.016433	−2.579495
95%	−1.942830	−3.438154	−1.942830
90%	−1.615384	−3.143345	−1.615384
SADF	0.873976**	2.654156**	1.934650***
99%	1.154303	1.154303	1.420139
95%	0.667673	0.667673	0.818079
90%	0.408874	0.408874	0.512614
GSADF	3.091307***	5.784648***	3.703883**
99%	2.306754	2.306754	3.957253
95%	1.679804	1.679804	2.632578
90%	1.427977	1.427977	2.121557
RADF	2.198258***	3.284642***	2.382648*
99%	0.069582	0.069582	0.370522
95%	−0.633555	−0.633555	−0.423045
90%	−0.981726	−0.981726	−0.800932

注：***、**、* 分别代表在 0.01、0.05 和 0.1 的水平下显著，模拟次数为 2000 次。

（2）资产价格泡沫存续周期分析

运用 ADF、SADF、GSADF 和 RADF 检验上证股市泡沫、深证股市泡沫与房地产泡沫，检验结果如图 3.3.4（a～c）、图 3.3.5（a～c）、图 3.3.6（a～c）所示（虽然列出所有检验结果，但以 GSADF 的检验结果分析为主）。每个图中最上面的带小黑点的曲线为上证综合指数（SZZZ）、深证综合指数（SZZS）和国房景气指数（FJPM）的实际数值，数值对应于右轴，中间实线表示 95% 的泡沫临界值走势，最下面带小圆圈的线表示资产价格泡沫检验值，当带小圆圈的线向上超过实线临界值时，意味着出现了资产价格泡沫，当带小圆圈的线向下穿过实线临界值就表示该资产价格泡沫消失，资产价格泡沫数值与泡沫严重程度成正相关关系。

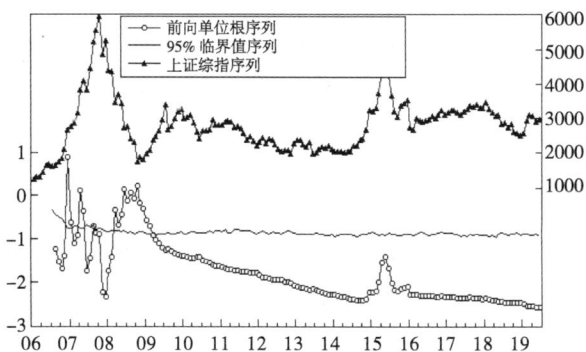

图 3.3.4（a）　SZZZ 检验—SADF

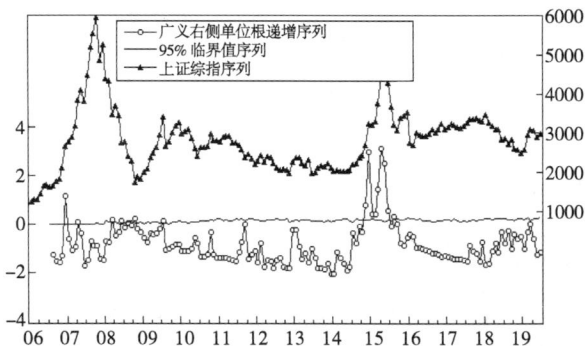

图 3.3.4（b）　SZZZ 检验—GSADF

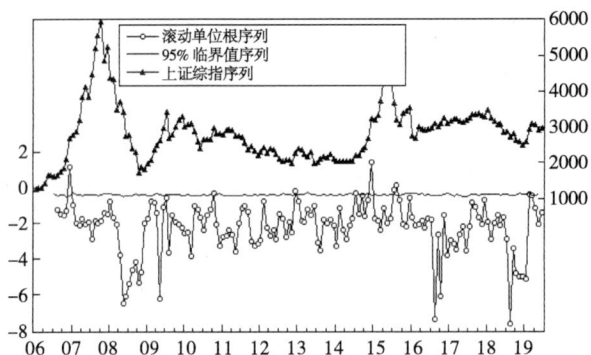

图 3.3.4（c） SZZZ 检验—RADF

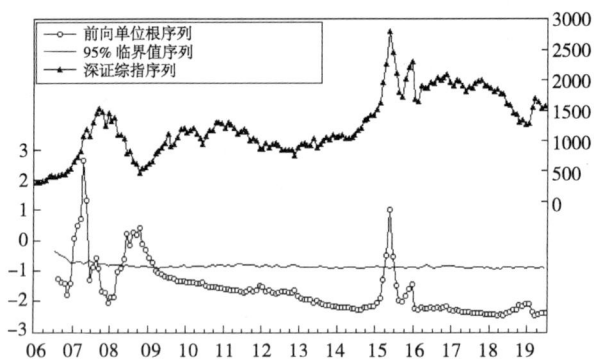

图 3.3.5（a） SZZS 检验—SADF

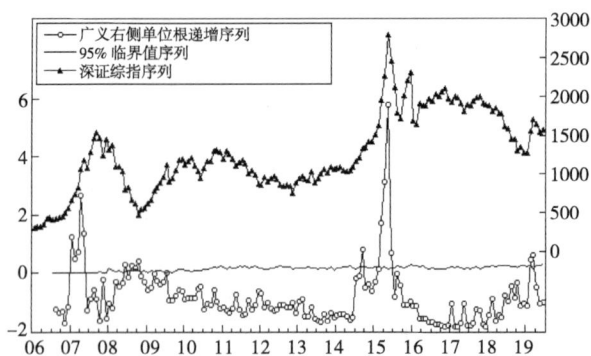

图 3.3.5（b） SZZS 检验—GSADF

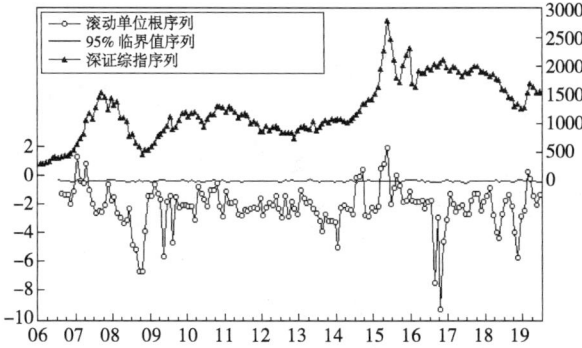

图 3.3.5（c） SZZS 检验—RADF

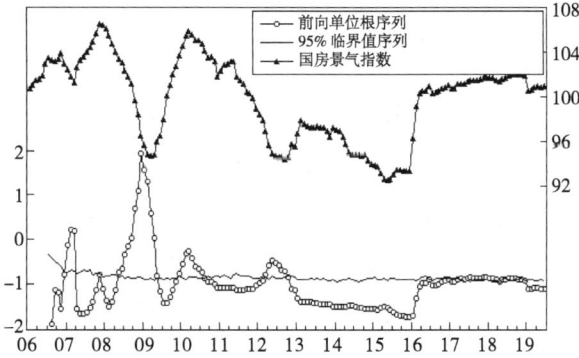

图 3.3.6（a） FJPM 检验—SADF

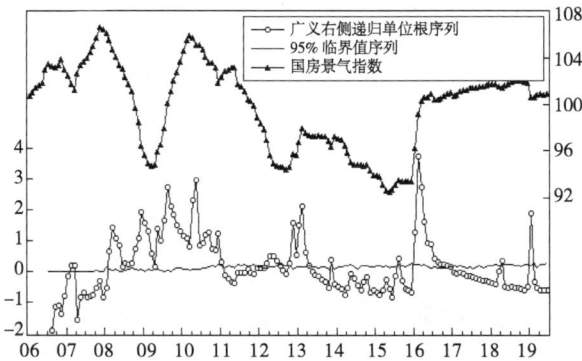

图 3.3.6（b） FJPM 检验—GSADF

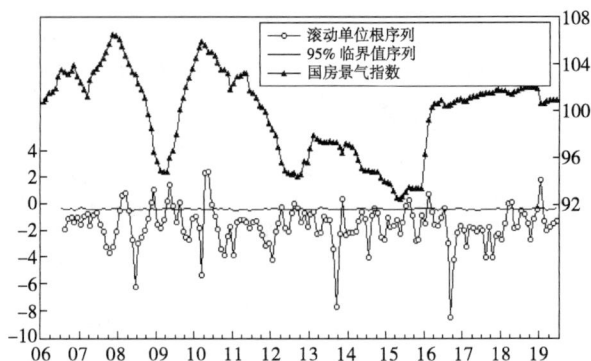

图 3.3.6（c） FJPM 检验—RADF

从图中可以得出：

在研究样本期内，无论采取哪种检验方法，结果均表明股票市场和房地产市场存在多重周期性泡沫，并且各个泡沫持续时间、发生频率和泡沫大小程度存在显著差异，具体结果见表 3.3.3。

表 3.3.3　资产价格泡沫持续时间和次数

统计量	上证	深证	房地产
泡沫 1	2006.11—2006.12	2007.01—2007.05	2007.02—2007.03
泡沫 2	2014.11—2015.09	2008.08—2008.10	2008.02—2011.01
泡沫 3	—	2015.02—2015.06	2011.12—2012.08
泡沫 4	—	—	2012.10—2013.04
泡沫 5	—	—	2016.01—2016.12
时点上出现泡沫	9 次❶	4 次	5 次
出现泡沫总计（次）	11 次	7 次	10 次
最严重泡沫峰值	3.091370	5.784648	3.703883
出现时期	2015.04	2015.05	2016.02
最长持续时间	11 个月	5 个月	36 个月
出现时期	2014.11—2015.09	2007.01—2007.05	2008.02—2011.01
	—	2015.02—2015.06	—

在整个研究期间，忽略掉时点上出现的股市泡沫，上证检验到 2 次，深证检验到 3 次，综观持续时间，恰好处在中国股市暴涨暴跌时期，在

___

❶ 由于时点上出现的泡沫仅是一个点，故没有列出时间。

2006年1月—2007年10月，上证综指从1258.05点大幅飙升至5954.77点，深证综指从307.11点大幅飙升至1463.53点；在2014年6月—2015年12月，上证综指从2048.33点大幅飙升至3539.18点，深证综指从1096.78点大幅飙升至1415.19点。究其原因，首先，在我国投资者以中小散户为主体，散户投资者解读信息的能力较差，最容易产生羊群行为，而投资者个人的认知偏差会成为整体投资者的认知偏差以及整体投资决策行为偏差，所以中国股市中常见"追涨杀跌"和"盲目跟风"等众多情绪化交易行为；其次，我国股市是典型的"政策市"，政府干涉股市频繁，由于我国正处于经济转型时期，宏观政策的不连续以及滞后性、卖空缺失等套利限制、规章制度不健全等使得我国股票市场的异常波动性问题尤为突出；最后，尤为重要的是，金融杠杆的不断攀升以及实体经济报酬率低下等，导致大量资金流入资本市场。在上述两个研究期间，上证综指在银行、保险和券商为主的金融股强劲上升带动下大幅上涨，深证综指在其溢出效应下也显现出轮番暴涨态势，这些都导致我国股市滋生了资产价格泡沫。

　　房地产泡沫在样本研究期内（总样本研究时间为162个月）共计出现10次，去掉检验方法上由于设定最小宽窗而失掉的7个月，房地产市场泡沫时间累积达71个月，其中，有2个资产价格泡沫持续时期接近或达到12个月以上，分别是2011年12月—2012年8月、2016年1—12月；而2008年2月—2011年1月的资产价格泡沫持续期最长，长达36个月之久；虽然房地产最严重的资产价格泡沫峰值是3.703883，略高于上证却低于深证，但峰值大于1的资产价格泡沫远远多于上证和深证，以上结果表明：我国房地产市场存在多重资产价格泡沫，并且持续时间、发生频率、严重程度都高于股市，轮番调控下的房地产市场虽已降温但仍存在泡沫。究其原因，主要有六点：

　　一是从房地产本身的属性来讲，房地产是较为特殊和复杂的商品，其具有居住和投资的双重属性，除此之外，房地产还有另外一个属性：融资，即可以通过抵押获得贷款。房子的居住属性是其最基本的功能，但也可能同时带来多种附加价值：孩子教育、生活、婚配等。其他金融资产，比如股票和债券等都不具备这些附加价值，这也是人们更多追逐一二线城市房产的原因。同时，房地产可抵押、可收租、可保值，无论是收益性、流动性，还是风险性，都是最好的，这都刺激了房地产消费。

二是从制度上讲，土地政策顽疾与房产税政策缺失有关。我国宪法明确规定"城市的土地属于国家所有"，土地供应具有垄断性，这是我国房地产市场与世界上绝大多数国家的最根本差异。人口流入城市或城镇化将推动地价和房价上升，在私有制下，由于土地属于私有具有竞争性，因此可以通过增加房屋用地的密度变相扩大城市土地供给，从而起到限制地价和房价的效应；在缺乏竞争的国有制下，城市土地供给难以迅速扩大，同时土地的不可移动性、地域性、异质性等也都导致了土地的稀缺性，人口流入压力较多地体现在地价和房价的上升，"天价地盘"和"楼王"层出不穷。实际上相对于任何竞争市场，垄断市场上的产品价格总是显著更高。另外，一直高高举起但至今未落地的房产税政策还在讨论中，不利于限制炒房和空置房的乱相。"房子是用来住的，不是炒的"，政策监督缺失已经导致房地产偏离了其本质属性，我国的空置房也已经"泛滥成灾"，一些城市的住房空置率超过了国际警戒线。

三是实际支付能力增强和居住性需求的推动。1998年至今，我国实行住房分配货币化，多种需求集中释放。表现在以下方面：首先是改善型需求。伴随改革开放和中国加入WTO，中国经济出现了大飞跃，经济高速增长，人民收入水平大幅提高，对改善型需求的支付能力加强，这是我国房价持续升温和房地产行业稳定发展的基石。其次是中国城镇化进程加快。大量人口从农村迁移到城市，城市新增人口对房屋的需求膨胀，但房地产行业

具有资金投入巨大、建设周期较长、审批环节较慢等特点，导致供给小于需求，这在房改和城镇化初期最明显。最后是中国人"成家置业"的传统观念，人们组建家庭购买住房的刚性需求较强，以及潜藏在人们脑子中的传统观念，无疑给房地产开发商提供了动力。

四是投资投机过度。房子不但可以居住，还可以用来投资和投机，获取增值。作为单纯投资品，其与股票本身无区别，也应该存在涨跌现象，但房地产与我国实体经济发展联系紧密，同时通货膨胀预期和城镇化长期存在，导致房地产价格上涨容易下跌难。投资投机过度是房地产市场产生泡沫的重要诱因。

五是长期的低利率与宽松的货币政策。金融危机后，为刺激经济发展，中国政府出台了一系列宽松的货币政策，如"4 万亿"、长期的低利率和人民币贬值等，是我国房地产市场产生泡沫的加速器，我国的 M2 在1991—2016 年平均增长速度是 20%，随后略有下降，其中绝大多数资金流入房地产市场，图 3.3.7 是房地产贷款同比增长速度，可以看出，房地产贷款同比增长速度最低是 10.4%，最高达到 38.10%。

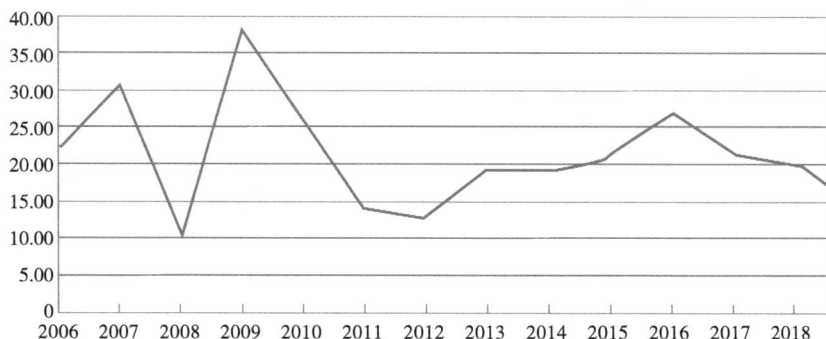

图 3.3.7　房地产贷款同比增长速度

六是房地产是支撑我国经济增长的重要部分，房价上涨可以提高经济增长率。同时，房地产是居民投资和持有的最重要的资产之一，房价的暴涨或暴跌将会影响人们的生活。

3.4　资产价格泡沫的提取

国内大多数研究将资产价格泡沫与资产价格变动混淆，在分析资产价格泡沫指标时，学者们依照国外做法，运用资产价格变动度量资产价格泡沫，这是不合适的。资产价格包括基础部分和投机部分，前者由供求与收入决定，后者才是由市场投机活动造成的泡沫，而西方发达国家的资本市场和房地产市场发展比较完善，影响其基础价值决定的因素变动很小，资产价格发生猛烈变动大多是由市场上参与者的投机行为引起的，因而对这个指标不进行区分，而在我国，资产价格变动和资产价格泡沫有明显不同，资本市场完善和高速城镇化的过程都可能对价格波动起重要的推动作用。

关于资产价格泡沫的提取和测度方法有三类，在第二章中已经进行了阐述。本节运用协整检验和向量误差修正模型（Vector Error Correction Model，VECM）对资产的基础价值和泡沫进行分离，提取股票市场和房地产市场的泡沫。

3.4.1　向量误差修正模型

恩格尔和格兰杰（Engle & Granger ，1987）将协整检验和误差修正模型结合构建了向量误差修正模型，一般用来解决具有协整关系的非平稳时间序列问题。该模型具有明显优点：①模型中的一阶差分项不仅能够消除变量之间可能出现的趋势，而且可以解决多重共线性问题；②误差修正项的引入，不但防止变量水平值信息的遗漏，而且使该模型能够运用传统回归方法进行估计。

假设有 $VAR（p）$ 模型，

$$y_t=\beta_1 y_{t-1}+\beta_2 y_{t-2}+\cdots+\beta_p y_{t-p}+\varepsilon_t \quad t=1，2，\cdots，T \quad （3.4.1）$$

其中，y_t 的各个变量是非平稳的 $I（1）$；ε_t 是扰动项；假设 $I（1）$ 存在协整关系，则式（3.4.1）可以表示为，

$$\Delta y_t=\alpha\beta' y_{t-1}+\sum_{i=1}^{p-1}\Gamma_i\Delta y_{t-i}+\varepsilon_t \quad （3.4.2）$$

其中，ε_1 具有平稳性；协整可以用误差修正模型表示，即，

$$\Delta y_t=\alpha ecm_{t-1}+\sum_{i=1}^{p-1}\Gamma_i\Delta y_{t-i}+\varepsilon_t \quad （3.4.3）$$

其中，误差修正项 $ecm_{t-1}=\beta' y_{t-1}$，表示变量之间存在着长期均衡关系；$\boldsymbol{\alpha}$ 是系数矩阵；式（3.4.3）中每一个方程都是误差修正模型。

3.4.2　资产价格泡沫提取

（1）股票市场泡沫提取（Stock Bubble，SB）

股票市场泡沫作为股市中存在的一种现象，在当今经济史上频繁出现，从法国密西西比泡沫、英国南海泡沫、1929 年美国股市泡沫、2000 年纳斯达克股市泡沫到中国股市 2007 年暴涨暴跌、2015 年股灾等，股市泡沫的疯狂与幻灭不断在经济史上重演。在传统金融学理论中通常以利得来代表股市的基本面价值，但我国许多上市公司长期不分红或者分红极少，分红制度相对于西方国家来说很不完善，因此选取红利来度量股市基础价值不太合理。本书参考赵鹏和曾剑云（2008）、Ahmed（1999）的处理方法，用相关宏观经济变量作为股票市场基础价值的代理变量，运用协整模型和向量误差修正模型（VECM）剔除股票市场的基础价值，从而提取股票市场泡沫成分。

选取上证综合指数（SZZZ）、银行间同业拆借利率（7 天）、居民消费价格指数和工业增加值 4 个变量作为股票市场基础价值的代理变量。首先对银行间同业拆借利率（7 天）、居民消费价格指数和工业增加值的数据进行 Census X12 季节调整，然后对上证综合指数（SZZZ）、银行间同业拆借利率（7 天）、居民消费价格指数和工业增加值 4 个变量进行单位根检验，发现均为 I（1）序列，进行 Johansen 协整检验，结果如表 3.4.1 所示。可以看出，在 5% 的显著性水平上，至少在 4 个变量之间有 1 个协整关系，表明 4 个变量之间存在长期均衡关系。运用向量误差修正模型（VECM）剔除上证综合指数基础价值来提取股市泡沫是可行的，剔除后得到的残差序列（SCI Residuals）（图 3.4.1）就是提取的股市泡沫，股市泡沫的相对规模用残差序列与上证综合指数（SZZZ）的比率来计算，使用 LR 检验和 VECM 模型，滞后阶数为 2。

表 3.4.1 股市泡沫 Johansen 协整检验

原假设	特征根	T 统计量	5% 临界值	P ***
无协整关系 *	0.193993	53.96971	47.85613	0.0120
至多 1 个协整关系	0.134732	27.87456	29.79707	0.0820
至多 2 个协整关系	0.059066	10.36394	15.49471	0.2538
至多 3 个协整关系	0.024466	2.997156	3.841466	0.0834

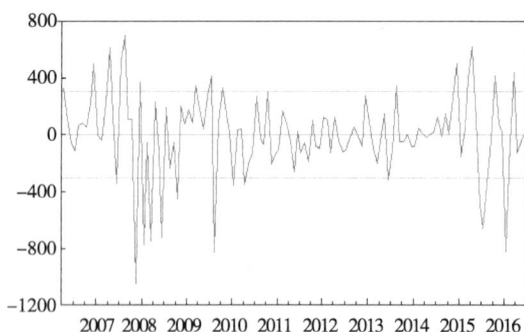

图 3.4.1 提取的股市泡沫

（2）房地产泡沫提取（House Bubble，HB）

对于房地产泡沫的提取，仍然参考上述方法，选取变量为房价平均增

长率/GDP、房地产贷款增长率，房地产开发投资增长率、商品房施工面积/
竣工面积和国房景气指数（FJPM）5 个变量，其 Johansen 协整检验结果和残
差序列分别如表 3.4.2 和图 3.4.2 所示。

表 3.4.2　房地产泡沫 Johansen 协整检验

原假设	特征根	T 统计量	5% 临界值	P ***
无协整关系 *	0.392882	122.4735	69.81889	0.0000
至多 1 个协整关系 *	0.285564	62.09052	47.85613	0.0013
至多 2 个协整关系	0.099258	21.40277	29.79707	0.3330
至多 3 个协整关系	0.047492	8.753805	15.49471	0.3887
至多 4 个协整关系	0.023410	2.866296	3.841466	0.0905

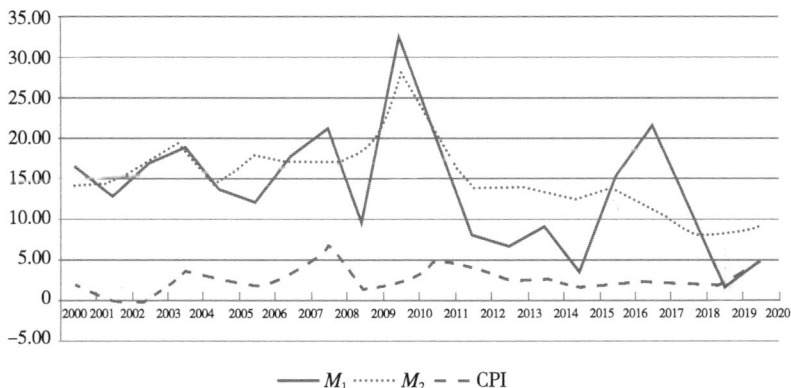

图 3.4.2　提取的房地产泡沫

3.5　本章小结

本章从资产价格泡沫依附的载体——资产及其特征出发，分析了可以
产生资产价格泡沫的三种资产载体；遵循目前国内外主流文献研究，界定
了资产价格泡沫的定义和一般特征；从理论基础和影响因素两个方面解释
了资产价格泡沫的形成机理；运用 ADF 检验、SADF 检验、GSADF 检验和
RADF 检验方法，检验了我国股票市场、房地产市场泡沫的存在性和分析

了资产价格泡沫存续周期，并且结合现实情况对泡沫现象进行了解释；最后从金融、消费、供求和投资等宏观和微观层面选取一系列指标体系构建综合合成指数，采用协整和向量误差修正模型（VECM）对资产的基础价值和泡沫进行了分离，提取了股票市场和房地产市场的泡沫。

4　金融杠杆与资产价格
泡沫的影响机制研究

资产价格泡沫和高杠杆在历史上反复出现，但 2008 年次贷危机后的资产价格泡沫形成机理和高杠杆作用机理更加复杂；我国以"银行为土"的跛行融资方式、金融市场严重分割的金融格局以及现代金融技术发展产生的影子银行等不但空转套利推高了金融杠杆，而且让问题复杂化；内嵌于银行体系严重期限错配的表外业务、多层嵌套和资金池运作等产生的无序交叉金融业务，使得资管行业向上难以洞察资金来源，向下无法穿透底层资产，同时政府或明或暗的隐性担保，中国经济转型期结构中存在的各种扭曲现象，使得我国金融杠杆过度膨胀导致的资产价格泡沫演化过程中出现的新问题和新情况，原有传统理论都无法较好解释经济中的资产价格泡沫现象。

4.1　金融杠杆的经济本质及度量

4.1.1　金融杠杆的经济本质

杠杆（Leverage）简单来讲就是一个乘数、倍数。我国古代的《庄子·

天地》中对杠杆原理进行了深刻揭示："有械于此，一日浸百畦，用力甚寡，而见功多。"其本质就是一种事半功倍的省力之法。杠杆具有资源和资金跨时空配置的作用，其出现是金融经济发展的一个标志。经济学中加杠杆实际是指增加负债，因此杠杆效应指的是较低股权资本的经济实体部门，通过负债融入信贷资金，借以撬动资产，获取更大收益，同时也面临更大的风险。使用这个工具，可以放大投资效果，不论最终结果是收益还是损失，都将以一个倍数增加。

杠杆有狭义和广义两种定义，狭义角度上的杠杆基于资产负债表的各项财务指标，一般用资产❶与权益之比或资产与负债之比表示；而从广义上来讲，只要凭借债务实现较小资本投入控制较大资产规模的行为都是杠杆，所以杠杆的本质是债权债务关系。

金融机构天然具有杠杆属性，金融机构作为信用中介，通过吸收存款（负债）来发放贷款（资产），即金融机构与杠杆相伴而生。同时，由于金融机构吸收的存款金额大小不一、期限长短不一，金融机构根据借款人对金额和期限的不同要求进行资金匹配，金融机构的经营天然具有期限错配的属性。

金融杠杆（Financial Leverage，FL）出现是以信用（借贷）关系为条件的，而货币的"符号性"属性是信用能够不断膨胀的基础，更是金融杠杆水平不断高涨的根源。以实物货币与金属货币进行交换的简单商品经济中，用来交换的实物货币与货物之间、金属货币与商品之间，在价值上对等，货

---

❶ 目前的财务分析对资产和资本的概念不加区分，总资本常被总资产代替，即不仅包括企业从投资者（含债权投资者和股权投资者）获得的投资，而且把企业运营活动过程中所形成的应付账款、预收账款、未交税费等营业性负债纳入总资本中，泛化资本的概念。采用资产代替资本会夸大企业部门金融杠杆数值。（王竹泉，孙莹，孙建强，等.营运资金管理发展报告[M].北京：中国财政经济出版社，2015）

币执行流通手段和支付职能，经济中不存在金融和杠杆。随着信用（借贷）关系的出现，货币成为信用的基础，其"符号性"属性得到了完全释放，与此同时，金融中介的部分准备金制度与非现金结算制度使得信用创造成为可能，实现了"乘数效应"。金融杠杆的"乘数效应"既加速了储蓄向投资的转化，又可能使得用于消费和投资的货币量不再相等，债权债务的跨期错配成为可能。信贷活动中的"等价值"交易原则屈尊于以信用货币为基石的金融交易原则（朱澄，2014）。

金融杠杆的经济本质首先是以信用为基础，即以信誉或信誉等价物做抵押，便可以获取数倍于自身资源禀赋的资产规模的一种工具。所以，金融杠杆本质就是金融体系内的债权债务关系，加杠杆就是增加负债，金融加杠杆实质是金融体系增加负债引致其资产负债表扩张的过程，在4.2.2节有详尽的阐述。

金融杠杆放大体量的同时催大了风险，预期、金融杠杆与资产价格泡沫之间存在正反馈作用。信用货币是货币的价值符号，其本质上脱离了价值保证和可兑换性，这种特点使得货币与信用在"理论上"可以无限发行和扩张，而超额信用只有两个归宿：商品价格上涨（通货膨胀）和金融资产价格上涨（资产价格泡沫），高杠杆是前期信贷扩张的"果"，也是后期金融资产价格螺旋上升的"因"，信贷从"理论上"可以无限扩张，但在实际中却受限于金融资产价格泡沫的破裂。

金融杠杆意味着人们可以借钱购买资产，因此高杠杆与高价格相关联，这是其内生的不稳定性。

金融杠杆是一个同时牵涉分子和分母的宏观经济指标，分子是金融因素，分母是实体经济因素，因此宏观金融杠杆是镶嵌于金融与实体互动过程中，两者在规模、结构上的一种动态变化关系，过高存在债务风险，过低经济效率可能没有充分发挥，无论金融杠杆过高还是过低，实质都是实体经济与金融失衡的表现。

金融杠杆是实体经济活动与运营的金融化、货币化的产物，是经济金融化、经济虚拟化水平的一个标志。

4.1.2　金融杠杆的度量

（1）金融杠杆的度量方法

金融杠杆一般有两种度量方法，即从微观角度和宏观角度进行衡量。

从微观角度来讲，金融杠杆一般指微观主体的权益资本与总资本的比率（资产权益比）或总负债与总资本的比率（资产负债率），一般后者运用得较多，是衡量微观主体债务风险和还款能力的重要财务指标（钟宁桦等，2016；郑志来，2017；Adrian & Shin，2008）。此外，金融企业即商业银行的杠杆，我国有具体的计算方法：商业银行持有的、符合制度规定的一级资本净额与其通过风险调整后的资产负债表内外资产的比值，其本质是进行风险调整后的资本充足的度量。

从宏观角度来讲，目前文献一般有两种度量方法：一是债务权益比法；二是债务收入比法。

债务权益比法以宏观经济部门的资产负债表为基础度量其偿债能力，实践中常用宏观部门债务与资产的比率计算（即资产负债率），这种度量方法不但符合经济学对杠杆的基本定义，而且在该种方法中，债务和资产都是存量概念，解决了债务收入比法中存量形式的分子（债务）和流量形式的分母（GDP）不可相比的缺陷（高睿和曹廷求，2018）。但该方法也存在问题：一是中国官方尚未公布连续、完整的各宏观部门的资产负债表数据，已有的或试图自行编制的缺乏统一的计量口径、表式结构和编制规则，数据较难获取；二是不符合国际惯例。

债务收入比法主要指宏观经济部门的总债务与收入的比值，用来衡量

债务的可持续性（谭海鸣等，2016；马勇等，2016）。理论上，GDP 与国内总收入相等，所以常用债务或信用量与 GDP 的比率来表示 ❶（李扬，张晓晶，2015）。该方法存在明显的统计遗漏问题，但数据容易得到，并且是国际上通行的做法，国际清算银行（BIS）和国际货币基金组织（IMF）等国际机构普遍采用。

以上宏观杠杆计算的都是总量杠杆，但总量杠杆可能会掩盖真正"危险"的债务人，这是因为经济不同部门金融杠杆水平可能差异较大，而正是部门中的"危险"的债务人在危机前陷于困境，不同经济部门之间存在复杂的借贷关系和债务联系，一个部门金融杠杆水平的变化将导致其他部门金融杠杆水平的变化，进而影响总量杠杆的内部结构和总水平。我国金融杠杆呈现出明显的结构性特征，为了能够识别同一宏观杠杆的内部结构性差异故设置结构杠杆，分为政府杠杆（中央政府杠杆和地方政府杠杆）、金融机构杠杆、非金融企业杠杆和居民杠杆，各部门杠杆用部门信贷（债务）/ GDP 的比率衡量。

（2）金融杠杆的度量

本研究采用债务收入比法度量金融杠杆。

国际清算银行（BIS）用私人非金融部门信贷与 GDP 缺口衡量金融杠杆，同时作为金融业危机的早期监控指标，指出当该指标超过 10，该国在未来 3 年内可能爆发生金融业危机。遵循 BIS 的定义以及马勇和陈雨露（2017）、贝泽默和张（Bezemer & Zhang，2014）等学者的研究，金融杠杆用私人部门信贷总额与 GDP 的比率，表示信贷部门给私人提供的应偿还的金融资源，然后进行 H-P 滤波处理（图 4.1.1）表示金融杠杆

---

❶ 宏观金融杠杆的度量一般有三种指标：一是用社会融资与 GDP 的比值；二是用 M2 与 GDP 的比值；三是用债务或信用量与 GDP 的比值。当货币政策宽松时，社会融资、M2、信用量都迅速增长，所以三者的本质一致。

波动，该指标的数值越大，表示一个国家的金融杠杆波动程度越高。私人部门信贷主要由非金融类企业信贷、居民和非赢利机构信贷组成（不包括公共部门贷款），之所以选择私人部门信贷，主要是因为其债务水平与实体经济的增速走势大致趋同，能够有效反映整体经济在宏观上的杠杆水平，表明其变化具有顺经济周期性。

从图 4.1.1 可以看出，Trend 曲线是趋势线，Cycle 曲线代表金融杠杆缺口，即实际金融杠杆与金融杠杆趋势的差异，表示金融杠杆周期波动幅度。2006 年以来，我国金融杠杆（FL）除了少许几次短时间下降外，一直呈上升趋势；金融杠杆趋势项（Trend）是一条斜率为正的直线，即实际金融杠杆每年都在增加；从金融周期性来看，金融杠杆缺口（Cycle）逐渐减小，波动幅度逐渐收敛，金融杠杆在 2006 年 1—12 月、2008 年 11 月—2011 年 1 月、2015 年 2 月—2016 年 2 月三个金融杠杆周期呈现上涨阶段，在 2007 年 12 月—2008 年 12 月、2010 年—2011 年 6 月四个金融杠杆周期呈现下降阶段，但实际金融杠杆下降并不明显，其具体原因见下文。

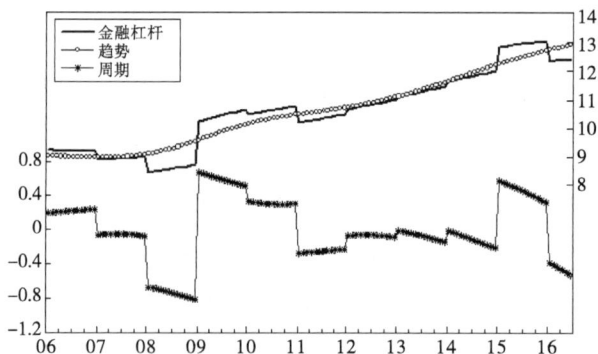

图 4.1.1　金融杠杆滤波

由于我国私人部门信贷总额与 GDP 比率的数据是按年公布的，没有月度数据，而本书中的其余变量都采用月度数据，所以对其使用即时拆分技

术（Temporal Disaggregation，简称 TD）进行估计，把年度数据拆分为月度数据值，如图 4.1.2 所示。

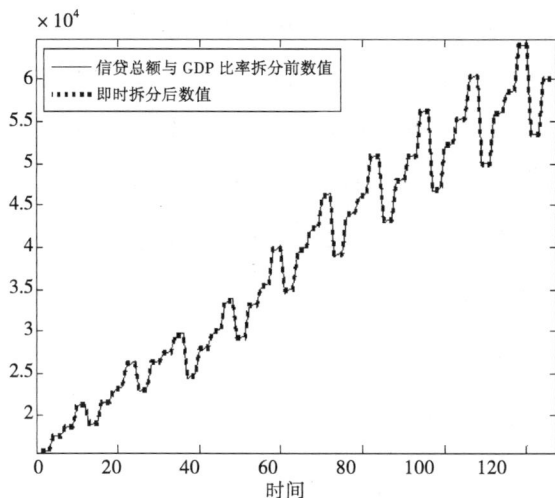

图 4.1.2　即时拆分法

即时拆分技术是一种可以将低频数据拆分为高频数据的统计方法，目前，该方法已经比较成熟，将年度数据拆分为月度数据虽然精确度稍有欠缺，但在没有更好替代指标使用的前提下仍不失为一种有益的尝试，其基本原理是运用回归方程建立低频数据和高频数据之间的关系（Chow et al.，1976），假设某月度指标与一组月度指标序列之间存在简单的线性关系：

$$y_t = \alpha \, x_t + \eta_t \tag{4.1.1}$$

月度指标与季度指标服从下列限制条件：

$$Y = A'y \tag{4.1.2}$$

将式（4.1.1）代入式（4.1.2）中，得到与月度指标序列相关的季度观测时间序列的方程式如下，

$$Y = A'y = A'(\alpha \, x_t + \eta_t) = \alpha \, A'x_t + A' \, \eta_t \tag{4.1.3}$$

用广义最小二乘（GLS）计算回归系数，

$$\alpha = [x'_t A\ (A'VA)^{-1}A'x_t]^{-1}x'_t A\ (A'VA)^{-1}Y \qquad (4.1.4)$$

得出月度指标序列如下：

$$y = \alpha x_t + VA\ (A'VA)^{-1}[Y - A'x_t\alpha] \qquad (4.1.5)$$

式（4.1.5）中存在残差序列，若不存在，可以将季度差异在季度的三个月中平均分配，但由于周（Chow，1976）不支持残差中没有序列相关性的假设，因此运用周（Chow，1976）方法，将出现不同季度的月度指标估计值表现阶段性变化，可以用下面三种方法进行处理：

①Fernandez 随机游走模型

$$\eta_t = \eta_{t-1} + \delta_t \qquad (4.1.6)$$

②Litterman 随机游走马尔可夫模型

$$\eta_t = \eta_{t-1} + \delta_t \qquad (4.1.7)$$

$$\delta_t = \alpha \delta_{t-1} + \varepsilon_t \qquad (4.1.8)$$

③AR 模型

$$\eta_t = \rho\eta_{t-1} + \delta_t \qquad (4.1.9)$$

（3）宏观杠杆与微观杠杆的背离

从计算公式来看，宏观角度度量的金融杠杆并非微观角度度量的金融杠杆的简单求和，但两者之间存在联系：

$$微观杠杆 = \frac{总负债}{总资产} = \frac{总负债}{GDP} \times \frac{GDP}{总资产}$$

$$= 宏观杠杆 \times 资产收益率 \qquad (4.1.10)$$

$$宏观杠杆 = \frac{微观杠杆}{资产收益率} \qquad (4.1.11)$$

式（4.1.11）表明，从宏观角度度量的金融杠杆与微观角度度量的金融杠杆之间存在着函数关系，宏观杠杆高低与微观杠杆和资产收益率有关，宏观杠杆降低意味着降低各微观主体微观杠杆的同时提高其资产收益

率，资产收益率是决定宏观杠杆与微观金融杠杆变化的主要原因（顾永昆，2017），其中，微观杠杆与企业杠杆密切相关。

近年来，在我国，宏观杠杆与微观杠杆之间存在着分化与背离。具体包括三层分化和背离：

第一层背离是深沪两市A股上市公司杠杆与国家统计局工业企业杠杆发生背离，这是因为上市企业中国有企业占比较高，而全部工业企业中非国有企业占比较高，国有企业在加杠杆，而非国有企业在去杠杆。钟正生和张璐（2017）指出，2015年非金融国有企业占全部企业部门的负债率的70%，我国国有企业的杠杆较高，成为经济增长的一个重要风险点。究其原因，是因为国有企业和非国有企业杠杆之间的分化和差异与我国经济具有的纵向产业结构特征相联系：即国有企业集中于产业链上游，而非国有企业大多处于产业链下游且以上游国有企业产品作为生产原材料（Chang et al.，2016），国有企业与非国有企业地位"不平等"造成了两者之间杠杆的分化和差异；同时，我国国有企业存在的政府的隐性担保、预算软约束激励机制、刚性兑付及破产清算成本过高等问题刺激了其过度负债。政府隐性担保是指政府对企业的生产经营亏损和失败的"兜底"行为，其根源于政府职能的错位和信用的滥用，冲击了合乎市场经济制度的民间担保和民间信用，违反了"优胜劣汰"的市场规则。预算软约束实际也是政府的"兜底"行为，即使企业出现亏损，政府为了解决就业和维持社会稳定对其注入资金，并且也不用企业自身偿还。预算软约束的激励机制引致了一系列企业的道德风险问题、财政风险问题、银行坏账问题等。中国人民银行营业管理部课题组（2017）认为，国有企业高杠杆在很大程度上与预算软约束相关，并且其扭曲程度也与政府担保存在联系。另外，市场资金也偏好有政府隐性担保或抵押品充足的大型、国有、上市企业。长期以来，国有企业肩负着稳定经济增长的政治任务和部分非市场功能（Shleifer & Vishny，1998），当其财务陷于困境时更容易获取政府扶持，这直接导致债务集中化和金融杠杆的异化，非国有企业更加融资难和融资贵，进一步催生了非国有企业的表外信贷，加剧了企业利息支出负担，使得非金融企业杠杆激增。马建堂等（2016）指出，企业杠杆过高与其资金运用效率不高有关，企业效率低下和产能过剩导致杠杆上升，进一步引起无效投放增大，造成资金和负债无效占压，形成产能过剩与杠杆水平之间的负反馈螺旋。同时，融资成本较低的大型、国有、上市企业将冗余贷款借给融资难的中小型企业，从事影子银行业务，推高了杠杆和加速了资金空转。

第二层背离是非金融企业工业企业的宏观杠杆与微观杠杆存在背离。与宏观杠杆持续上升相矛盾的是，微观杠杆却在不断下降，两者之间呈现显著且持续扩大的背离趋势，如图4.1.3所示。究其原因，主要有以下几点：首先，在经济下滑、产能过剩、外贸摩擦、人口红利消失的现实经济、社会背景下，企业资产收益率呈现大幅下滑趋势，资产报酬边际递减超过微观去杠杆幅度，结果导致宏观杠杆不断上升。吕进中（2017）研究发现导致实体部门杠杆飙升的主导力量是非金融企业，非金融企业债务问题关键在于国有企业杠杆过高，国有企业高杠杆的实质是资产周转率下降且对经济产生了"抑制效应"。但同时也应注意：国有企业的杠杆高企也在于其承担了更多的社会责任，并非单纯的利润的目标，比如宏观经济稳定等；其次，蔡真和栾稀（2017）指出，宏观杠杆与微观杠杆存在背离的原因是经济泡沫化。由于资产收益率下降，企业高杠杆融入的资金缺少投资途径，只能转向投资于房地产、股票和债券等，导致这些行业资产价格泡沫膨胀，资产价格涨幅过快暂时支持了稳定的资产负债率（即微观杠杆稳定），但其涨幅高于GDP平减指数涨幅将导致宏观杠杆大幅上升，同时微观杠杆稳定的原因也令人心忧，一旦资产价格泡沫破裂将引致微观杠杆迅速攀升的

风险 ❶。

第三层背离是从国有企业内部来讲，地方国有企业和中央企业的杠杆背离。地方国有企业微观杠杆虽然较低，但其宏观杠杆和债务的增速较高，并且超过了中央企业的绝对水平。地方国有企业和中央企业的杠杆背离原因在于两种不同的负债机制：中央企业的债务与中央财政支出正相关，与GDP 负相关，与信用利差、基准利率及物价不相关；地方国有企业的债务与地方财政支出、GDP、信用利差及物价正相关，与基准利率负相关（戴又有等，2018）。

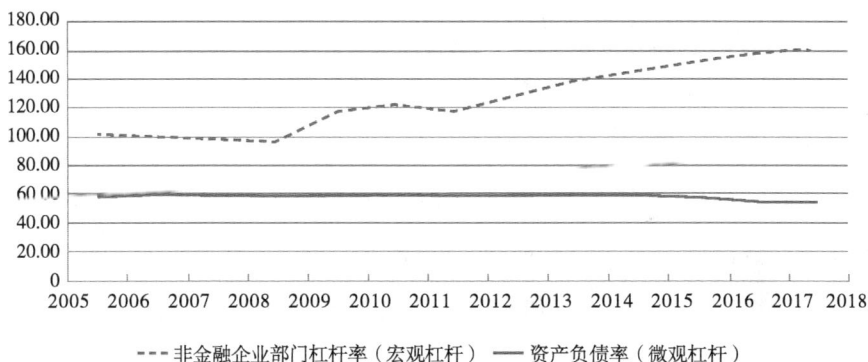

图 4.1.3 宏观杠杆与微观杠杆的背离趋势

4.2 金融加杠杆的机理分析

金融的属性就是杠杆，没有杠杆就不会有金融，金融的效率也表现在杠杆上，所以金融具有天生加杠杆的动机。加杠杆过程就是经济主体运用相对较低的权益资本，通过主动负债获取更大的资产规模，其从本质上来讲，加杠杆就是增加负债。

---

❶ 搜狐网. 马骏：宏观与微观杠杆率为何背离？［EB/OL］.［2016–12–07］.

4.2.1 金融加杠杆的根源

金融加杠杆根源于宽松货币政策、金融自由化和低利率下的中央银行的流动性增加。2008 年金融危机后，我国提出应对金融危机的一揽子计划，即"四万亿"投资计划，并且降息降准，取消对商业银行信贷的约束，使新增贷款大幅上升，货币供给量高速增长，以政府融资平台和国有企业为主的非金融企业掀起了加杠杆高潮，M2/GDP 上升至 178%；2011 年的欧洲主权债务危机又促进了我国新一轮的量化宽松货币政策；2013 年，人民币汇率和市场利率化基本完成，7 月，贷款利率下限被取消。在 2013 年 6 月、10 月的流动性危机或"钱荒"后，中央银行增大公开市场操作频率向市场提供流动性；2014 年，在经济下滑破 7 与股灾等金融风险事件的压力下，一年多的时间内不仅通过多次降准降息再次开启了新一轮的货币宽松，而且主要通过 SLF、MLF、SLO、PSL 等新型货币政策工具进行信用扩张，更是我国金融杠杆飙升的重要推力；而自 2015 年以来实行的存款保险制度和全面放开利率约束，同业拆借利率长期保持低位，中央银行持续降准降息，银行间虽然基础货币余额同比增速降低，但货币乘数明显上升；尤为重要的是，传统通过银行信贷扩张的货币派生途径发生了变化和传统货币派生占比下降，影子银行货币派生能力增强；到 2017 年，我国实体经济债务对 GDP 的比率高达 241%，超过了新兴市场国家 190% 的水平。2018 年重启降准；2019 年通过 LPR 改革引导利率下行，宽松货币政策推高了信贷增长和金融杠杆堆积。

宽松货币政策使得利率下降。2015 年，央行累计多次降低基准利率，隔夜、7 天上海银行间同业拆放利率（Shibor）分别为 1.99% 和 2.35%，比年初下降 164 和 253 个点；2016 年，10 年期国债利率降至 3% 以下。2019 年 1 月 23 日，中央银行实施"结构性降息"，定向中期借贷便利（TMLF）比中期借贷便利（MLF）利率优惠 15 个点。低利率使得资产负债表中负

债项的短期资金成本较低，而资产端的长期回报率相对较高，通过滚动负债、期限错配、质押等创造了加杠杆的基础。隔夜回购规模大幅扩张不断挤压长期市场的信用利差刺激金融加杠杆获取较高的收益，金融杠杆被继续推高。利率是借贷资金的成本，低利率降低了信贷的融资成本，不但为金融加杠杆供给了现实的市场基础，而且导致了"流动性陷阱"（Liquility Trap）（图4.2.1）。

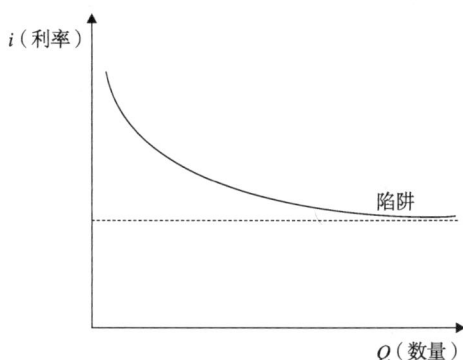

图4.2.1　流动性陷阱

究其原因，是因为实际利率与名义利率之间存在如下关系：

实际利率＝（1＋名义利率）÷（1＋通货膨胀率）－1　　　　（4.2.1）

式（4.2.1）一般可以简化成实际利率＝名义利率－通货膨胀率，从图4.2.2可以得出，在2006年11月—2008年11月、2010年2月—2012年4月、2015年7月—2017年1月，2017年4月—2019年12月四个期间内，中国的通货膨胀率CPI大于银行存款基准利率，中国出现了负利率，负利率本质上是货币量化宽松的延续。不同的是，前三次期间均位于我国经济由下转上的时期，而第四次期间则是处于经济下行周期；相同的是，在这四个阶段，M_2持续高于M_1，出现了"剪刀差"现象（图4.2.3），这说明货币投放相对宽松，但实体经济却展现出令人困惑的低迷，而更难以解释的是，在投资没有大幅增长的形势下，金融机构却出现了"钱荒"现象，钱去了哪儿？这就是流动性泛滥和低利率导致的"流动性陷阱"。

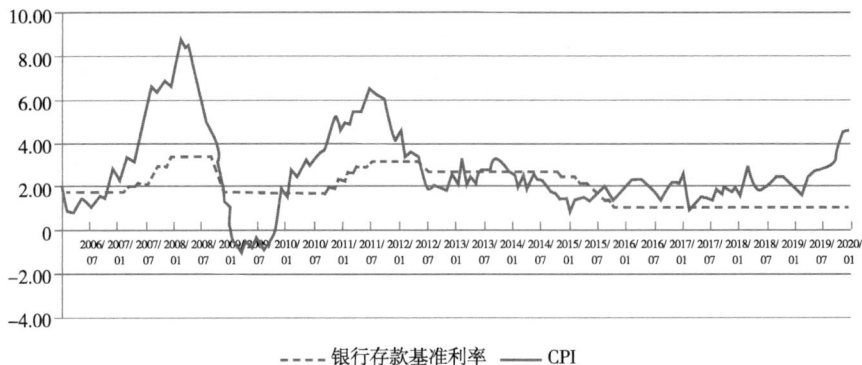

图 4.2.2　银行存款基准利率与 CPI 之间的关系

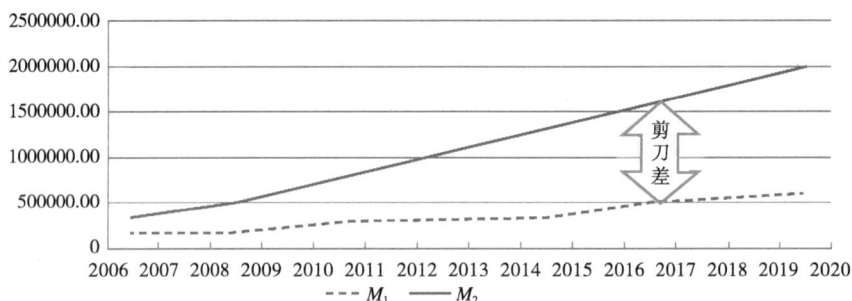

图 4.2.3　M_1 和 M_2 的剪刀差

流动性陷阱是指当名义利率低的不能再低，几乎接近零的情况，这时实际利率为负，人们将用货币取代债券，供给的货币数量全部被公众所持有，央行买进债券投放或扩张货币的政策是失效的克鲁格曼（Krugman，1998）。克鲁格曼进一步指出，由于"流动性陷阱"的存在，货币将被储存而不是用于支出，扩张性的货币政策无法引起利率下降和产值增加。

我国目前出现的 M_1 和 M_2"剪刀差"态势表明存在流动性陷阱，宏观货币政策是失效的。经济增长与 M_1 增长速度相背离的核心根源在于企业

缺乏投资意愿，究其原因，由于流动性陷阱的存在，从低利率—零利率—负利率降低了企业和居民的持币成本，使其拥有大量资金，但在经济下行期，实体经济投资收益率低，投资风险大，所以企业和居民宁愿投资股市、房地产等，催生这些领域的资产价格上涨和资产泡沫的滋生。

4.2.2　金融加杠杆的实质

金融加杠杆的实质就是整个金融体系资产负债表扩张的过程。金融杠杆膨胀是前期信用扩张的结果，同时也导致后期整个金融体系资产负债表的扩张。从微观角度定义的金融杠杆一般指微观主体的权益资本与总资本的比率（资产权益比）或总负债与总资本的比率（资产负债率）。根据会计恒等式：资产＝负债＋所有者权益，资产负债表的扩张实际上表现为金融资产与负债的增加。增加金融资产持有的资金来源有两种方式：一是运用持有的自有资本（所有者权益）购买金融资产，二是通过短久期的负债融资购买金融资产，通过负债融资购买金融资产实际就是依靠放大金融杠杆来扩张金融资产的持有。因此，金融杠杆变化与资产负债表规模变化是关联的。金融加杠杆从广义上来说就是泛指金融体系的扩表行为，指的是短久期负债端撬动长久期资产端的金融资产负债表扩张过程，金融体系扩表表示短久期的负债端和长久期的资产端同时扩张，即"借短拆长"过程；狭义金融加杠杆指的是金融体系在资本市场上拆借资金，维持资产端和资金端的期限错配，其实质同样也是"借短拆长"，与广义的定义并不矛盾。金融加杠杆过程可以通过下面三个环节来实现。

金融体系资产负债表的扩张过程实际上是货币投放和信用扩张过程。金融体系的扩表行为是信用膨胀的关键环节，而在信用膨胀中也完成了货币投放，因此，金融体系扩表内生于信用膨胀和货币投放。货币投放和信用扩张是信用创造的关键环节，分别由中央银行发行基础货币（B）和存款性银行进行货币派生创造完成。货币供给可以用下面的公式表示：货币供给（S）＝基础货币（B）× 货币乘数（K_d），基础货币（B）由中央银行直接控制和投放，货币乘数（K_d）依赖于存贷之间的信用相互创造机制，即存款变贷款再成为存款的过程，能够派生出 K_d 倍于原始借款的货币量；信用扩张过程是指货币从中央银行流出，在金融中介体系和社会居民中运转，最终又回到中央银行，货币每运转一次，实体信贷就扩张一次。金融机构资产负债表扩张内生于货币投放和信用扩张，信用扩张必然引起金融体系扩表，而金融体系扩表，必然引致金融加杠杆，这是最直接的金融加杠杆的源头。

基于传统的"中央银行 + 商业银行"的信用创造机制，下面通过简化的中央银行资产负债表（表 4.2.1）、简化的金融机构资产负债表（表 4.2.2）、货币投放和信用膨胀阐述资产负债表的扩张过程（图 4.2.4）。

表 4.2.1　简化的中央银行资产负债表

资产	负债
外汇占款	基础货币
国内资产	对中央政府负债
对其他存款性公司债权	发行债券
对中央政府债权	其他存款
对其他部门债权	其他资本
负债总计	资产总计

表 4.2.2　简化的金融机构资产负债表

负债	资产
向中央银行借款	现金及存放中央银行款项
同业负债	同业资产
应付债券	债券投资
吸收存款	发放贷款
其他负债	其他资产
负债总计	资产总计

资料来源：Wind 数据库。

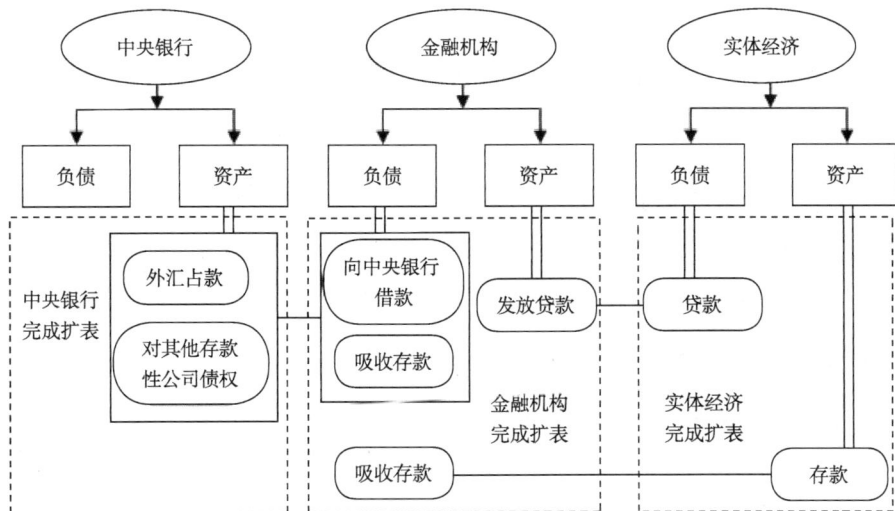

图 4.2.4　资产负债表扩张过程

中央银行旨在控制和提供基础货币，中央银行资产负债表的资产端表示中央银行将基础货币投放到流通领域的资金运用。资产端主要包括："外汇占款"通过结售汇方式投放货币；"对其他存款性公司债权"表明中央银行可以运用货币政策三大法宝、结构性货币政策、道义劝告等投放货币；中央银行资产负债表的负债端表示基础货币的资金来源。金融机构通过"存贷相互创造"机制提供派生存款，金融机构资产负债表的负债端表示资金来源的方式，金融机构能够从三个主体融入资金：中央银行、同业金融机构、工商企业和居民部门，此外还可以出售金融资产（主要是债券）获取货币资金，所以其资产负债表的负债端分别对应四个科目："向中央银行借款""同业负债""吸收存款""应付债券"；资产端表示资金运用的方式，同负债端一样，金融机构将货币可以投放给同上主体和购买金融资产，所以其资产端分别对应四个科目："现金及存放中央银行款项""同业资产""发放贷款""债券投资"。

金融机构的负债端通过"向中央银行借款"和"吸收存款"科目吸纳

来自中央银行资产项科目"外汇占款"和"对其他存款性公司债权"投放的基础货币，伴随中央银行资产端上述两个科目的扩张，负债端"基础货币"也必然扩张，中央银行完成了扩张资产负债表的过程。金融机构通过负债端"吸收存款"和资产端"发放贷款"分别和实体经济部门的资产端和负债端进行信用扩张与创造，金融机构与实体经济部门也同时扩张了资产负债表。信用的每一次扩张或创造也意味着货币退出或沉淀在流通领域，周而复始，反复循环。

以上基于传统的"中央银行＋商业银行"的信用创造机制进行分析，随着现代金融技术发展，传统信用创造机制逐渐向"中央银行＋商业银行＋影子银行"的新型信用创造机制转变。新型信用创造机制满足实体经济对流动性需求的同时也推高了金融杠杆。陆岷峰和杨亮（2018）指出，影子银行的出现及扩张对货币乘数变动作用显著且长期负相关，给中央银行宏观调控增大了难度。另外，目前金融加杠杆不只针对单一机构或产品，往往是金融交易链条中出现的结构性杠杆和系统性杠杆，一般体现为金融机构之间同业业务交易量上升和金融体系资产负债表的扩张。

金融体系资产负债表扩张中短久期负债（负债项）撬动长久期资产（资产项）的过程也实现了金融加杠杆，即"借短拆长"的扩表形式，金融体系资产负债表扩张意味着短久期负债和长久期资产同时扩张，这也是广义的金融加杠杆涵义。2013年，贷款利率下限被取消，2015年存款利率上限从基准利率1.2倍、1.3倍、1.5倍到全部放开，表外利率市场化（表外理财）竞争蔓延到表内利率市场化（表内存款）的竞争，金融机构之间竞争激烈，过去稳固的存贷息差缺少政策保证，抢夺高收益资产和做大规模便成为必然。2017年，我国大型商业银行资产总额同比增长9.2%，股份制商业银行资产总额同比增长7.0%；金融机构冲规模带来的"资产荒"必然堆积债市泡沫；同时，传统银行规模扩张由原先的信贷资产扩张转为金

融体系内的同业负债扩张，银行借此将大量资金投向债市，利用期限错配和加杠杆方式扩张资产负债表（周君芝，郭磊，2017）。

金融机构之间存在结构性差异，规模较大和实力雄厚的大型金融机构容易获取中央银行的低成本资金，通过与中小型金融机构之间的同业业务、表外业务等向其流入资金，大型金融机构和小型金融机构完成扩表。

4.2.3　金融加杠杆的内在驱动力

近年来，经济金融化是金融学研究的一个热点问题，在实体经济资本回报率下滑且低于金融业以及"资产荒"的双重困境下，货币由于逐利本质自发流入金融体系获取增值，越来越多的非金融企业不断投入金融活动，从而寻求金融渠道收益，资本的逐利本质和金融行业的高利润是推动金融加杠杆的内在驱动力。《资本论》中对资本的逐利性有淋漓尽致的描述[1]：资本的逐利性是指只要有适当利润，资本就胆大起来。假设有 10%利润，保证资本到处被使用；假设存在 20% 利润，它将活跃起来；而有50% 利润，它会就铤而走险；为 100% 利润，敢践踏人间一切法律；出现300% 利润，就敢犯任何罪行。

张成思（2019）把我国的行业分为三类：一是泛金融行业：由传统金融行业（银行与证券）、保险行业与房地产行业共同构成；二是以生产为主的第二产业；三是服务行业（金融行业除外），并且对我国不同行业企业的利润占比数据进行了统计与计算，发现不同行业企业的利润占比悬殊明显：2004 年以来，泛金融行业利润占比直线上升，从 2004 年 15% 飙升到 2018 年 60%，而第二产业和服务行业（金融行业除外）表现出下降趋势。金融过度发展导致挤出效应太大，过大的金融本身将会成为实体经济发展的摩擦，经济出现"金融化"现象。企业利润的积累越来越多地依靠金融

---

[1]　马克思在《资本论》中引用英国经济学家托·约·登宁的话。

渠道而非传统的商品生产和贸易（Greenwood & Scharfstein，2012；张成思，2019）。张成思（2019）进一步指出：金融业与生产性企业的利润缺口及企业避险目的是引致经济金融化的显著影响因素，资本从利润低的行业涌向高利润行业，甚至出现行业潮涌现象，这就是资本逐利性本质驱动的结果，并且分析了作为实体经济核心的非金融企业实业报酬率与金融化之间的关系：非金融上市企业从金融的获利占比逐年增加。

资本趋利本质决定了利润导向属性，在传统金融存贷息差缺少政策支撑，实体经济报酬率下滑，金融机构为突破信贷规模、存款准备金、宏观审慎评估 MPA、杠杆率、资本充足率等各种监管指标的限制，在利润最大化的驱动下，不仅通过被动负债（吸收存款）、主动负债（发放理财产品、同业存单等）加大杠杆，而且依靠资管业务、委外业务、影子银行业务等多层嵌套推动杠杆膨胀。娄飞鹏（2017）从产品层面和机构层面对金融杠杆形成机制进行了研究，认为金融杠杆膨胀的深层原因是金融机构牺牲安全性换取盈利性，追求短期业绩。张方波（2018）运用马克思主义数理模型，对资本逐利性和金融杠杆之间的关系进行了解释：认为借贷资本正是在追逐高增值的驱动下使得其在金融体系内过度积累、无序扩张及推动金融杠杆不断提升。

4.2.4 金融加杠杆的实现路径

我国社会融资高度依赖于以银行为主的间接融资，但银行信贷受限于资本充足率、风险资本计提、存贷比等一系列监管指标的约束，无法只通过表内渠道满足需求；银行长期以来主要依靠传统的固定存贷息差获取利润，而利率市场化改革和贷款利率浮动放宽等使得存贷息差区间变小，银行具有强烈的动机，通过扩展表外业务和中间业务提高收益；我国长期"一行三会"的分业监管模式产生的监管真空、监管重叠等导致的监管套利、刚性兑付、

期限错配、多层嵌套和资金池运作等问题以及影子银行的不断膨胀，使得金融加杠杆的路径从表内转向表外，然后借助影子银行通道等实现。

（1）宽松货币政策下中央银行基础货币供给增加，引致大型金融机构表内扩表

金融机构加杠杆的实质是金融体系在资产负债表扩张过程中以短久期负债撬动长久期资产的结果。从货币投放和信用扩张过程可以得出，无论是中央银行，还是金融机构，都是通过在负债端缩短负债期限降低负债端成本，而在资产端拉长期限提高资产端收益率，都是利用短期资金（负债端扩张）投资长期资产（资产端扩张），即"以短拆长"的期限错配加杠杆。这个过程是宏观层次上金融加杠杆，实质就是金融体系的资产负债表的扩张，往往与宏观实体经济增长态势相对应，所以一般运用 GDP 作为宏观实体经济发展情况指标，衡量金融体系的杠杆变动态势。

（2）大、中小型金融机构通过表外同业业务增加负债规模

金融机构表外加杠杆是指通过与其他银行机构、证券、保险、基金等合作开展理财产品、资产管理业务和委外投资等，避开监管从而获取佣金和管理费用，主要是指同业理财。从 2011 年开始，中央银行允许金融机构发行表外同业理财增加杠杆。大、中小型金融机构通过表外同业业务增加负债规模：在发行端（负债项），大型金融机构能够依靠来自于中央银行的低成本资金（来自流动性工具，如 MLF、OMO 等）向中小型金融机构购买理财产品；而中小型金融机构在区域、客户人数和营业网点数量等方面均存在劣势，相比大型金融机构，无法通过被动负债迅速扩张规模，而同业理财属于批发性业务且单笔金额较大，能够短时间内做大规模。在投资端（资产项），通过配置大量收益率较高的同业理财产品，利用收益优势支持其负债扩张。刚兑＋高收益是表外同业理财负债规模迅速膨胀的"罪魁祸首"（图 4.2.5）。2015 年底，我国同业理财余额为 3 万亿元，

同业理财数量首次高于私人理财并出现迅速上涨趋势，2016 年底，同业理财突然爆发，高达 5.99 万亿元，贡献了 50% 银行理财规模的增长并且超过表内资产增长速度，2017 年后，监管当局开始去同业，去杠杆、去通道，同业理财规模萎缩，但在 2018 年，仍高达 1.22 万亿元，同业理财变成表外杠杆膨胀的主力。

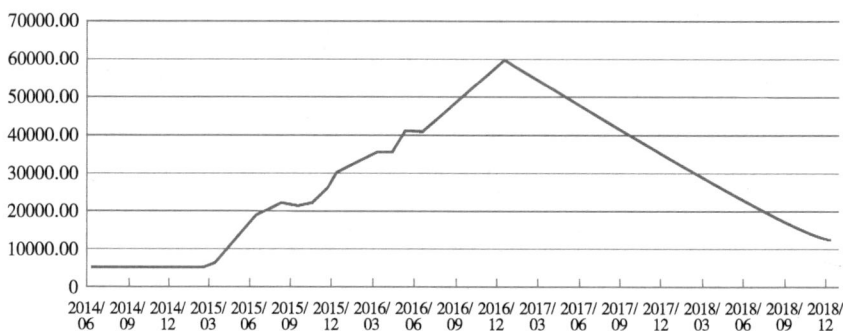

图 4.2.5　同业理财规模

（3）中小型金融机构通过表内同业业务加杠杆

从表内负债项看，传统的通过吸收存款的被动负债、人民币贬值导致的外汇占款流失、同业理财的膨胀等对金融机构扩张规模带来限制。在金融加杠杆的驱动下，金融机构凭借同业业务发展主动负债业务（图 4.2.6），包括同业拆借、发行同业债券、市场回购等。2013 年，中央银行允许金融机构发行同业存单，金融机构资产负债表再次重启扩张。与一般债券相比，同业存单有往往不用缴纳保证金和不受储蓄规模约束等优点，尤为重要的是，同业存单被记入"债券发行"而不是"同业负债"，没有负债占比规定的限制，因此，同业业务成金融机构之间融资的主要手段，导致广义信贷增长速度远超贷款增长速度。但国有大型金融机构作为配置贷款和地方债承接主力，同业存单发行较少，因此中小型金融机构通过表内同业业务

成为加杠杆主力。另外，表内资产项也呈现明显变化：贷款比率不断下降，投资比率逐步上升；标准化债券投资降低，非标准化和权益类投资提升，产品嵌套和非银通道等各种形式套利兴起。

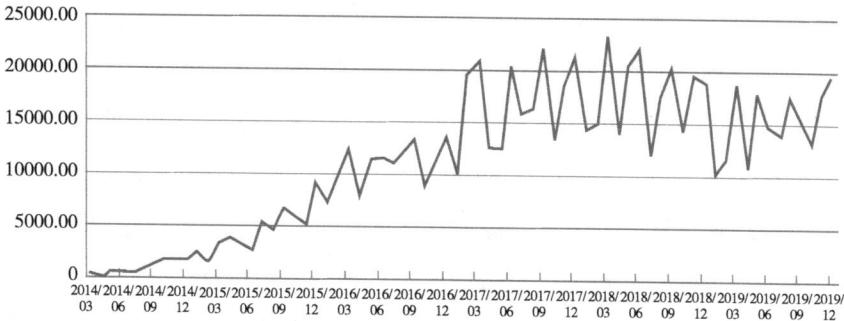

图 4.2.6　同业存单发行量

（4）委外投资向非银行金融机构加杠杆

委外投资一般有两种方式：一种是金融机构通过券商资产管理计划、基金公司资管计划、信托计划、保险计划等通道，将金融机构资产负债表内的理财资金、银行自营资金与同业资金委托给上述机构进行管理的方式；另一种委外投资是金融机构以投资顾问方式操作，委托券商、基金、信托和保险等作为投资顾问下达指令，金融机构自己操作。目前的委外投资以产品模式为主，投资顾问模式相对较少。委外投资的实质是利率市场化转型中传统的间接融资向以债券为代表的直接融资迁徙。近年来，金融机构通过表外理财和同业业务堆积了大量负债，迫切希望投资高收益资产降低其融资成本，因此通过同业业务—表外同业理财—委外投资—非银行金融机构—市场投资标的资产套利活动、加久期、加杠杆、信用下沉方式实现绕表，并且通过同业、信贷、债券和表外的交叉与重叠嵌套延伸资金链条，最终金融杠杆借助委外投资被加到非银行金融机构。

委外投资自 2015 年前后兴起，至 2016 年，收益率高达 4%～5%，委外投资较高的预期回报率要求与资产端的收益倒挂现象普遍存在，其盈利本质是宽松货币政策下利用从中央银行获取的低成本资金，投资于市场上高收益资产加杠杆获得期限套利。因此，委外投资较高的预期回报率是以金融机构的期限错配（以短拆长）和债市加杠杆为支撑。我国 2014—2016 年的债市牛催生因素就是委外投资资金配置大幅投向利率债、信用债、货币基金等资产带来的配置牛。此外，委外投资盈利模式存在着资金空转套利。金融机构发行同业存单 / 理财产品，募集的资金一般采用加杠杠、拉久期和降信用进行委外投资，同业链条不断加长，推高资金流向实体经济的成本，如果委外配置同业存单，最终形成同业存单投资同业存单的闭环链条，资金在金融体系内循环空转套利。2012 年后，我国金融开始独自繁荣和空转，最初是影子银行和银行的影子，到披着"互联网金融"外衣的财富管理平台、复杂的嵌入式投资顾问交易、配资交易和灰色抽屉协议，隐藏了大量的杠杆。

上述内容可以被视作中观层次加杠杆，主要通过流动性杠杆和通道杠杆两种形式实现加杠杆。流动性杠杆是指金融机构通过在负债端发行短期理财产品，而在资产端投资于长期非标资产赚取利差的模式加杠杆或"同业 + 委外"链条加杠杆。通道杠杆是指通过层层通道业务，利用拉长嵌套链条，实现监管套利和规避监管。我国金融机构的资产负债表中，负债项中存款占总负债的比率从 2014 年的 75% 下滑至 2016 年的 70%，而总资产同比增速持续在 10% 以上，金融机构通过同业业务、理财业务支撑资产项的扩张。金融机构资产越来越多，且资产项的收益与负债项的成本严重倒挂，这个缺口只能靠金融加杠杆、期限错配、加大久期、有意低估信用风险弥补。对于实体经济，金融机构通过表外理财和表内同业配置非标，大量投向房地产和地方融资平台，催生房地产泡沫和地方债务不断堆积。

（5）非银行金融机构通过金融市场投向金融产品或实体经济进一步加杠杆

委外资金在流通到证券公司、资产管理公司等非银行金融机构时，其中一部分资金进入了实体经济，仍有一部分资金滞留在金融体系内部层层嵌套加杠杆。不管金融加杠杆链条多长，最终必须对接实体经济融资，滞留在金融体系内部的那部分杠杆也将进入实体经济，为千千万万个企业和实体经济服务，因此，这部分可以视作微观层面加杠杆。

在上述五个金融加杠杆的实现路径中，存在层层套利、资金空转以及层层加杠杆，使得最初利率较低的资金到达企业变得利率高企，"融资难"和"融资贵"问题凸显；同时给金融监管带来了难度，增加了金融系统性风险。上述五个金融加杠杆的实现路径以及在金融加杠杆过程中出现的资金空转机制的形成可以用图 4.2.7 来描述。

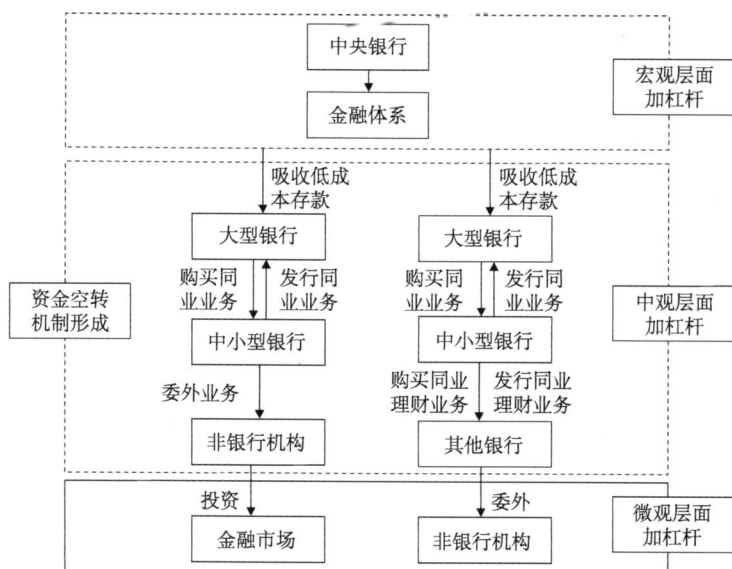

图 4.2.7　金融加杠杆的实现路径以及资金空转机制的形成

4.2.5 金融加杠杆的特征与成因

我国金融加杠杆的基本特征是宏观金融杠杆总量基本可控，但增长速度较快，且存在明显的结构性。

从数量上看，截至 2019 年 9 月，中国的总杠杆率是 246%，如图 4.2.8 所示，在全球处于中等水平。但刘哲希和李子昂（2018）指出，中国总杠杆表面看不是很高，需要警惕的是杠杆高于中国的基本都是发达国家或地区，而中国金融体系的完善程度、所处发展阶段与新兴经济体国家的杠杆比较更为合适，我国总杠杆远远高于其他新兴经济体国家。同时我国金融杠杆增长速度较快，金融业整体规模扩张快于经济增长。近十年来金融杠杆率年平均增长速度为 13% 左右，明显高于世界平均水平。究其原因，有以下四点：一是全球第一的高储蓄（负债）驱动的投资导向经济增长模式。我国经济增长一直呈现投资驱动粘性，经济增长长期按照"信贷 + 投资"的粗放式发展模式。投资需求（尤其是固定资本投资）占 GDP 的比重持续上升，高投资导致了高杠杆。周小川（2009）认为我国的高杠杆源于特殊的增长模式。永久性收入和生命周期理论表明，经济起飞阶段，经济快速发展和青壮年人口比例不断增加，使得经济运行拥有高储蓄特征，在储蓄（S）转化为投资（I）过程中推高了杠杆。二是 20 世纪 90 年代以来，国际直接投资（FDI）和净出口大幅增长带来的国际资本大量流入，与高储蓄并列成为我国高杠杆的稳定资金来源。三是我国的非金融部门杠杆迅速攀升，推高了总杠杆，这在后文有详细的解释。四是实体经济低投资回报率导致大量资金脱实向虚。宏观杠杆等于总负债与名义 GDP 之比，我国自金融危机后，整体经济持续下行，名义 GDP 持续下降，实体经济投资回报率不足，导致大量资金流入金融体系，而我国以"银行为主"的跛行融资方式、市场机制缺失以及金融市场严重分割的金融格局，造成影子银行体系和金融衍生品等空转套利推高了金融杠杆。

%

政府部门　居民部门　非金融企业部门

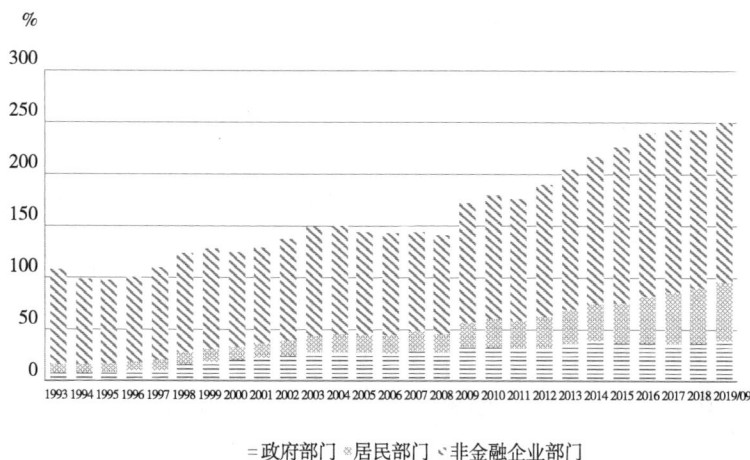

图 4.2.8　总杠杆、政府杠杆、居民杠杆和非金融企业杠杆水平

从结构上看，我国杠杆结构性问题严重，各经济部门之间杠杆差异较大，国民经济各部门杠杆规模及杠杆结构性变化，是宏观杠杆水平和杠杆结构变化的隐性决定因素。

非金融企业部门杠杆最高（图 4.2.8），在世界上处于中等水平，与高收入国家相差不多，但明显高于多数新兴市场经济体，非金融企业部门杠杆主要集中在非金融企业，尤其是国有企业，这表明四点：

第一，我国金融加杠杆主要加在大型、国有、上市企业。钟宁桦等（2016）通过对工业企业负债率研究指出，我国企业整体在去杠杆，显著加杠杆的是一些大型、国有、上市企业，而其加杠杆的原因无法被企业层面因素所解释。张斌等（2018）以 2008 年金融危机前美欧国家的杠杆上升作为参照物，指出我国国有企业和地方政府预算软约束、政府主导的高速基建投资、高储蓄等现象一直存在，但金融危机前宏观杠杆不高，金融危机后陡然上升，因此这些旧因素难以很好解释新问题。张斌等（2018）进一步分析了金融危机后中国非金融企业加杠杆的原因：2010 年，我国人均 GDP 为 8032 元，达到赫伦多夫（Herrendorf，2013）认为从制造业向服务业转型的人均收入临界值，因此在特定的经济结构转型时期，服务业供给短期内难以提升，在财政政策虽有效但难以充分发挥作用的约束下，政府为阻止实体经济增速下行和债务——通缩恶性循环实施债务膨胀，但由于实际 GDP 增长速度和通胀增速边际效力下降，带来了政府主导的加杠杆。在国企改革缺位、金融自由化单兵突进、城镇土地等不可再生资源由政府主导分配体制下，只能把国有企业变成"资金"的掮客和影子银行，因此导致了其金融杠杆膨胀和资金套利（李奇霖，2017）。

第二，非金融部门杠杆率迅速上升，同时，国有企业和非国有企业在金融危机后杠杆严重分化：民营企业杠杆不断下降，而大型、国有、上市企业杠杆却呈上涨态势，且两类企业杠杆之间的差异不断扩大。宽松的货币政策与信贷环境使得国有企业明显高于非国有企业杠杆，但资产收益率却显著低于非国有企业，导致宏观金融杠杆与微观金融杠杆相背离。原因在前文中已经进行了阐述。

第三，随着我国企业杠杆越来越高，依靠"借新还旧"不断滚动债务维持生存的僵尸企业和产能过剩企业比例迅速上升。国有"僵尸企业"指的是依靠政府补贴和低廉信贷勉强维持的亏损企业。产能过剩一直是我国经济发展中的一大"顽疾"，近年来主要表现为结构性产能过剩。为解决产能过剩的问题，政府提供扶持政策和财政补贴，过剩产能得到资金支持进一步加剧了产能过剩，企业陷入"借新债还旧债"的恶性循环中，债务的上升推高了企业杠杆，进而形成"僵尸企业"，使得大量信贷资源被长期无效占用，降低了全社会的负债利用率，整个企业杠杆增加。这两类企业是我国债务问题的一大来源，IMF（2017）的估算结果表明，中国僵尸企业债务规模占 GDP 的 6%～11%，产能过剩企业债务规模占 21%。明斯基（Minsky，1992）将企业融资分为对冲性、投机性和庞氏融资三类。对冲性融资是指借款人预期获取的现金流能够偿还借款契约的利息和本金；

投机性融资和庞氏融资分别是指借款人预期获取的现金流只够偿还融资合同中利息和连利息也无法偿还，只能通过"借新还旧"不断滚动债务，而当企业部门的投机性与庞氏融资较大时，则表示企业部门已处于高杠杆状态。纪敏等（2017）指出，杠杆率与债务投资比显著相关，但近年来，随着负债和投资的增加，新增负债中存在许多为偿还利息而出现的借新还旧债务，该债务增加了杠杆，但未带来新的投资。

第四，金融危机后我国实体经济下滑和投资回报率减少促使大量资金流入房地产市场、股市、债市等，经济金融化现象严重；同时，房地产市场的繁荣促使债务集中于少数企业，杠杆率结构性问题严重。任泽平和张庆昌（2016）认为，地方融资平台、产能过剩和房地产三大资金黑洞通过加杠杆，政府信用背书和财务软约束等，导致产生大量无效资金需求，不断占据金融资源，挤出了实体经济资金的有效需求。

金融部门杠杆次之（图4.2.9），但也存在明显的结构差别：在银行性金融机构层面，全国性商业银行的杠杆略低于整体水平，城市商业银行杠杆偏高；在非银行性金融机构层面，券商杠杆显著高于保险、基金与信托等，甚至超过银行性金融机构；在金融市场层面，债券市场和货币市场的杠杆水平不断快速增长。究其根源，一是在市场利率化进程中，传统存贷息差缺少政策支撑，扩张规模成为其盈利的首选，金融机构开始通过同业理财、同业存单和委外理财等形式层层镶嵌、拉长链条等方法撬高其金融杠杆。二是通过债务置换等释放长期信用维持房地产和政府平台的债务链、不准金融机构从僵尸企业抽贷，客观上牺牲了金融机构资产的收益性和流动性，导致经济风险迁徙到金融系统。三是我国金融体系偏向间接融资，直接融资的比重偏低，银行系统风险集中；银行结构以大规模和国有银行为主，贷款对象偏向政府、大型或国有企业，受国家政策影响大；收益过多依赖传统存贷息差，专业化水平不高，金融工具较少，导致金融效率偏低和不良资产过多，这些都推高了金融体系的杠杆。

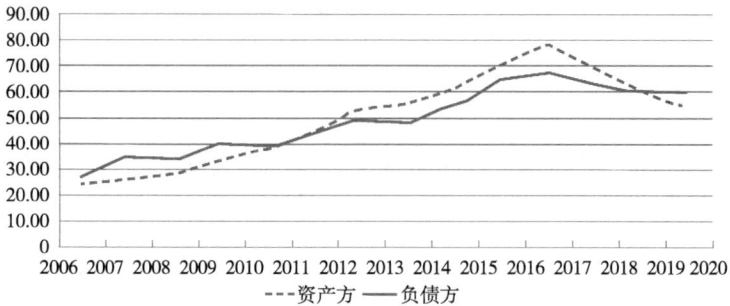

图 4.2.9　金融杠杆水平

中国政府部门金融杠杆远低于欧盟 90% 公共债务阈值标准（Reinhart & Rogoff，2010），在世界上处于较低水平，但增长速度迅速（图 4.2.10）。2008 年末，中国政府部门的金融杠杆为 28.1%，2019 年底，则高达 38.3%。政府部门的显性杠杆数值虽不高，但更应警惕地方政府的隐性债务。根据国际货币基金组织（IMF）统计，2016 年，考虑隐性债务的广义口径的中国政府部门杠杆为 62.2%，预计 2022 年广义口径的中国政府部门杠杆将达到 91.5%，超过欧盟 90% 公共债务阈值标准。1994 年，中央和地方实施分税制改革，财权上收，中央政府财政状况明显改善，杠杆数值不高，但地方政府杠杆存在风险。究其原因：其一，以经济绩效为主导的地方官员晋升机制加大了杠杆，地方政府通过追求短期的 GDP 增长获取稀缺的晋升资格，但在财政分权制度的限制下，地方政府财政收入难以支撑其日益膨胀的投资支出，只能通过举债弥补，过度投资加大了地方政府杠杆。塔伯里尼和阿莱西纳（Tabellini & Alesina，1990）对选举制政党换届进行研究后发现，由于无法确定是否能够连任，在换届周期到来之前，现届政党具有跨期卸责动机，因而往往实施扩张性政策拉拢选票；郭玉清等（2017）指出了地方政府的双重卸责动机：在中央政府为地方政府提供隐性担保带来的跨域卸责和晋升机制导致的期限错配的跨期卸责激励下，地方政府存

在举债发展的冲动，促使地方政府杠杆上升。其二，分税制财政管理体制改革引发的政府事权与财权的不匹配也是造成地方政府杠杆激增的重要原因。分税制财政管理体制是指在各级政府之间合理划分事权及支出范围，依照事权和分税制财政权利统一的原则，划分中央和地方政府的管理权限和税收收入，各级政府预算相对独立，各级次间差别通过转移支付调节。分税制财政管理体制使得大量税收集中到中央政府，在地方政府承担繁重的地方发展任务的形势下，地方财政资金日渐困窘，因此"土地财政"应运而生，提高地价、房价等弥补财政缺口，房价在历次调控中似乎越调越涨的一个重要原因在于地方政府囿于自身利益所表现出来的"暧昧"。其三，不断放松的融资限制、金融机构和地方政府隐性担保也刺激了地方政府杠杆的飙升。塔尔维和韦格（Talvi & Vegh，1999）发现，新兴市场国家的中央政府存在为地方政府提供债务救助的隐性担保，地方政府无视债务风险，在预算外进行了杠杆扩张，同时希望在陷入债务危机时能够将偿债负担转移给中央。黄佩华和迪帕克（2003）指出金融机构和地方政府存在隐性担保，地方政府通过向金融机构贷款扩张杠杆资金获得晋升，金融机构通过担负呆账损失风险和对地方政府放贷，获取宽松金融环境等隐性补偿。

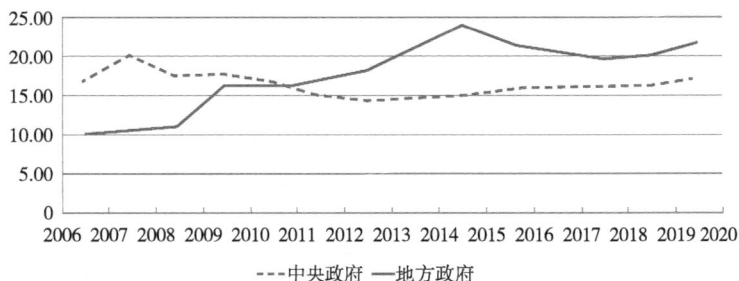

图 4.2.10　中央政府与地方政府杠杆水平

居民部门金融杠杆目前非常接近欧盟 60% 的警戒值（Reinhart & Rogoff，2010）。居民部门杠杆风险总体可控，但要警惕过快上升风险，同时值得注意的是，居民通过互联网金融获取的贷款未计入其负债，因此居民部门杠杆仍存在低估的潜在风险。我国居民部门债务主要是住房抵押贷款，房地产是地方政府融资机制的特殊安排（生命线），通过驱动储蓄承接房地产债务，拯救濒临悬崖的地方财政。但房地产的繁荣增加了低收入家庭的购房成本，拉低了社会整体消费水平，需要警惕的是部分人群利用房贷杠杆进行的投资或投机购房行为，更应该担心的是由于人口高峰和城镇化而被迫加杠杆买房的刚需人群。

从复杂程度看，杠杆业务层层嵌套且存在空转套利。

主要表现在：首先，银行在表内，通过同业存单、信贷资产证券化、买入返售和卖出回购等方式实现出表；在表外，通过同业理财、委外业务等赚取非息收入和高额佣金，加上非银行金融机构，如证券、基金、保险等资金介入，另外，还有资产管理公司的托管业务、互联网金融、第三方借贷平台等影子银行，经过委外业务、资管业务等交叉设计与层层嵌套，涉及对象多、资金环节长、杠杆倍数高。存在多种交叉与重叠，使得该过程金融加杠杆变得非常复杂，同时在资产项间接或直接投资债券、权益和非标资产等，部分脱离了监管，造成资产扩张与资本支撑的背离，随着实体经济投资回报率持续下滑，资金脱实向虚并在金融体系里空转。

其次，大型金融机构借助流动性工具以较低融资成本从中央银行获得资金，然后以同业业务和表外业务转移超储，将资金转给中小型金融机构实现套利。影子银行异军突起，业务增速远高于同期银行存贷款增速，银子银行的负债不是来源于存款，其贷款也不记在资产负债表的贷款项，而是在应收款项类投资和同业资产下面列示，换句话说，就是脱离了资产负债表的理财产品和各类非银行金融机构发售的类信贷类产品。由于影子银行的负债不是存款，游离于金融监管体系之外，存在监管套利和资金空转的行为，同时，影子银行缺少丰厚的资本金，大量利用杠杆举债经营，杠

杆率非常高。2016 年底，影子银行信贷总额高达 60～70 万亿元，其占整体信贷的比例已从 2006 年的 10% 左右大幅飙升至 33%。王宇和刘磊（2018）指出金融杠杆膨胀主要表现为影子银行资产扩张和资金在金融体系的空转套利。同时，监管机构征对不同的金融产品，金融监管规则不一致，比如基金与银行理财对杠杆倍数、投资者范围等要求不一致，很容易导致套利行为。

最后，监管套利与资金在金融体系内的空转，对实体经济无益且容易催生资产价格泡沫，同时也给金融体系隐藏了巨大风险；同业链条拉长，不仅增加了融资成本，而且扭曲了资源配置；尤其值得警惕的是，在"以短拆长"期限错配下，为避免资产收回导致的资金链条断裂，往往只能被动维持高成本的主动负债。

4.3 基于金融杠杆驱动的资产价格泡沫模型的构建

4.3.1 理论分析

要从金融杠杆视角研究资产价格泡沫，首先必须解释金融杠杆与资产价格泡沫之间存在怎样的内在逻辑关系和影响机理。而现有文献往往把金融杠杆作为中间变量或内生变量，其对资产价格泡沫影响的研究更多内嵌于金融体系对实体经济的分析中，未能系统和独立考察，金融杠杆与资产价格泡沫之间存在内在逻辑关系和影响机制，这在第二章中已经进行了详细的阐述，在此不再赘述。现有文献较少有建立金融杠杆驱动的资产价格泡沫模型，传统资产价格泡沫形成机理理论中悖论的出现正是由于从根本上脱离对金融杠杆的研究，并且金融杠杆的乘数效应使得资产价格泡沫的形成机理、演化特征和影响机制更加复杂。

高杠杆是超额信贷的必然结果，也是导致金融资产价格螺旋上升的原因，从信贷角度研究资产价格泡沫的文献较多，典型的是艾伦和盖尔（2000）提出的"信贷—资产价格泡沫模型"（简称 AG 模型），信贷是个单纯的量值，而金融杠杆是个分式且影响机制更加复杂，本书引入金融杠杆概念，拓展 AG 模型，通过构建金融杠杆驱动的资产价格泡沫模型从数理上分析两者之间的关系。

4.3.2　基于金融杠杆驱动的资产价格泡沫模型

模型的基本假设包括：

①存在两个时期：时期 1 和 2。存在两种资产：资产 1 是供给数量可变的无风险资产；资产 2 是风险资产，在时期 1 供给数量是 1 个单位，在时期 2 获取的收益为随机变量 R_x，风险资产的成本为 $c（x）$；

②投资者无风险偏好，即为中性；

③无风险资产的收益率为 r_s；

④投资者能够从金融机构获取贷款投资两种资产，但贷款只能获取到自有资金一定比例的数额，比例为 L，即为金融杠杆；贷款总额为 B；金融机构与投资者之间签订简单债务合同，即支付贷款利息就可获取贷款，在均衡条件下，无风险资产利率 = 金融机构的贷款利率。

在上述假设条件下，投资者的投资优化问题转化为确定金融杠杆在两种资产之间的分配数量，使得在时期 2 获得利润最大。假设投资者持有的无风险资产和风险资产的的数量分别为 Q_s、Q_R，在时期 2 的净收益为：

$$RQ_R+r_sQ_s-r_s（LQ_R+Q_s）=RQ_R-r_sLQ_R$$

投资者最优决策如下：

$$\max_{Q_R}\int_{R^*}^{R_{max}}[RQ_R-r_sLQ_R]f(R)dR-c(Q_R) \qquad （4.3.1）$$

其中，R^* 是投资者在时期 2 违约时风险资产的收益率临界值，市场均衡或出清的条件为：

$$Q_R=1 \qquad (4.3.2)$$

$$Q_S+LQ_R=B \qquad (4.3.3)$$

式（4.3.2）是风险资产市场的均衡条件，式（4.3.3）是贷款市场均衡条件，把式（4.3.2）带入式（4.3.1），一阶条件下的投资者最优决策可以表示为：

$$\int_{R^*}^{R_{max}} [R-r_sL] f(R)dR=c'(1) \qquad (4.3.4)$$

基础价值定义为投资者使用自己的资金投资时的风险资产价格，则有：

$$\max\int_0^{R_{max}} [RQ_R-Lr_sQ_s] f(R)dR-c(Q_R)$$

把市场均衡条件带入式（4.3.5），并使其最大化，

$$\int_0^{R_{max}} Rf(R)dR-r_sL=c'(Q_R) \qquad (4.3.5)$$

把式（4.3.2）带入式（4.3.5），得，

$$L=\frac{1}{r_s}(\bar{R}-c'(1)) \qquad (4.3.6)$$

存在贷款时，由式（4.3.4）可得，

$$L=\frac{1}{r_s}\left[\frac{\int_{R^*}^{R_{max}} Rf(R)dR-c'(1)}{L_r[R\geq R^*]}\right] \qquad (4.3.7)$$

因此，若存在正的违约概率，就存在资产价格泡沫。

上文通过建立数理模型，对金融杠杆与资产价格泡沫之间的内在影响逻辑关系进行了推导，下文将运用实证研究进行检验。

4.4 金融杠杆与资产价格泡沫影响关系的实证分析

国内现有研究大多使用传统的 Granger 因果检验和向量自回归（VAR）模型研究变量间的引导关系，但是，传统的 Granger 因果检验要求变量在长期内一直是稳定的。由于经济现象的复杂性，变量虽然在长期是稳定的，但在某个小区间内可能存在结构上的变化，传统 Granger 因果检验无

法捕捉时间序列变量在短期内可能存在的结构性突变而产生显著的偏误。将 Bootstrap 统计检验和滚动宽窗 Granger 因果检验模型结合，不仅能够解决变量短期内结构突变的问题，还能有效分析样本不同子区间的动态引导关系。

4.4.1 滚动宽窗 Granger 因果检验方法

传统 Granger 因果检验统计量一般要求渐进分布假设，非渐进分布的非 0 阶平稳时间序列如果存在结构性突变时，原检验将出现明显偏误。运用 Bootstrap 仿真统计量结合滚动宽窗 Granger 因果检验来分析短期内存在的结构性变化问题。

（1）滚动宽窗 Granger 因果检验

传统的二元 VAR（p）模型的形式如下：

$$y_t = \phi_0 + \phi_1 y_{t-1} + \cdots + \phi_p y_{t-p} + \varepsilon_t \quad t = 1, 2, \cdots, T \qquad （4.4.1）$$

为了与研究变量相联系，把 y_t 分割成两个子向量 y_{1t} 和 y_{2t}，每一个子向量代表一个研究变量，这时，方程（4.4.1）可以写成下列矩阵形式：

$$\begin{bmatrix} y_{1t} \\ y_{2t} \end{bmatrix} = \begin{bmatrix} \varphi_1 \\ \varphi_2 \end{bmatrix} + \begin{bmatrix} \varphi_{11}(L) & \varphi_{12}(L) \\ \varphi_{21}(L) & \varphi_{22}(L) \end{bmatrix} \begin{bmatrix} y_{1t} \\ y_{2t} \end{bmatrix} + \begin{bmatrix} \varepsilon_{1t} \\ \varepsilon_{2t} \end{bmatrix} \qquad （4.4.2）$$

其中，y_{1t} 和 y_{2t} 是两组时间序列；$\varphi_{ij}(L) = \sum_{k=1}^{p} \varphi_{ij, k} L^k$，$i, j = 1, 2$，$L$ 为滞后算子，即 $L^k x_t = x_{t-k}$，K 为滞后阶数；ε_{1t} 和 ε_{2t} 是白噪声序列。基于上述假设条件可知：若 y_{2t} 不是 y_{1t} 的 Granger 因果关系的原假设是 $\varphi_{12, k} = 0$，$k = 1, 2, \cdots, p$；类似地，若 y_{1t} 不是 y_{2t} 的 Granger 因果关系的原假设是 $\varphi_{21, k} = 0$，$k = 1, 2, \cdots, p$。

滚动宽窗 Granger 因果检验的核心是把传统 Granger 因果检验区间不断进行滚动估计，从而得到变量间的动态因果关系。方法一般为：假设整个样本容量为 T，选定滚动宽窗为 n（$2p+1 < n < T$），整个样本区间就转

化为 $T-n$ 个子样本序列，任意子样本的样本期为 $t=\tau-n+1$，$\tau-n$，$\cdots$，τ，$\tau=n$，$n+1$，$\cdots$，T。

（2）*Wald* 和 *LR* 统计量

令

$$Y: =(y_1,\ y_2,\ \cdots,\ y_T) \qquad\qquad (2\times T)\ matrix$$

$$B: =(\phi_0,\ \phi_1,\ \cdots,\ \phi_T) \qquad\quad [\,2\times(2P+1)\,]\ matrix$$

$$Z_t: =(1,\ y_t,\ y_{t-1},\ \cdots,\ y_{t-p+1})^T \qquad [\,(2P+1)\times 1\,]\ matrix$$

$$Z: =(Z_0,\ Z_1,\ \cdots,\ Z_{T-1}) \qquad\quad [\,(2P+1)\times T\,]\ matrix$$

$$\eta: =(\varepsilon_1,\ \varepsilon_2,\ \cdots,\ \varepsilon_T) \qquad\qquad (2\times T)\ matrix$$

则 VAR（p）模型可以写成，

$$Y=BZ+\eta \qquad\qquad (4.4.3)$$

系数矩阵的最小二乘估计为，

$$\hat{B}=YZ^T(Z^TZ)^{-1} \qquad\qquad (4.4.4)$$

若原假设成立下带约束条件的最小二乘估计对应的残差矩阵为 η_r；无约束条件的最小二乘估计式（4.4.4）中对应的（$2\times T$）残差矩阵为 η_u；分别定义两种情形下的残差内积为 $S_r=\eta_r^T\eta_r$、$S_u=\eta_u^T\eta_u$，则 *Wald* 统计量、*LR* 似然比统计量的表达式为，

$$W=T(trS_u^{-1}S_r-k) \qquad\qquad (4.4.5)$$

$$LR=(T-K)\ln\left(\frac{\det S_r}{\det S_u}\right) \qquad\qquad (4.4.6)$$

其中，T 为样本容量；k 为滞后阶数；det 表示对应矩阵；当 T 较大时，两个统计量均服从渐进 χ^2 分布，T 较小时表现为非规则渐进分布特征，为了解决这一问题，采用 Bootstrap 对统计量的分布进行估计。舒库尔和曼塔洛斯（Shukur & Mantalos，2000）指出，基于 Bootstrap 仿真的统计量对应的临界值稳健性良好，且在小样本下比统计量直接检验的结果更为精确。

4.4.2 变量说明与数据检验

（1）变量的平稳性检验

为了避免出现"伪回归"现象，VAR 模型要求所有时间序列变量是平稳的，所以对各时间序列变量进行 ADF 单位根检验，单位根检验模型为：

$$\Delta Y_t = \alpha_1 + \alpha_2 t + \delta Y_{t-1} + \sum_{i=1}^{m} \beta_i \Delta Y_{t-i} + \varepsilon_t \qquad （4.4.7）$$

其中，m 是滞后项。ADF 单位根检验结果如表 4.4.1 所示。

从表 4.4.1 可知，HB 和 SB 分别在 1% 的显著性水平上拒绝存在单位根的原假设，表明它们是平稳时间序列，而 FL 无法拒绝存在单位根的原假设，但是其一阶差分 DFL 能够在 5% 的显著性水平上拒绝存在单位根的原假设，说明 DFL 也是平稳的，因此，上述三个变量可以进行滚动宽窗 Granger 因果检验。

表 4.4.1 ADF 单位根检验

变量	检验形式 （C，T，L）	ADF 统计量	1% 临界值	10% 临界值	P 值	结论
HB	（0，0，0）	−12.03007	−2.583898	−1.614997	0.0000	平稳 ***
SB	（0，0，0）	−10.92317	−2.584055	−1.614984	0.0000	平稳 ***
DFL	（C，0，0）	−2.985055	−3.483751	−2.579282	0.0391	平稳 **

注：检验形式中的 C、T、L 分别表示 ADF 单位根检验的常数项、趋势项和滞后期。0 值表示没有此项，***、**、* 分别代表在 0.01、0.05 和 0.1 的显著性水平上显著。

（2）参数的稳健性检验

利用全样本数据建立的二元 VAR 模型，参数的稳定性决定全样本 Granger 因果检验结果的稳健性，若二元 VAR 模型参数不稳定则可能会影响检验结果的效果（徐胜，朱晓华，2015）。由于经济现象的复杂性，虽然参数在长期内稳定，但在短期内可能存在结构上的变化，从而导致 VAR 模型的内在不稳定，那么结果也会随着小样本区间变化而发生变化。因此，需要对参数短期稳健性进行检验。根据 Shukur 和 Mantalos（2000）提

出的 Bootstrap 统计量进行检验，*P* 值计算过程中设定 Bootstrap 循环次数为 2000，选取（0.15，0.85）分位区间内的样本数据进行检验，由 *HB*、*SB* 和 *DFL* 两两组合构建的参数短期稳定性检验结果如表 4.4.2 所示。

从表 4.4.2 可以看出，*Sup-LR*、*Exp-LR* 和 *Mean-LR* 检验结果显示 *DFL* 方程的参数在 1% 的显著性水平上均拒绝原假设，并且 *Sup-Wald*、*Exp-Wald* 和 *Mean-Wald* 的检验结果也显示 *DFL* 方程的参数在 1% 的显著性水平上均拒绝原假设，这表明 *DFL* 方程的参数在短期内是极不稳定的。同理，*Sup-LR*、*Sup-Wald* 和 *Exp-Wald* 检验结果显示 *SB* 方程的参数在 5% 的显著性水平上均拒绝原假设，表明 *SB* 方程的参数在短期内也是极不稳定的。

表 4.4.2　金融杠杆（*DFL*）和股市泡沫（*SB*）参数短期稳健性检验

检验方法	*DFL* 方程		*SB* 方程	
	Statistic	*Bootstrap p-value*	*Statistic*	*Bootstrap p-value*
Sup-LR	40.13588***	0.000000	6.950821**	0.011500
Exp-LR	16.84626***	0.000000	0.981707*	0.099000
Mean-LR	8.789200***	0.000000	1.352729	0.213500
Sup-Wald	120.4076***	0.000000	20.85246**	0.011500
Exp-Wald	56.55811***	0.000000	6.202068**	0.019000
Mean-Wald	26.36760***	0.000000	4.058186	0.213500

注：*、**、*** 分别表示在 0.1、0.05 和 0.01 的显著性水平上显著。

从表 4.4.3 可以看出，*Sup-LR*、*Exp-LR* 和 *Mean-LR* 检验结果显示 *DFL* 方程的参数在 1% 的显著性水平上均拒绝原假设，并且 *Sup-Wald*、*Exp-Wald* 和 *Mean-Wald* 的检验结果也显示 *DFL* 方程的参数在 1% 的显著性水平上均拒绝原假设，这表明 *DFL* 方程的参数在短期内是极不稳定的。同理，*Sup-LR*、*Sup-Wald* 和 *Exp-Wald* 检验结果显示 *HB* 方程的参数在 5% 的显著性水平上均拒绝原假设，这表明 *HB* 方程的参数在短期内也是极不稳定的。

表 4.4.3　金融杠杆（*DFL*）和房地产泡沫（*HB*）参数短期稳健性检验

检验方法	*DFL* 方程		*SB* 方程	
	Statistic	*Bootstrap p-value*	*Statistic*	*Bootstrap p-value*
Sup–LR	41.55534***	0.000000	6.536881**	0.014500
Exp–LR	17.50298***	0.000000	0.960898	0.123000
Mean–LR	8.971255***	0.000000	1.302119	0.253500
Sup–Wald	124.6660***	0.000000	19.61064**	0.014500
Exp–Wald	58.57563***	0.000000	5.966853**	0.021000
Mean–Wald	26.91377***	0.000000	3.906358	0.253500

注：*、**、*** 分别表示在 0.1、0.05 和 0.01 的显著性水平上显著。

4.4.3　实证结果及其分析

由表 4.4.2 和表 4.4.3 可知，在二元 VAR 模型中，金融杠杆与资产价格泡沫方程参数在短期内均显示出强烈的不稳定性，表明参数在短期内具有结构性变化，这完全违背了传统 Granger 因果检验模型的假设条件，传统 Granger 因果检验无法证实他们之间可能存在的引导关系，所以运用滚动宽窗 Granger 因果检验来消除结构性变化带来的影响。运用滚动宽窗 Granger 因果检验研究的关键在于窗口宽度的选择，巴尔西拉尔和奥兹德米尔（Balcilar & Ozdemir，2013）认为恰当的窗口宽度能减小异方差影响，提高估计的有效性。佩萨兰和蒂默曼（Pesaran & Timmermann，2005）研究指出，窗口宽度设定在 10 ~ 25 比较理想，本书从变量自由度和结构变化特性综合进行考虑，把窗口宽度设定为 15（占样本总数的 12%）。

4.4.3.1　金融杠杆（*DFL*）与股市泡沫（*SB*）之间的动态影响关系分析

金融杠杆（*DFL*）与股市泡沫（*SB*）之间互相存在动态影响关系，即金融杠杆（*DFL*）。

与股市泡沫（*SB*）、股市泡沫（*SB*）与金融杠杆（*DFL*）之间都存在动态影响关系。

（1）金融杠杆对股市泡沫的动态影响关系

图 4.4.1（a）、图 4.4.1（b）为金融杠杆（*DFL*）对股市泡沫（*SB*）滚动宽窗 Granger 因果检验的 *P* 值和影响系数估计。

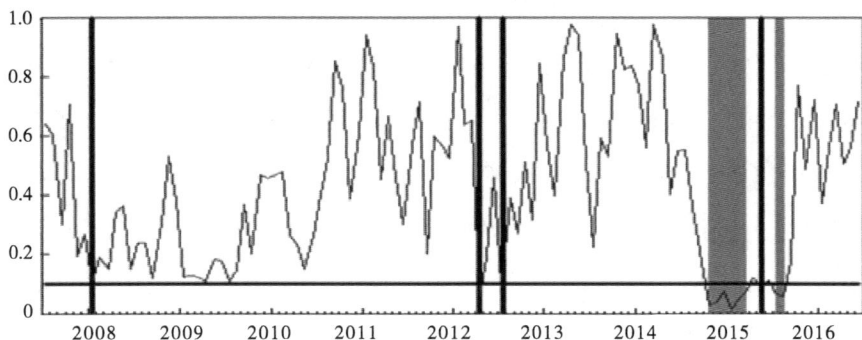

图 4.4.1（a）　*DFL* 对 *SB* 滚动宽窗 Granger 检验的 *P* 值

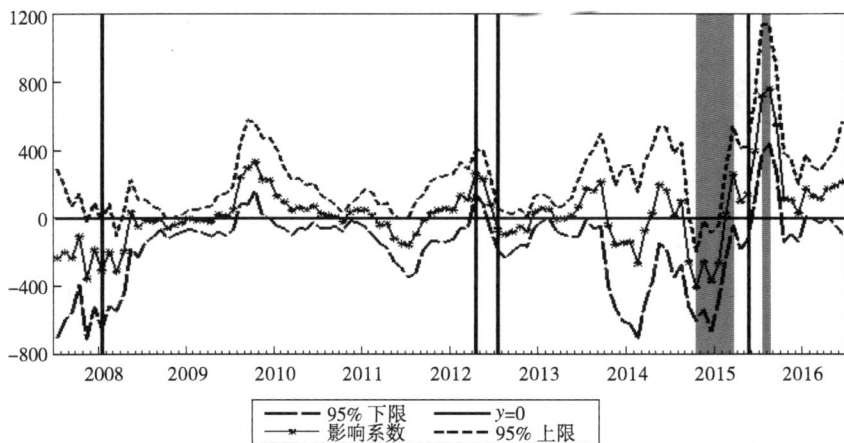

图 4.4.1（b）　*DFL* 对 *SB* 滚动宽窗 Granger 检验的影响系数估计

滚动宽窗 Granger 因果检验 *P* 值原假设为金融杠杆不是股市泡沫的 Granger 原因，而图 4.4.1（a）黑线❶部分和阴影区域部分表示在 10% 的显

---

❶　黑线部分表示该点的 *P* 值也在 10% 之下，但因为仅是一个点，不能够解释变量之间的 Granger 因果关系，所以本书只研究阴影区域部分。

著性水平上拒绝了原假设，即在 2014 年 10 月—2015 年 3 月，2015 年 7—8 月两个时间段内表明金融杠杆是股市泡沫的 Granger 原因，金融杠杆与股市泡沫之间存在动态影响关系。

2014 年 11 月—2015 年 6 月，我国股市进入又一轮牛市，与以往历次牛市不同的是这次牛市是我国的投资者第一次经历加资金杠杆的牛市。在这次牛市中，上证综指从 2400 点一路上升到 5178❶ 点，涨幅为 115%；创业板指数从 1500 点上升到 4037 点，涨幅高达 169%，中小企业板指数从 5500 点上升到 12084 点，上涨幅度为 119%。图 4.4.1（a）中出现存在显著 Granger 因果关系的时期：2014 年 10 月—2015 年 3 月就在这次大牛市期间内，股市大幅上涨与金融杠杆增加有直接联系。中国经济整体杠杆率从 2008 年 168% 上升至 2014 年的 278.2%❷。到 2015 年底，中国实体经济的负债总额为 162.3 万亿元，实体经济的杠杆率达到 227.30%。同时，2014 年 12 月 27 日中央银行在出台的 387 号文件中规定，2015 年起非银行金融机构的同业存款及同业借款将被纳入银行存贷比考核体系，其存款准备金率暂定（Reserve Requirement Ratio，RRR）为零。央行这次调整商业银行存贷比统计口径后，意味着商业银行存贷比平均降幅将达 5% 左右，相当于人民币信贷额度释放了大约 5.5 万亿元人民币。进入股市的信贷资金规模虽没有精确统计，保守估计可能已接近万亿元，大量的信贷资金流入股市，推高了股票价格，形成了泡沫。2003 年以来央行明令禁止银行信贷违规进入股票市场，但近几年随着银行理财业务和金融创新产品的出现，这个渠道逐渐被打通。信贷资金进入股市主要通过三种方式：其一，银行通过发行理财产品，其中"伞形信托"是最典型的形式。伞形信托是指银行、信托机构和证券公司共同合作，依靠银行理财聚集

---

❶ 数据来源于 Wind 数据库。

❷ 数据来源于《中国国家资产负债表 2015》报告。

资金通过借道信托产品，以配资和融资的方式加杠杆后投资于股票市场，在股价上涨过程中可以获得高收益，从而进一步刺激这些机构将资产加速配置到股票市场。其二，通过融资融券渠道进入股市。融资融券交易是指投资者向具有融资融券业务资格的证券机构提供质押品，借入资金买入证券（融资交易）或者借入证券并卖出（融券交易）的行为。融资融券交易制度始于 2010 年，但由于其严格规定投资者的资金只有达到或超过 50 万元才具备资格进行融资融券活动，在沪、深两市股票账户中符合此规定的投资者数量比例很低，发展缓慢，直到 2013 年 4 月该规定才取消。2014 年下半年随着股价上升，融资余额从 4000 亿元增长到 10000 亿元，2015 年 6 月增加到 22000 亿元，融资余额迅速增加推动股价快速上涨。其三，大规模的场外配资增长。场外配资是投资者增加资金杠杆的另外一个渠道。场外配资由于监管缺失，与合法的融资交易规定融资比例不同，它往往有较高的融资杠杆，比例一般在 1∶3 左右，在这次牛市中，有时甚至高达 1∶10 左右。

在 2015 年 7—8 月这个时段，我国股市在经历了前期的暴涨之后出现了暴跌。2015 年 6 月 15 日—7 月 9 日，上证综数跌幅为 32%，创业板跌幅为 42%，中小板跌幅达到 39%，在 2015 年 8 月中旬，股票市场更是持续暴跌 1000 点，出现千股跌停现象，创造了最近 20 年我国股市下跌速度之最。导致这次股灾的直接根源就是股市二级市场的去杠杆化，首先，2015 年 6 月，证监会全面叫停了场外配资数据端口服务并声明未经证监会批准的任何证券公司不得向客户融资、融券；其次，2015 年 6 月 15 日前后强制性平仓。最后，千股叫停。2015 年 7 月 8 日前后有 1400 多只股票停牌，绝大部分是大股东的质押融资股票，这实际是金融机构与股票市场之间联通的另外一条通道，在此市场上交易的资金规模比伞形信托和场外配资数量要大的多。2015 年股灾形成的直接原因就是股市与银行之间缺少监管防火墙，银行信贷资金大量涌入股市导致杠杆融资比例过高，在强制性去杠杆的作用下引起的。

为了更加清晰地度量金融杠杆（DFL）对股市泡沫（SB）的影响程度和影响方向，图 4.4.1（b）表示股市泡沫检验方程中估计系数均值及其在 95% 置信水平的上下限，阴影部分为对应图 4.4.1（a）中存在显著 Granger 因果影响关系的时期。可以看出，在 2014 年 10 月—2015 年 3 月股市大涨期间，金融杠杆对股市泡沫存在显著负效应，最低达到 −407.986，而在 2015 年 7—8 月股市大跌期间，金融杠杆对股市泡沫存在显著正效应，最高可达 760.570。我国股市资金来源除了通过机构投资者进入的信贷资金外，还有将近 1.4 亿的个人投资者，由于个人投资者的非理性和投机性较强，在追涨杀跌的羊群效应下，股市大涨时带着资金蜂拥而入，而在股市大跌时纷纷出逃。在股市大涨时，个人投资者的资金对股市泡沫的引导作用比金融杠杆更突出，换句话说就是由金融杠杆增加引起的股市泡沫在减小，股市泡沫的膨胀更多是由个人投资者投入的资金引起的，所以金融杠杆对股市泡沫在股市大涨时存在负向累积作用，而在股市大跌时相反，股市泡沫更多是由金融杠杆引起的，故存在较大正向累积作用。综上所述，金融杠杆是引起股市泡沫的 Granger 原因且这种 Granger 原因与经济事件密切相关，金融杠杆急剧变化会引起股市牛熊市反转。

（2）股市泡沫对金融杠杆的动态影响关系

图 4.4.2（a）、图 4.4.2（b）分别为股市泡沫对金融杠杆滚动宽窗 Granger 因果检验的 P 值和影响系数估计。

滚动宽窗 Granger 因果检验 P 值原假设为股市泡沫不是金融杠杆的 Granger 原因，而图 4.4.2（a）的阴影和黑线部分表示在 10% 的显著性水平上拒绝了原假设，表明在 2013 年 1—7 月，2013 年 9—10 月两个时间段内股市泡沫是金融杠杆的 Granger 原因。2013 年股市收益是 2008 年以来表

现最差的一年，全年累计下跌 6.75%，沪指在 6 月 24 日出现放量重挫大跌 5.30%，创 2009 年以来单日跌幅最大，6 月 25 日更是在盘中创下 1849 点新低。虽然在这两个时间段内从图 4.4.2（a）可以得出股市泡沫对金融杠杆存在显著的 Granger 原因，并且在这个时间段股市大跌的同时最初是交易所发生钱荒，隔夜回购利率在 6 月 6 日均值达到 23.8%，6 月 20 日辐射到银行，银行间隔夜回购利率均值升至 11.6%，最高时达到 30%，创造了历史新高。从这些数据的表像看，好像确实是股市泡沫对金融杠杆存在动态影响关系，但从图 4.4.2（b）检验影响系数可以看出系数均值接近 0，影响程度微弱，所以股市泡沫对金融杠杆的动态影响关系几乎不存在。

究其原因，是我国对金融业监管严格、垄断程度较高，股市泡沫风险在金融体系内部传染性有限。我国股市下跌可能会给金融机构带来坏帐，但产生的亏损额都在可接受的范围内。这次银行钱荒更多是监管部门"金融去杠杆化"和"结构性期限错配"引起的。"金融去杠杆化"是管理层为引导资金流向实体经济有意整顿金融杠杆膨胀太大和打击资金空转而采取的措施；结构性期限错配是指银行资金来源短期化，而资金运用却长期化的问题。我国金融机构的大部分信贷资金都投入中长期项目中（大部分投入房地产市场），短期运营资金主要靠金融机构的同业拆借来维持，长短资金比例结构失调较严重，短期资金市场利率一旦上涨，便出现资金紧张的局面。

综上所述，金融杠杆对股市泡沫存在很强的 Granger 原因，但股市泡沫对金融杠杆却几乎不存在 Granger 原因，它们之间的动态影响关系是单向的。

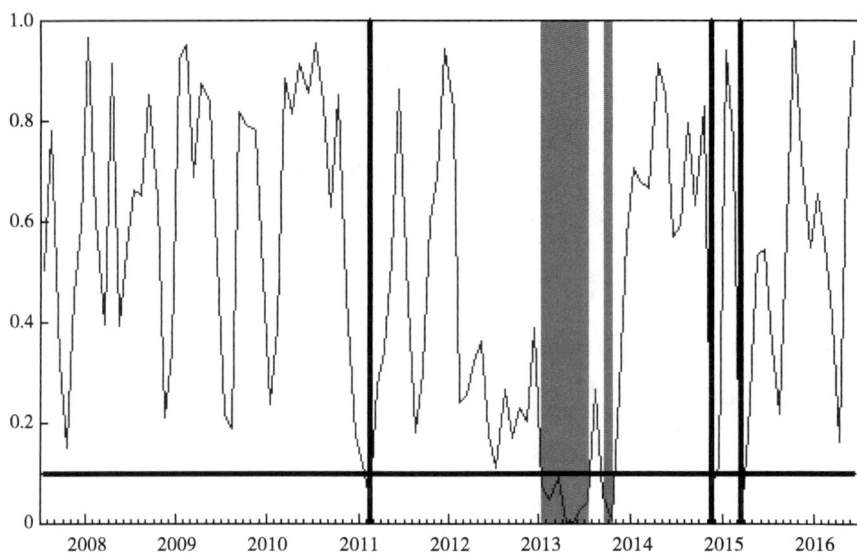

图 4.4.2（a） *SB* 对 *DFL* 滚动宽窗 Granger 检验的 *P* 值

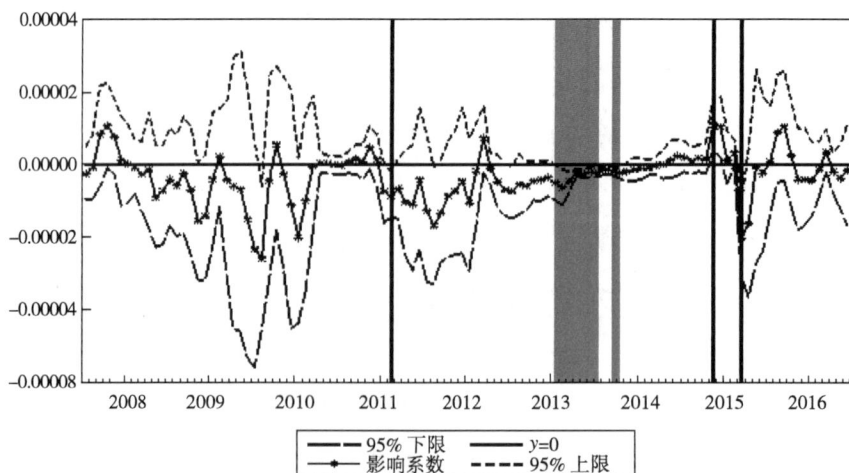

图 4.4.2（b） *SB* 对 *DFL* 滚动宽窗 Granger 检验的影响系数估计

4.4.3.2 金融杠杆（*DFL*）与房地产泡沫（*HB*）的动态影响关系分析

金融杠杆（*DFL*）与房地产泡沫（*HB*）之间互相存在动态影响关系，

即金融杠杆（*DFL*）与房地产泡沫（*HB*）、房地产泡沫（*HB*）与金融杠杆（*DFL*）之间都存在动态影响关系，下面一一进行分析。

（1）金融杠杆〔*DFL*〕对房地产泡沫〔*HB*〕的动态影响关系

图 4.4.3（a）、图 4.4.3（b）为金融杠杆对房地产泡沫滚动宽窗 Granger 因果检验的 *P* 值和影响系数估计。

滚动宽窗 Granger 因果检验 *P* 值原假设为金融杠杆不是房地产泡沫的 Granger 原因，而图 4.4.3（a）黑线部分和阴影区域部分表示在 10% 的显著性水平上拒绝了原假设，即在 2011 年 2—3 月，2012 年 11 月—2013 年 6 月两个时间段，金融杠杆是房地产泡沫的 Granger 原因，金融杠杆与房地产泡沫之间具有动态影响关系。在 2011 年 1—3 月，国家出台了一系列限制房地产的货币政策（表 4.4.4），同时 2010 年 1 月—2011 年 1 月被称为房地产史上最严调控年，受房地产调控影响，2011 年 3 月房地产市场形势表现为：多个城市 3 月成交量虽然低于去年同期水平，但房价仍然上涨，金融杠杆仍然稳中有升。

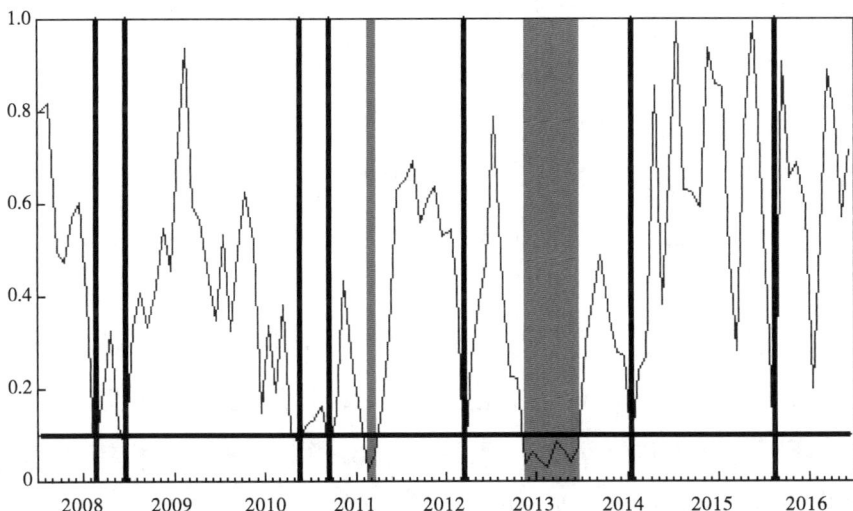

图 4.4.3（a）　*DFL* 对 *HB* 滚动宽窗 Granger 检验的 *P* 值

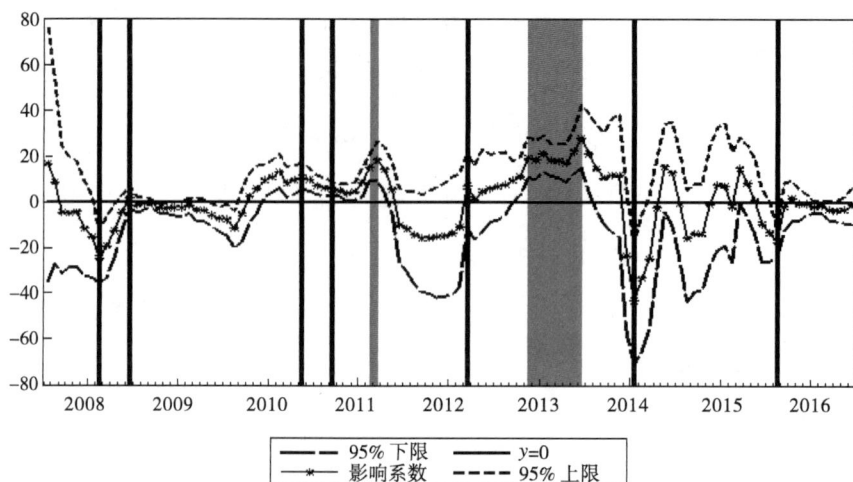

图 4.4.3（b）　*DFL* 对 *HB* 滚动宽窗 Granger 检验的影响系数估计

在 2012 年 11 月—2013 年 6 月这个时间段内，房地产市场在经历了 2010 年和 2011 年的严厉调控之后，到 2012 年下半年，随着国家调控的放松和市场环境好转，一、二线城市房价明显回升，城市住房价格 288 指数在 2012 年底已与本轮回调前的峰值大致持平，到 2013 年 6 月该指数已经连续上涨 12 个月并且明显超过前期最高点。一线城市到 2013 年 6 月成交量同比增加 29%，土地成交金额同比提升 181%，楼价提升 73%，二线城市市场也迅速回升，到 2013 年 6 月成交量同比增加 56%。土地成交量与楼价分别同比提升 37% 和 77%。由于通货膨胀压力的减轻和货币政策趋于扩张，金融杠杆也迅速增加，但 2013 年 6 月 GDP 增速较一季度下跌 0.2%，同时投资、消费、出口、居民收入等增速也出现不同程度的回落，2013 年股市收益表现也较差，这在前面已经论述。这些事实表明，金融杠杆膨胀流入实体经济的资金有限，股市泡沫破灭后，更多的资金涌入了房地产市场。股票和房地产作为我国最主要的两种金融资产，具有财富的替代效应和挤出效应，使得资金在两个市场间流动，房地产泡沫迅速吹大。

表 4.4.4　2011 年 1—3 月国家出台的限制房地产的货币政策

时间	政策	内容
2011.1.10	国十一条出台	控制房地产信贷与二套房首付不得低于 40%
2011.1.17	实施差别化房贷政策	—
2011.1.20	存款准备金率上调 0.5%	—
2011.1.26	新"国八条"	限购限价
2011.1.27	个人住房房产税改革	
2011.2.09	上调住房公积金贷款利率	5 年期以上上调 0.2%，5 年期以下上调 0.25%
2011.2.24	存款准备金率上调 0.5%	
2011.3.25	存款准备金率上调 0.5%	大型金融机构存款准备金率高达 20%

　　从图 4.4.3（b）检验影响系数可以看出，在 2011 年 2—3 月和 2012 年 11 月—2013 年 6 月，金融杠杆对房地产泡沫影响程度剧烈且存在显著的正效应，金融杠杆增大引起了房地产泡沫膨胀，当住房投机者利用金融市场过高杠杆、过低利率涌入房地产市场时，房价一定会推高，房地产泡沫就越大。

　　（2）房地产泡沫（HB）对金融杠杆（DFL）的动态影响关系

　　图 4.4.4（a）和图 4.4.4（b）为房地产泡沫对金融杠杆滚动宽窗 Granger 因果检验的 P 值和影响系数估计。

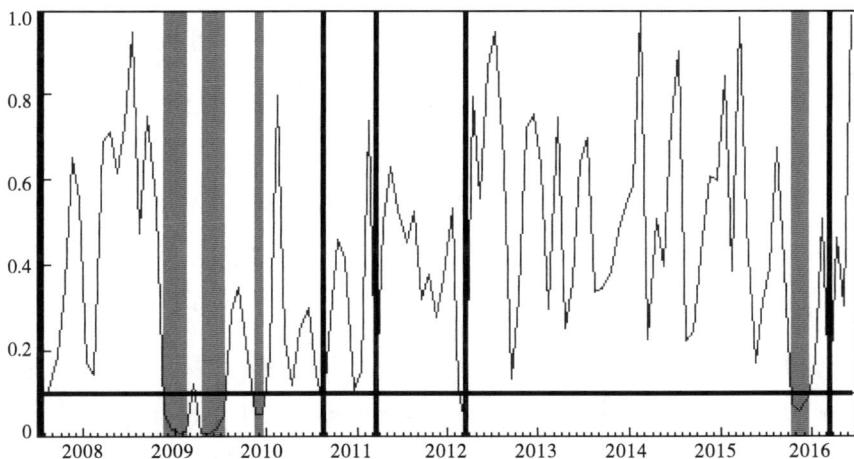

4.4.4（a）　HB 对 DFL 滚动宽窗 Granger 检验的 P 值

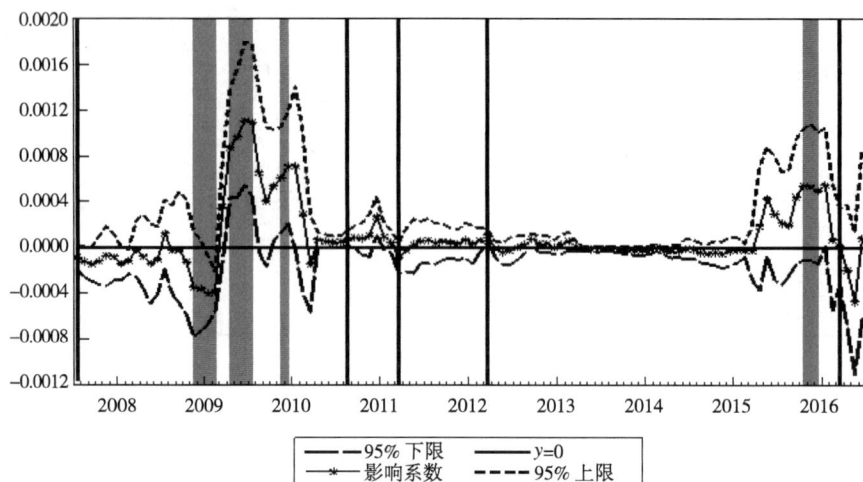

4.4.4（b） *HB* 对 *DFL* 滚动宽窗 Granger 检验的影响系数估计

滚动宽窗 Granger 因果检验 P 值原假设为房地产泡沫不是金融杠杆的 Granger 原因，而图 4.4.4（a）黑线部分和阴影区域部分表示在 10% 的显著性水平上拒绝了原假设，即在 2008 年 11 月—2009 年 2 月、2009 年 4—7 月、2009 年 11—12 月、2015 年 10—12 月四个时间段内表明房地产泡沫是金融杠杆波动的 Granger 原因，它们之间具有动态影响关系。

2008 年末—2009 年末，全国房地产市场经历了急转向上的 U 行情，全国商品房销售面积达到 93713 万平方米，比上年同期增长了 42.1%，房价创历史新高，"地王"频现。2015 年国家的房地产政策仍然坚持促消费、去库存的总基调，国家通过多次降准、降息、和减免税费等降低购房成本，地方政府也采取降首付、税费减免、取消限购、限外、限贷等多项政策刺激房地产市场，在这些政策的刺激下，新房成交量创历史新高且各城市均出现显著增长。与房地产一枝独秀相对应，房地产资本市场也是一片繁荣：众多内地房企赴港上市和全年 9.6 万亿新增贷款，截至 2015 年 12 月，人民币房地产贷款余额达到 21.01 万亿元，同比增长 21%，2015 年全年增加了 3.59 万亿元，同比增加 8434 亿元，增加量占到全年各项信贷增量的 30.6%。

从图 4.4.4（b）影响系数可以看出，在 2008 年 11 月—2009 年 2 月、2009 年 4—7 月，2009 年 11—12 月、2015 年 10—12 月四个时间段内，房地产泡沫对金融杠杆影响程度剧烈，除了在 2008 年 11 月—2009 年 2 月存在显著的负效应外其余三个时间段皆为显著正效应。究其原因，在 2008 年 11 月—2009 年 2 月，由于高速城镇化进程，我国房地产供应紧张，刚性需求较旺盛，所以金融杠杆增加，而房地产泡沫却在减小，后期随着 4 万亿经济刺激计划的启动和资金的投入，金融杠杆急剧增加引起房地产泡沫的迅速膨胀。

4.5　本章小结

从形式上说，金融杠杆就是一个乘数、倍数；从实质上看，金融杠杆是一个分式，分子是负债，分母是实体经济因素，因此，金融杠杆是联系金融与经济的一个重要变量。本章对金融杠杆的经济本质从五个方面进行了详细的分析，从宏观和微观角度度量了金融杠杆，揭示了宏观金融杠杆与微观金融杠杆背离的原因，为后续研究金融杠杆、资产价格泡沫与经济增长等提供了理论支撑；厘清了我国金融加杠杆的根源、实质、动力、渠道、特征与原因；为了揭示金融杠杆与资产价格泡沫之间的动态影响机制，首先通过构建数理模型分析了两者之间的内在影响逻辑关系，然后将滚动宽窗 Granger 因果检验模型与 Bootstrap 统计检验结合，从实证角度验证了两者之间的动态影响关系。

5 金融杠杆和资产价格泡沫的影响效应研究

信用经济具有天然加杠杆的动力，加杠杆的两个投向就是虚拟经济和实体经济。高杠杆与资产价格泡沫在本质上源于金融发展脱离了其服务的实体经济轨道，高杠杆和资产价格泡沫仅是表象，隐藏实质是虚拟经济与实体经济的失衡，但金融杠杆是一把双刃剑，其影响实体经济的机理是复杂的：经济增长动力源于金融杠杆的扩张，而经济稳定又需要控制金融杠杆（金融杠杆对资产价格泡沫的影响也是如此），这种"两难"困境显示了研究该问题的复杂性，同时也表明研究变量之间存在"非线性"关系。另外，2008年发生金融危机的一个重要根源是建立在资产证券化基础上的金融体系过度杠杆化，高杠杆会引致金融体系风险和实体经济波动增加。本章不但分析金融杠杆对银行风险承担的影响，也详细研究金融杠杆、资产价格泡沫与经济增长之间的关系。从第四章的表象分析上升到第五章的实质研究。

5.1 金融杠杆影响商业银行风险承担效应研究

5.1.1 理论分析

金融业本质上是一个高杠杆行业，而近年来，我国金融杠杆快速膨胀无异是雪上加霜，加大了我国金融系统的潜在风险。2008年金融危机之后，商业银行杠杆率与系统性金融风险之间的关系研究一直是国内外学者关注的热点。瓦伦西亚（Valencia，2014）运用动态银行模型（Dynamic Bank Model）研究指出，金融体系过度杠杆化将恶化正常风险承担激励，并且带来过度的风险承担和金融系统性风险。同时，长期宽松货币政策可以降低金融体系风险厌恶程度和风险承担意愿。阿德里安和申（Adrian & Shin，2008）指出，美国长期以来的低利率和宽松货币政策催生了资产价格泡沫和银行借贷标准的降低，是导致金融机构风险承担过度和引起2008年全球金融危机的重要原因。江曙霞和陈玉婵（2012）指出，一个"成功"控制通货膨胀与促进经济增长的货币政策可能不利于金融体系稳定，原因在于它鼓励了金融体系的过度风险承担。自从2017年以来，我国金融监管部门密集强调整顿金融杠杆、疏通货币政策传导机制，更好地服务实体经济。

传统的货币政策传导机制不涉及风险因素，因此经济主体的风险偏好变化对货币政策产生的影响常常被忽略。博里奥和朱（Borio & Zhu，2008）提出了货币政策传导的"银行风险承担渠道"（Bank Risk-taking Channel）理论，作为新的"货币政策传导渠道"，与传统通过货币或者信贷渠道不同，即货币政策调整通过对货币政策工具操作，首先影响到金融体系的风险承担态度或者风险容忍度，促使银行风险承担态度和风险容忍度发生变化，然后银行将主动调整自身的经营方针，扩张或者紧缩货币供给，从而实现货币政策的最终目标，这表明银行风险承担在货币政策传导过程中不再是外生因素。迪亚特（Disyatat，2011）指出，银行的风险识别和风险偏好的变化直接影响货币政策传导机制的有效性，银行就是通过风险承担和风险管理来获取利润的。

博里奥和朱（2008）进一步指出，货币政策在传导过程中通过估值机制、追逐收益机制、央行沟通机制和杠杆机制四个途径影响银行风险承担的态

度与行为。在银行风险承担渠道的四个途径中，对于前三个途径，许多学者已经做了大量研究，但对杠杆机制的研究较少，而高杠杆化是银行业务的重要特征，也是银行利润来源的基础。2008年的全球金融危机让人们意识到对资本充足率的单一控制无法真正控制住银行的冒险行为。在金融危机爆发前，欧美主要银行的杠杆率都较高，所以，不少经济学家认为银行的高杠杆率经营是风险的根源，开始对杠杆机制进行了关注。

银行风险承担的杠杆机制是指由于银行有固定的杠杆率目标，为了达到这个目标，当银行的利润或者资产组合投资受到损失时，银行将通过出卖资产（不是通过增加红利或者基资本金的方式）进行应对，从而加大了银行风险承担（Adrian & Shin，2008）。这表明，杠杆率是影响银行风险承担的重要因素。《巴塞尔协议Ⅲ》中引入了杠杆率作为资本充足率监管的补充指标，中国银监会也要求，到2016年年底银行杠杆率必须达到4%的标准，杠杆率监管的约束使得银行为追求高利润目标必然会扩大信贷风险。纵观国内外文献，关于杠杆机制与银行风险承担的研究大多以理论分析为主。科恩和桑托莫罗（Koehn & Santomero，1980）运用资产组合模型分析了银行可能会通过增加高风险信贷来规避监管当局对资本金的监管，意味着杠杆率监管可能将导致逆向选择，反而刺激银行冒更大的风险。基姆和桑托莫罗（Kim & Santomero，1988）发现杠杆率下降会减少银行的收益，银行为了提高收益就可能配置较高风险水平的资产。布鲁姆（Blum，2008）运用信息不对称理论指出，杠杆率监管目标就是减少银行通过增加净资产和降低资产估值途径抵销由于隐瞒银行真实风险出现产生的资本节约，从而增加银行的风险承担水平。希尔德布兰德（Hildebrand，2008）指出，由于高杠杆乘数和风险的过度承担，资本充足率高的一些银行出现了低杠杆率的情况，而这些低杠杆的金融机构在金融危机中更有能力用自有资金吸收风险损失。基马和约基沃勒（Kiema & Jokivuolle，2010）研究认为杠杆率约束与内部评级法的组合应用将导致银行减少对低风险客户的贷款，增加对高风险客户的贷款。这表明在杠杆机制下，银行存在主动增加承担风险的动机。国内学者中，如刘信群和刘江涛（2013）等也认为，对杠杆率实施强制性的标准要求，银行资产配置效率降低后倾向于选择风险水平更高的资产，将导致逆向选择。袁鲲和饶素凡（2014）指出，我国商业银行杠杆率和风险承担水平之间存在显著的负相关关系。

相对理论分析，国内外关于杠杆率与银行风险承担的实证研究可能由于受到数据可得性的限制，成果较少。弗伦克尔和鲁道夫（Frenkel & Rudolf，2010）对德国商业银行的一些数据分析指出，对杠杆率限制将导致银行信贷供给的降低，并且有可能加大银行系统性风险水平。贝克与沃尔格勒（Baker & Wurgler，2013）分析了美国1971—2011年3952个金融机构的数据指出，杠杆率指标的监管增加了股权风险和成本。国内学者陈梦雯等（2011）通过建立银行风险理论模型研究认为，对银行杠杆率的限制，是对银行优质资产的逆向淘汰，增加了银行的信贷风险。对杠杆率限制将引起银行的逆向选择，增加其更多持有高风险资产，加大了银行的风险承担水平，上述这些杠杆机制的分析显示出了银行风险承担渠道的作用机理（De Nicol et al.，2010）。

相比资本充足率指标，杠杆率计算简单且关注银行的规模效应，但同时杠杆率对所有资产不考虑风险差异，风险权重对所有资产一样，并且在杠杆率计算中涉及表外业务和金融衍生品业务，使得杠杆率计算更为复杂，其对风险的约束程度将有待进一步的验证；同时，上文中提到的文献仅仅论述了杠杆率与银行风险承担之间的关系，货币政策对银行风险承担的影响能否通过杠杆率发生作用，也就是货币政策传导的风险承担渠道的杠杆机制是否存在，现有文献对其有少量的理论研究或者仅仅将杠杆率作为简单的控制变量进行实证研究，对杠杆率在货币政策传导的银行风险承担渠

道中发挥的重要作用没有得到足够重视。本书不仅研究了货币政策和杠杆率两者的交互效应对银行风险承担的影响，对货币政策传导的银行风险承担渠道的杠杆机制的存在性和有效性进行了验证，同时运用面板门限模型进一步检验了货币政策对银行风险承担的影响存在以杠杆率为门限的非线性关系。

5.1.2 研究假设与变量的定义

5.1.2.1 研究假设

分两个阶段进行分析：在第一阶段，首先提出杠杆率、货币政策是否对银行风险承担存在显著影响的假设，其次加入货币政策与杠杆率的交互项，提出货币政策传导的银行风险承担渠道的杠杆机制有效性的假设；在第二阶段，运用门限效应进一步分析不同杠杆率水平下货币政策对银行风险承担的影响。银行杠杆越大，负债越多，风险相对增加，风险承担水平增大，所以特提出以下假设：

假设 1：杠杆率与银行风险承担之间有着显著的反向影响关系，货币政策与银行风险承担之间也存在显著的负相关关系。

货币政策是我国政府和中央银行调节宏观经济运行的重要手段，同时它的波动对微观企业的投资和融资战略都会产生明显的影响，宏观货币政策能否产生预期的效果，很大程度上决定于货币政策传导渠道是否通畅。货币政策能否通过杠杆机制影响银行的风险承担，可以通过构建杠杆率与货币政策的交互项研究对银行风险承担的影响。布鲁诺与申（Bruno & Shin，2015）指出，扩张性货币政策能够导致银行跨境资本流动增加，引起银行杠杆增加，加大银行的风险承担。当央行的货币政策发生变化时，银行的投融资环境也将发生变化，银行必然会调整自身的资产负债水平，银行的杠杆水平将发生变化，风险承担也发生变化，特提出以下假设：

假设 2：货币政策可以通过杠杆率影响银行的风险承担，即货币政策和杠杆率的交互项与银行风险承担之间存在显著的相关关系，货币政策传导的银行风险承担渠道的杠杆机制是有效的。

目前，国内外学者对货币政策传导的银行风险承担渠道的研究主要运用线性模型，取得了一些有价值的成果。但在现实中，经济发展规律可能并不是简单的线性关系，它们之间可能是非线性的，由于存在结构变化使得其函数表达式依赖于某个变量（门限变量）而发生改变，为了考察回归系数是否稳定，这就要求在回归分析中，把整个样本依照门限变量分解成若干子样本分别进行回归，考查系数方向是否大致相同。

在本书中，如果能够验证假设 2 提出的货币政策与杠杆率交互项对银行风险承担影响有显著性，也就是说货币政策与银行风险承担之间存在着非线性关系，但是单纯地在模型中引入交互项容易出现共线性问题，并且无法解释经济变量的内部结构突变，运用门限效应模型可以解决该问题并且进一步验证货币政策传导的银行风险承担渠道的杠杆机制有效性，所以特提出以下假设：

假设 3：货币政策与银行风险承担之间存在银行杠杆率门限效应，使得在不同杠杆率水平下，货币政策与银行风险承担之间的关系有所改变。

5.1.2.2 变量选取

（1）被解释变量：银行风险承担变量（Z 值）

现有文献对银行风险承担有多种计量方法，常见度量指标有贷款违约率、银行预期违约率、不良贷款率和风险资产占比等指标（Laeven & Levine, 2009; Delis & Kouretas, 2011）。近年来，Z 值（Z-score）由于综合了银行经营稳定性、盈利能力和财务杠杆等因素，是对银行风险承担的全面衡量而受到了人们重视（Michalak, 2012; 张强等, 2013），Z 值与银

行风险承担成正比，Z 值越大，银行风险承担越大，计算公式如下：

$$Z_{i,t} = \frac{\sigma_i(ROA_{i,t})}{ROA_{i,t} + E_{i,t}/A_{i,t}} \qquad (5.1.1)$$

其中，ROA 为总资产收益率；E/A 为权益资产率；$\sigma(ROA)$ 总资产收益率标准差 ❶。

（2）核心解释变量：货币政策（Monetary Policy，MP）

货币政策代理变量的选取要综合一个国家货币政策调控的特征，与国外研究较多使用短期利率等价格型工具作为货币政策的代理变量不同，我国央行在货币政策实施时更多依赖数量型工具和非市场化手段（徐明东，陈学彬，2012a），因此，选取法定存款准备金率（$LDRR$）这个数量型指标，7 天银行间同业拆借利率（IR）这个市场化程度较高的指标以及 1 年期存款利率（$DBIR$）和贷款利率（$LBIR$）这两个直接由央行控制的基准利率作为解释变量。选取不同货币政策的代理变量，为的是检验模型的一致性，保证结果的稳健性。

（3）控制变量

①资本充足率（Capital Adequacy Ratio，CAR）。资本充足率表示银行资产与其风险的比率，反映的是银行在债权人资产受到损失后能用自有资本承担损失的程度。各个国家对银行资本充足率进行管制就是为了加强银行抵御风险的能力。银行为了达到资本充足率监管要求，必然选择审慎经营，不断增大其银行权益资本。资本充足率计算公式如下：

$$CAR = \frac{资本净额}{加权风险资产总额} \times 100\% = \frac{核心资本 + 附属资本 - 扣减项}{加权风险资产总额} \times 100\% \quad (5.1.2)$$

②杠杆率（leverage ratio，LR）。关于杠杆率的计算，采用从微观角

---

❶ 这里的计算参考了 Laeven 和 Levine（2009）提出的滚动计算法。

度上的资产权益比法，我国的《商业银行杠杆率管理办法》中有对其具体的规定：指商业银行持有的、符合相关规定的一级资本净额与调整后的资产负债表内外资产余额的比率。计算公式如下：**❶**

$$杠杆率 = \frac{一级资本净额}{调整后的表内外资产余额} \times 100\%$$

$$= \frac{一级资本 - 一级资本扣减项}{表内资产余额 - 资产减值准备 + 表外项目余额} \times 100\% \quad (5.1.3)$$

③其他控制变量。为了约束银行自身因素及其他宏观变量可能对被解释变量造成的影响，选取不良贷款率（*NPLR*）、资产规模（*LNASSET*）**❷**、净息差（*NIM*）、国内生产总值增长率（GDP）、固定资产投资增长率（*FAR*）和上证指数增长率（*SIR*）等变量作为控制变量。

5.1.2.3　变量特征描述

研究变量的描述性统计如表 5.1.1 所示，杠杆率最小值和最大值分别为 2.49% 和 7.48%，这两个极值之间的差距反映了不同金融机构杠杆率管理的差异，说明不同金融机构之间杠杆率具有异质性，杠杆率的平均值为 4.86259%，这个数据略高于我国提出的 4% 的杠杆率监管标准，由于我国金融机构长期以来主要经营传统的存贷款业务，表外业务、金融衍生品等创新型的业务涉及较少，所以杠杆率水平较高。资本充足率的平均值为 12.1433%，高于 8% 监管要求，从短期看，我国金融机构的资本相对充足，但就长期来说，仍存在资本补充的压力。

---

❶ 调整后表内资产余额的计算：一是汇率、利率及其他衍生产品按照现期风险暴露法计算。表内资产计算金融衍生品按照当下风险暴露模式进行，二是不考虑抵押品、保证和信用衍生工具等并且表外项目对无条件撤销的衍生品业务按照 10% 的信用转化系数计算，剩下业务按照 100% 信用转换系数核算。

❷ 资产规模是对原数据取对数后的值进行计算。

表 5.1.1　研究变量的描述性统计

变量类型	变量	指标	均值	标准差	最小值	最大值
被解释变量	Z 值	Z	0.01134	0.01122	0	0.0808
解释变量	法定存款准备金率	$LDRR$	18.33981	1.75195	14.9827	20.4306
	同业拆借利率（7 天）	IR	0.01124	1.10845	−1.7286	1.8364
	贷款基准利率（1 年）	$LBIR$	5.70143	0.47328	4.85	6.31
	存款基准利率（1 年）	$DBIR$	2.71571	0.42880	2	3.25
控制变量	杠杆率	LR	4.86259	0.92730	2.49	7.48
	资本充足率	CAR	12.1433	1.47244	8.88	16.2
	不良贷款率	$NPLR$	1.02357	0.40037	0.38	2.91
	资产规模	$LNASSET$	28.69176	1.21243	25.731	30.7316
	净息差	NIM	2.53884	0.26855	1.95	3.48
	国内生产总值增长率	GDP	8.34479	1.22257	6.8776	10.447
	固定资产投资增长率	FAR	20.27237	6.07151	9.8	29.9548
	上证指数同比涨增率	SIR	14.67119	35.01276	−21.6759	79.9835

5.1.2.4　数据来源说明

选取 2009—2015 年 16 家上市银行 ❶ 的数据作为研究样本，全部数据来源于同花顺数据库、Wind 数据库，16 家上市银行的年报和中国人民银行网站。

5.1.3　动态面板模型和门限检验方法

结合前文提出的研究假设，根据研究目的，仍然从两个阶段来进行模型构建。

---

❶　16 家上市银行分别为中国工商银行、中国农业银行、中国银行、中国建设银行、北京银行、南京银行、宁波银行、上海银行、华夏银行、交通银行、平安银行、兴业银行、招商银行、中国广大银行、中国民生银行、中信银行。

第一阶段：分两步进行分析，首先构建杠杆率对银行风险承担影响的模型，在这个模型中，货币政策和银行杠杆率都只作为一个单独的控制变量；其次构建货币政策传导的银行风险承担渠道的杠杆机制模型，即通过货币政策与杠杆率交互项的共同效应来分析对银行风险承担的影响。在第一阶段分两步的主要目的是对这两个模型进行比较分析，检验货币政策传导的银行风险承担渠道的杠杆机制的有效性。

（1）杠杆率对银行风险承担影响的模型构建

参考徐明东（2012a）的研究，建立如下动态面板基本模型，

$$Z_{i,t} = \alpha_0 Z_{i,t-1} + \alpha_1 MP_t + \alpha_2 CAR_{i,t} + \alpha_3 LNASSET_{i,t} + \alpha_4 NIM_{i,t} + \alpha_5 NPLR_{i,t} +$$

$$\alpha_6 GDP_{i,t} + \alpha_7 FAR_{i,t} + \alpha_8 SIR_{i,t} + \alpha_9 LR_{i,t} + v_i + \mu_{i,t} \qquad （5.1.4）$$

其中，$i=1,2\cdots16$ 表示上市银行个数；t 表示时间；本模型主要分析杠杆率和货币政策作为单独控制变量对银行风险承担的影响，如果参数 α_9、α_1 显著且不为零，表明杠杆率和货币政策可以对银行风险承担产生影响。

（2）构建货币政策传导的银行风险承担渠道的杠杆机制模型，即通过货币政策与杠杆率交互项❶的共同效应来分析对银行风险承担的影响

在本模型中引入了交互项，交互项表示的是被解释变量对某一个解释变量的偏效应，自然取决于另一个解释变量的大小。在包含交互项的模型中，对原变量的解释必须谨慎，必须把有意义的原变量带入模型中，为了让原变量有意义，通常的做法就是去中心化。去中心化就是在构造交互项前，从变量中减去其均值，这样，原始变量的系数便具有了有意义的解释。同时交互项表示的是单独指标的博弈，其本身代表的是内部的一种传导机制，而交互项的传导机制是否存在取决于其系数是否显著。构建货币政策与杠杆率的交互项，用来衡量货币政策对银行风险承担的影响是否与杠杆

---

❶ 本书中所有的交互项都进行了去中心化处理。

率有关，验证货币政策传导的银行风险承担渠道的杠杆机制的有效性。模型构建如下：

$$Z_{i,t}=\beta_0 Z_{i,t-1}+\beta_1 MP_t+\beta_2 CAR_{i,t}+\beta_3 LNASSET_{i,t}+\beta_4 NIM_{i,t}++\beta_5 NPLR_{i,t}+$$

$$\beta_6 GDP_{i,t}+\beta_7 FAR_{i,t}+\beta_8 SIR_{i,t}+\beta_9 MP_t\times LR_{i,t}+\nu_i+\mu_{i,t} \quad （5.1.5）$$

其中，$i=1,2,\cdots,16$ 表示上市银行个数；t 表示时间；本模型主要分析货币政策与杠杆率交互项对银行风险承担的影响，如果参数 β_9 显著且不为零，表明货币政策传导的银行风险承担渠道的杠杆机制是有效的。

第二阶段：不同杠杆率水平下货币政策对银行风险承担的影响——基于面板门限方法的进一步检验。对于面板数据 $\{y_{i,t}, x_{i,t}, q_{i,t}: 1\leq i\leq n, 1\leq t\leq t\}$，其中 i 表示个体，t 表示时间，Hansen（1999）门限回归模型如下，

$$\begin{cases} y_{i,t}=\mu_i+\beta_1' x_{i,t}+\delta_{i,t}, & 若\ q_{i,t}\leq\gamma \\ y_{i,t}=\mu_i+\beta_2' x_{i,t}+\delta_{i,t}, & 若\ q_{i,t}>\gamma \end{cases} \quad （5.1.6）$$

其中，β_1'、β_2' 为回归系数，$x_{i,t}$ 是由解释变量构成的向量，$q_{i,t}$ 为门限变量（可以是解释变量 $x_{i,t}$ 的一部分），γ 为待估计的门限值，扰动项 $\delta_{i,t}$ 为独立同分布。使用示性函数 $I(\cdot)$，当 $q_{i,t}\leq\gamma$ 时取值为 1，反之取值为 0，可以将该模型简化为

$$y_{i,t}=\mu_i+\beta_1' x_{i,t}\cdot I(q_{i,t}\leq\gamma)+\beta_2' x_{i,t}\cdot I(q_{i,t}>\gamma)+\delta_{i,t} （5.1.7）$$

定义 $\beta\equiv\begin{bmatrix}\beta_1\\\beta_2\end{bmatrix}$，$x_{i,t}(\gamma)\equiv\begin{bmatrix}x_{i,t}\cdot I(q_{i,t}\leq\gamma)\\x_{i,t}\cdot I(q_{i,t}>\gamma)\end{bmatrix}$，式（5.1.7）可以进一步简化为，

$$y_{i,t}=\mu_i+\beta' x_{i,t}(\gamma)+\delta_{i,t} \quad （5.1.8）$$

运用两步法进行估计：首先对于给定的门限值 γ，对式（5.1.8）进行参数估计得到估计系数 $\hat{\beta}(\gamma)$ 和残差平方和 $SSR(\gamma)$；其次，Chan（1993）指出回归中如果给定的 γ 越靠近真实的门限水平，回归模型的 $SSR(\gamma)$ 应

该越小，选择使得 $SSR(\gamma)$ 最小的 $\hat{\gamma}$，得到估计系数。下面对门限效应进行检验，

$$原假设：\quad H_0 : \beta_1 = \beta_2$$

$$备择假设：\quad H_0 : \beta_1 \neq \beta_2$$

Hansen（1999）提出使用似然比检验（LR）统计量：

$$LR \equiv [SSR^* - SSR(\hat{\gamma})]/\hat{\sigma}^2 \qquad (5.1.9)$$

其中 $\hat{\sigma}^2 \equiv \dfrac{SSR(\hat{\gamma})}{n(T-1)}$，为对扰动项方差的一致估计。

如果原假设：$H_0 : \beta_1 = \beta_2$ 成立，则不存在门限效应，参数 γ 也就无法识别，因此，检验统计量 LR 的渐进分布不是标准的 χ^2 分布，只能依赖于样本矩，故其临界值也无法列表，汉森（Hansen，1996）提出以统计量本身的大样本分段函数进行转换，得到 P 值，能够容易地证明 P 值在大样本下渐近服从均匀分布，可以用自抽样法（bootstrap）获得其临界值；如果拒绝原假设：$H_0 : \beta_1 = \beta_2$，则存在门限效应，进一步验证 $H_0 : \gamma = \gamma_0$，这时似然比检验（LR）统计量为：

$$LR(\gamma) \equiv [SSR(\gamma) - SSR(\hat{\gamma})]/\hat{\sigma}^2 \qquad (5.1.10)$$

$LR(\gamma)$ 渐近分布由于存在干扰参数仍是非标准的，但通过其累计分布函数 $(1-e^{-x/2})^2$，Hansen（2000）计算出了其置信区间，即在 α 显著性水平下，当 $LR(\gamma) \leq -2\ln\left(1-\sqrt{1-\alpha}\right)$，则无法拒绝原假设。

类似地，对存在多个门限值的面板数据回归模型，仍然可以使用上面的两步法进行估计。

基于以上理论基础，用银行杠杆率（LR）作为门限变量，构建货币政策（MP）与银行风险承担（Z 值）的双重门限回归模型，模型构建如下：

$$Z_{i,t} = \varphi_1 CAR_{i,t} + \varphi_2 LNASSET_{i,t} + \varphi_3 NIM_{i,t} + \varphi_4 NPLR + \varphi_5 GDP_{i,t} + \varphi_6 FAR_{i,t} +$$
$$\varphi_7 SIR_{i,t} + \varphi_8 MP_t I(LR_{i,t} \leq \lambda_1) + \varphi_9 MP_t I(\lambda_1 \leq LR_{i,t} \leq \lambda_2) +$$
$$\varphi_{10} MP_t I(LR_{i,t} \geq \lambda_2) + \nu_i + \mu_{i,t} \qquad (5.1.11)$$

5.1.4 实证结果及其分析

由于回归模型中含有被解释变量的滞后项，存在内生性问题和残差的异方差，假如采用面板数据的固定效应和随机效应模型估计，那么参数估计结果可能是有偏的和非一致。阿雷亚诺和邦德（Arellano & Bond，1991）提出的 DGMM（差分广义矩估计）模型估计可以避免上述问题，其对要检验的模型进行一阶差分消除固定效应影响，选取滞后解释变量作为差分模型中相应变量的工具变量，从而得到一致性估计。

5.1.4.1 第一阶段的检验

（1）检验杠杆率对银行风险承担的影响

表 5.1.2 为式（5.1.4）的估计结果，从四个方程的实证结果可以看出：杠杆率（LR）对银行风险承担（Z 值）在 1% 的水平上系数显著为负，表示杠杆率越大，通过高风险投机交易取得利润的意愿就低，风险承担更加趋于谨慎，杠杆率与银行风险承担存在明显的反向相关关系，这与原假设一致。货币政策（MP）与银行风险承担（Z 值）在 10% 的水平上显著，表明货币政策对银行风险承担（Z 值）的影响极其微弱，这个结论与原假设不符。综上所述，杠杆率和货币政策作为单独控制变量，尽管杠杆率对银行风险承担的影响是显著的，但货币政策对银行风险承担的影响微弱。

表 5.1.2　杠杆率对银行风险承担影响的检验结果

因变量：Z 值	LDRR	IR	LBIR	DBIR
Z_{t-1}	0.47138** （2.19）	0.32128*** （4.08）	0.43558** （2.07）	0.44900** （2.12）
MP	0.00194* （1.86）	0.00169 （1.30）	0.01319* （1.80）	0.01198* （1.83）
LR	−0.00819*** （−4.97）	−0.00896*** （−5.04）	−0.00798*** （−5.07）	−0.00806** * （−5.03）
CAR	0.00036 （0.37）	0.00071 （0.63）	0.00013 （0.14）	0.00022 （0.23）

因变量：Z 值	*LDRR*	*IR*	*LBIR*	*DBIR*
LNASSET	−0.03210***	−0.03305***	−0.03199***	−0.03204***
	（−3.84）	（−3.57）	（−3.86）	（−3.86）
NIM	0.00312	0.00453*	0.00277	0.00290
	（1.26）	（1.78）	（1.13）	（1.18）
NPLR	0.00618	0.00177	0.00529	0.00562
	（0.91）	（0.44）	（0.80）	（0.84）
GDP	0.00054	−0.00036	0.00375	0.00302
	（0.36）	（−0.25）	（1.42）	（1.32
FAR	−0.00261***	−0.00246***	−0.00400***	−0.00361***
	（−3.22）	（−4.97）	（−2.88）	（−3.02）
SIR	−0.00004*	9.51e−06	−0.00001	−0.00003*
	（−1.90）	（0.89）	（−1.54）	（−1.89）
常数项 _CONS	0.96580***	1.03268***	0.92591***	0.96760***
	（3.65）	（3.48）	（3.56）	（3.68）
AR（2）（P 值）	0.3355	0.2583	0.3386	0.3375
Sargan（P 值）	0.8607	0.8169	0.8414	0.8491

注：***、**、* 分别表示在 0.01、0.05 以及 0.1 的水平下显著，括号内为 Z 值。

（2）验证货币政策传导的银行风险承担渠道的杠杆机制有效性

表 5.1.3 为式（5.1.5）的估计结果，在这个模型中，重点研究货币政策（*MP*）与杠杆率（*LR*）的交互项 *MP×LR* 对银行风险承担（Z 值）影响的关系。实证结果显示：

第一，货币政策（*MP*）与杠杆率（*LR*）的交互项 *MP×LR* 对银行风险承担（Z 值）的影响系数在 1% 的水平上显著，表明以下三点：货币政策和杠杆率的交互项对银行风险承担存在显著的影响作用，说明货币政策传导的银行风险承担杠杆机制是有效的，货币政策可以通过调整杠杆率的大小显著影响银行风险承担程度，杠杆率是货币政策对风险承担产生显著影响的重要因素，这个结论也解释了表 5.1.2 中货币政策作为单独控制变量与银行风险承担之间的影响极其微弱的原因；在杠杆率的不同取值范围或不同取值情况下，货币政策对银行风险承担影响的边际量将不同，这个将在第二阶段的门限效应中进一步得到验证；从经济理论和经济现象上来

说，杠杆率与货币政策两者之间本身就存在着相互影响。

第二，货币政策（MP）与杠杆率（LR）的交互项 MP×LR 对银行风险承担（Z 值）系数在 1% 的水平上显著且为负。说明货币政策（MP）与杠杆率（LR）的交互项 MP×LR 增加将导致银行风险承担边际的减小，银行风险承担的增加将导致货币政策（MP）与杠杆率（LR）的交互项 MP×LR 边际的减小，二者的作用是相互抵消的。这进一步说明货币政策传导的银行风险承担的杠杆机制是有效的，并且杠杆机制能够抑制银行风险。

第三，从单个变量来看，表 5.1.2 与表 5.1.3 相比，表 5.1.3 杠杆率（LR）的绝对值变小了，货币政策（MP）从表 5.1.2 的微弱显著（在 10% 的水平上显著）变得明显显著了（在 1% 的水平上显著），并且货币政策（MP）系数的符号也发生了变化，从正号变成了负号。这些都是由于货币政策（MP）与杠杆率（LR）这个交互项 MP×LR 的存在引起的，这进一步说明了货币政策传导的银行风险承担的杠杆机制是有效的。

表 5.1.3　货币政策传导的银行风险承担渠道的杠杆机制有效性的检验结果

因变量：Z 值	LDRR	IR	LBIR	DBIR
Z_{t-1}	0.31668*** （4.68）	0.34778*** （3.70）	0.29501*** （4.41）	0.30060*** （4.49）
MP	−0.01089*** （−2.61）	−0.00612 （−0.97）	−0.02207 （−1.40）	−0.02683* （−1.72）
LR	−0.00609*** （−4.86）	−0.00774*** （−4.18）	−0.00605*** （−4.28）	−0.00606*** （−4.44）
MP X LR	−0.00162*** （−3.32）	−0.00099 （−1.34）	−0.00397*** （−2.71）	−0.00455*** （−2.93）
CAR	−0.00012 （−0.10）	0.00011 （0.09）	−0.00028 （−0.24）	−0.00024 （−0.20）
LNASSET	−0.02623** （−2.58）	−0.02683** （−2.52）	−0.02676*** （−2.61）	−0.02667** （−2.57）
NIM	0.00965** （2.23）	0.00922** （2.04）	0.00915** （2.10）	0.00938** （2.16）
NPLR	0.00453 （1.47）	0.00481 （1.19）	0.00385 （1.25）	0.00401 （1.31）
GDP	0.00106 （1.25）	−0.00030 （−0.23）	0.00248 （1.12）	0.00222 （1.28）

因变量: Z 值	LDRR	IR	LBIR	DBIR
FAR	-0.00176^{**}	-0.00192^{***}	-0.00242^{*}	-0.00224^{*}
	(-2.52)	(-3.32)	(-1.69)	(-1.87)
SIR	4.56e-06	-6.27e-06	1.79e-06	-3.76e-06
	(0.20)	(-0.45)	(0.13)	(-0.17)
常数项 _CONS	0.71821^{**}	0.73803^{**}	0.73791^{**}	0.73263^{**}
	(2.27)	(2.23)	(2.30)	(2.26)
AR（2）（P 值）	0.3046	0.2631	0.3354	0.3334
Sargan（P 值）	0.9755	0.9171	0.9672	0.9710

注：***、**、* 分别表示在 0.01、0.05 以及 0.1 的水平下显著，括号内为 Z 值。

另外，从表 5.1.3 得出，单个变量货币政策（MP）与银行风险承担（Z值）有显著的负相关关系，即当货币政策越宽松，银行风险承担就越大，货币政策越紧缩，银行风险承担就越小，原因主要是：一方面货币政策的收入和估值效应传导机制改变了银行风险承担意愿，宽松货币政策可以推动实物资产和抵押物价格的上涨，对贷出资金的风险评估和测度就会降低，这样就会降低银行对贷款违约风险及其贷款损失准备的估计，银行的风险偏好及其对风险的容忍度也就发生改变，从而增加了银行风险承担；另一方面货币政策的央行沟通机制改变了银行风险承担意愿，如果央行长期实行宽松货币政策，银行预测央行在危急时会出手相救的话，银行风险承担增加，这在国有银行中比较突出。

从表 5.1.3 看出，资产规模（LNASSET）对银行风险承担的系数全部显著为负，表明资产规模越大，银行风险承担越低。德利斯和库雷塔斯（Delis & Kouretas，2011）指出，对资产规模与银行风险承担之间的关系解释需要谨慎，这是因为规模不同的银行，由于其客户类型、经营战略、信贷管制和风险偏好等方面都可能存在显著的不同。实证结果得出的资产规模（LNASSET）对银行风险承担的系数全部显著为负，原因一可能是我国大型银行受到的金融监管更严厉，同时我国国有银行的高级主管大多是

政府任命的，带有很浓的行政色彩，其承担风险的意愿也就越低；原因二由于我国大型银行尤其是国有银行更多处于竞争优势，资本的补给通过传统盈利渠道就可满足，所以利用高风险投机交易获取利润的动机较小，风险承担更加趋于谨慎；而资产规模越小，资本充足率越低的银行，由于资本监管要求的约束，可能更愿意为获得较高的收益率而采取风险投机，银行风险承担越大。这与布赫（Buch，2011）等国内外许多研究结论一致。

宏观控制变量固定资产投资同比增长率（*FAR*）和上证指数增长率（*SIR*）与银行风险承担也有着较为显著的负向关系，表明银行的信贷发放具有逆周期性。在经济繁荣时期，资本市场的繁荣使得银行更容易获得资金融通，银行的经营业绩较好，资本压力较小，这些都导致银行对信贷的发放持更谨慎的态度，银行的不良贷款率较低。而在经济萧条时期，银行为了达到目标利润，减轻资本压力，在"追逐收益机制"的作用下，会涉足一些高风险业务，原本不能获得银行贷款的市场主体也在此机制下取得贷款，加大了银行自身的风险承担（Rajan，2006）。同时，2008 年金融危机之后，中国实施宏观审慎监管策略，固定资产投资越是过度需求，银行风险承担就越谨慎。

另外，从表 5.1.2 和表 5.1.3 可以看出：在第一个阶段的检验中，值为银行风险承担的代理变量，对其运用不同的货币政策解释变量：法定存款准备金率（*LDRR*）、7 天银行同业拆借利率（*IR*）、1 年期的贷款基准利率（*LBIR*）和存款基准利率（*DBIR*）进行估计，四个方程除个别变量外，绝大多数研究变量前的回归系数显著且符号一致，同时进行了自相关检验和过度识别检验，发现结果均不能拒绝原假设。以上这些表明构建的模型是稳健的，工具变量的选取是有效的；另外，风险承担变量（值）一阶滞后的系数显著为正，说明风险承担具有黏性，即当期的银行风险承担受到前一期银行风险承担的影响，证明选用动态面板模型是合理的。

5.1.4.2　第二阶段的检验：门限效应

在对门限值进行估计（见表 5.1.4）之后，对所估计门限值的真实性进行检验，检验结果如图 5.1.1（a）和图 5.1.1（b）所示。

表 5.1.4　门限值及其检验结果

变量的门限数		门限值与置信区间		门限效果自抽样检验					
		门限值	95% 置信区间	F 值	P 值	BS 数	1%	5%	10%
LDRR	单一门限	5.280	［4.280　5.310］	3.847	0.137	1000	12.066	6.848	4.897
	双重门限	4.530	［4.280　7.280］	6.477***	0.008	1000	5.943	2.750	1.484
		6.010	［5.020　7.280］						
	三重门限	5.035	［5.020　5.050］	0.000	0.122	1 000	0.000	0.000	0.000
LBIR	单一门限	5.280	［4.280　5.310］	4.221	0.144	1 000	12.663	7.376	5.332
	双重门限	4.530	［4.280　7.280］	6.846***	0.007	1 000	6.319	2.618	1.011
		6.010	［5.020　7.280］						
	三重门限	5.035	［5.020　5.050］	0.000	0.150	1 000	0.000	0.000	0.000
DRIR	单一门限	5.280	［4.280　5.310］	4.857	0.119	1 000	12.889	7.679	5.313
	双重门限	4.530	［4.280　7.280］	5.942***	0.007	1 000	5.399	1.657	0.466
		6.010	［5.020　7.280］						
	三重门限	5.035	［5.020　5.050］	0.000	0.105	1 000	0.000	0.000	0.000

注：BS（bootstrap）指自抽样次数，次数越多，结果准确性越高；*、**、*** 分别表示在 0.01、0.05、0.1 水平下显著。

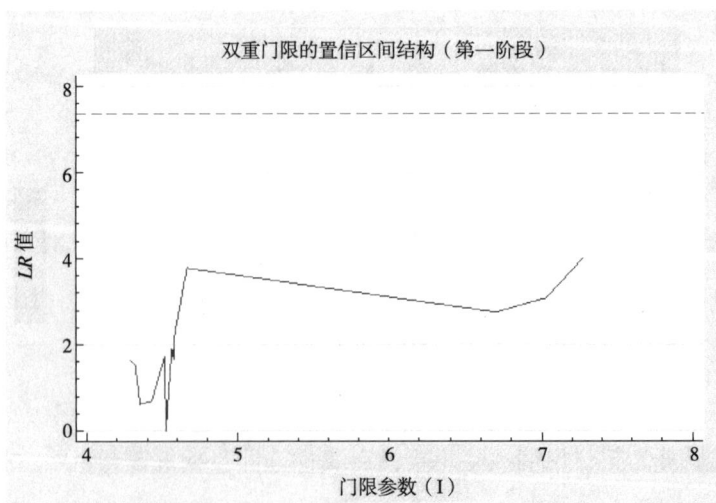

图 5.1.1（a）　LR 低门限估计值真实性检验

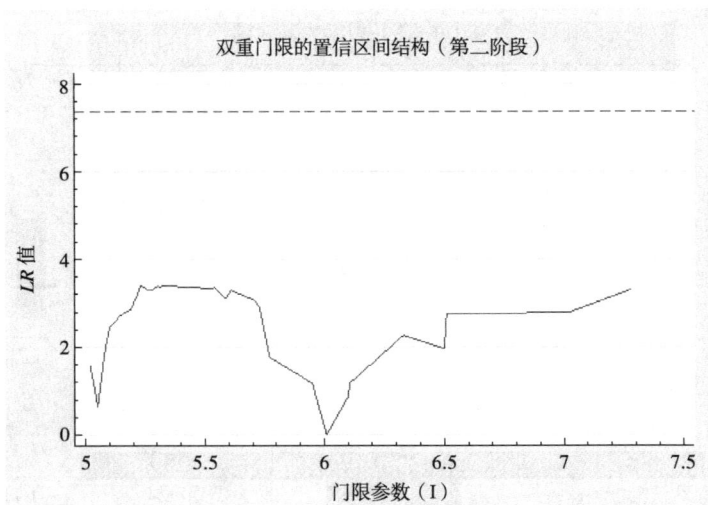

图 5.1.1（b）　*LR* 高门限估计值真实性检验

由图 5.1.1（a）和图 5.1.1（b）可知，杠杆率门限估计值（*LR*）统计量均低于虚线表示的 *LR* 统计量临界值，表明杠杆率的双重门限值与真实门限值是一致的。

表 5.1.5 和表 5.1.6 是式（5.1.11）的估计结果，可以得出如下结论：①这个模型具有杠杆率的双门限效应，一个门限值为 4.530，置信区间为［4.280　7.280］；另一个门限值为 6.010，置信区间为［5.020　7.280］；②φ_8、φ_9、φ_{10} 系数显著为负，表明货币政策对银行风险承担的影响确实存在以杠杆率为门限的非线性效应；③对 φ_8、φ_9、φ_{10} 系数绝对值进行比较得出：$|\varphi_{10}| < |\varphi_8| < |\varphi_9|$，这表明：首先，货币政策对银行风险承担的影响会由于杠杆率的不同而有所变化，这个结论进一步验证了货币政策传导的银行风险承担的杠杆机制是有效的，货币政策确实可以通过杠杆率影响银行风险承担；其次，高杠杆率银行却愿意承担更低的风险，这与前面的结论具有一致性；最后，相对于高杠杆率银行来说，对中和低杠杆率银行，货币政策对其风险承担水平的影响更大。

表 5.1.5 门限效应检验结果

不同货币政策		LDRR	LBIR	DBIR
因变量：Z 值	φ_8	−0.00231*** （−2.91）	−0.01056*** （−2.83）	−0.00993*** （−2.75）
	φ_9	−0.00252*** （−3.14）	−0.01132*** （−3.01）	−0.01140*** （−3.14）
	φ_{10}	−0.00225*** （−2.66）	−0.01052*** （−2.69）	−0.00976** （−2.42）
CAR		−0.00206** （−2.20）	−0.00188** （−2.00）	−0.00189** （−2.04）
LNASSET		0.00073 （0.58）	0.00078 （0.62）	0.00080 （0.64）
NIM		0.00720* （1.79）	0.00719* （1.78）	0.00710* （1.76）
NPLR		−0.00895** （−2.52）	−0.00924** （−2.56）	−0.00923** （−2.56）
GDP		0.00313** （2.09）	0.00152 （0.88）	0.00177 （1.04）
FAR		−0.00023 （−0.71）	0.00053 （1.24）	0.00034 （0.88）
SIR		1.38e−06 （0.03）	−0.00003 （−0.60）	−0.00001 （−0.28）
常数项	_CONS	0.02926 （0.74）	0.04265 （1.05）	0.01036 （0.27）

表 5.1.6 门限效应检验结果

不同货币政策	LDRR	LBIR	DBIR
门限值与 置信区间	4.530 ［4.280 7.280］ 6.010 ［5.020 7.280］	4.530 ［4.280 7.280］ 6.010 ［5.020 7.280］	4.530 ［4.280 7.280］ 6.010 ［5.020 7.280］

5.2 资产价格泡沫与经济增长的周期联动效应研究

资产价格泡沫生成、膨胀和破裂过程与经济周期相一致，资产价格泡沫与经济增长之间存在周期联动效应，国内外学者对此进行了研究，见第二章的内容，但遗憾的是研究文献少之又少；从研究方法来看，国内外相

关文献大多使用 VAR、Granger 因果检验和协整检验等方法，这种时域分析法由于将时间序列作为一个整体，无法辨别原时间序列包括的各种周期分量，因而偏离经济周期波动的本质。频谱分析法可以弥补这一缺陷，对变量进行频域分析，在不同频率上会表现出不同相关性、领滞性和交互敏感性，利用变量在频域上的这些特征就能清楚分析变量间的周期联动关系（汪惠，王宁，2002）。

5.2.1　频谱分析方法

频谱分析理论起源于物理学，在 20 世纪 50 年代被引入了经济学研究领域，其基本原理就是将时间序列数据分解成含有不同振幅、频率和相位的多个互不相关的周期分量的叠加，运用谱密度函数描绘和度量各个周期分量的重要性程度并且从中找出原变量时间序列隐含的各重要周期分量，从而揭示经济波动的内在机制。它具有时域分析法无法比拟的优点：①频谱分析法将经济波动变量分解成含有不同周期长度的周期函数，可以分别研究不同经济周期的特殊形式（Croux，2001；石柱鲜等，2011）；②频谱分析法不损失变量信息，所有数据都参与方程估计；③频谱分析在计算和判断过程中有严格的标准，避免了分析者的主观性。把时间序列从时域变换成频域一般运用傅里叶变换方法，下面进行介绍：

（1）傅里叶变换

频谱分析法的关键是将含有时域信号的模型转换为频谱进行分析，频谱实际上是关于频率的函数，一般用傅里叶级数的系数表示。所有时域内的周期为 T 的时间序列模型从数学上可以表示为若干正弦函数的叠加，这些正弦函数的角频率可以表示为 $2\pi/T$ 的整数倍，因此，对于任意 $T=2L$ 的周期函数 $f(x)$，则有：

$$f(x)=\frac{a_0}{2}+\sum_{n=1}^{\infty}\left(a_n\cos\frac{n\pi}{l}x+b_n\sin\frac{n\pi}{l}x\right) \qquad (5.2.1)$$

其中，$a_n = \dfrac{1}{l} \int_{-l}^{l} f(x) \cos \dfrac{n\pi}{l} x \mathrm{d}x$，$n \geq 0$；$b_n = \dfrac{1}{l} \int_{-l}^{l} f(x) \sin \dfrac{n\pi}{l} x \mathrm{d}x$，$n \geq 1$。

如果 $f(x)$ 是非周期函数，把其当作 $T=2L$ 的周期函数对其取 $l \rightarrow \infty$ 的极限，即为傅里叶变换过程。假设函数 $f(x)$ 在任意有限区间上都满足 Dirichlet 条件，且在区间（$-\infty$，$+\infty$）内绝对可积，那么：

$$f(x) = \frac{1}{2\pi} \int_{-\infty}^{+\infty} \mathrm{d}\omega \int_{-\infty}^{+\infty} f(t) e^{i\omega(t-x)} \mathrm{d}t \qquad (5.2.2)$$

$$= \frac{1}{2\pi} \int_{-\infty}^{+\infty} \left[\int_{-\infty}^{+\infty} f(t) e^{i\omega t} \mathrm{d}t \right] e^{-i\omega t} \mathrm{d}\omega \qquad (5.2.3)$$

令 $F(\omega) = \int_{-\infty}^{+\infty} f(t) e^{i\omega t} \mathrm{d}t$，则

$$f(x) = \frac{1}{2\pi} \int_{-\infty}^{+\infty} F(\omega) e^{-i\omega t} \mathrm{d}\omega \qquad (5.2.4)$$

$F(\omega)$ 即为 $f(x)$ 的傅里叶变换过程，而 $f(x)$ 即为 $F(\omega)$ 的傅里叶逆变换过程，通过傅里叶变换，可以把时域内的非周期函数 $f(x)$ 变换成为频域内的连续函数 $F(\omega)$，两者之间存在一一对应的关系。

频谱分析法包括单变量模型和多变量模型两种，前者用来分析单个经济时间序列的周期波动特征，后者利用互谱密度函数（又称交叉谱密度函数）研究两个时间序列之间各个频率分量对应的周期波动关系，如周期相关性、交互敏感性和领滞关系等（陈磊，2001；刘树成，2015）。

（2）单变量频谱分析

单变量频谱分析法是对单个平稳时间序列的自协方差函数进行傅里叶变换，选择合适的窗函数平滑得到其谱密度函数来确定周期波动的特征。由于 $\sin x$、$\cos x$ 可以互化，式（5.2.1）可以写成：

$$f(x) = A_0 + \sum_{k=1}^{N} A_K \cos(2\pi\lambda_k t + \phi_k) \qquad (5.2.5)$$

其中，$|A_K|$、ϕ_k、λ_k、$2\pi/\lambda_k$ 分别表示振幅、相位、频率和周期。因为相位只决定波的起始位置并不影响波形，故该函数的周期变动全部取决于各余弦分量的振幅 $|A_K|$ 和频率 λ_k。函数 $f(x)$ 的功率谱密度函数 $f(\lambda_k)$ 一般表示如下：

$$f(\lambda_k) = \begin{cases} A_K^2 & \lambda = \lambda_k \\ 0 & \lambda \neq \lambda_k \end{cases} \quad k = 1, 2, \cdots, N \qquad （5.2.6）$$

谱密度函数 $f(\lambda_k)$ 与对应频率上函数 $|A_K|$ 的和峰值之间成正比，所以对 $f(x)$ 的整体影响也成正比关系。

（3）多变量交叉谱分析

多变量交叉谱分析是指利用互谱密度函数研究多个平稳时间序列变量中各个频率 = 分量间的周期波动关系的研究方法。多变量交叉谱分析中较重要的指标有三个：相干谱（Coherency spectrum）、相位谱（Phase spectrum）和增益谱（Gain spectrum）。

两个平稳时间序列 X_t、Y_t 之间的互谱密度函数 $f_{xy}(\omega)$ 一般为复函数形式，其表达式为：

$$f_{xy}(\omega) = cs_{xy}(\omega) - iqs_{xy}(\omega) \qquad （5.2.7）$$

其中，$cs_{xy}(\omega)$ 和 $iqs_{xy}(\omega)$ 分别为互谱密度函数 $f_{xy}(\omega)$ 的实部（谐谱）和虚部（正交谱）。由于互谱密度函数 $f_{xy}(\omega)$ 是复函数，运算不太方便，故一般用 $f_{xy}(\omega)$ 计算相干谱、相位谱和增益谱来分析两个变量的频谱对应关系。相干谱函数为：

$$W_{xy}(\omega) = \frac{|f_{xy}(\omega)|}{\sqrt{f_x(\omega)f_y(\omega)}} \qquad （5.2.8）$$

对于两个平稳时间序列指标而言，相干谱指两序列中频率的分量振幅乘积的标准化均值，用来测量在频率 ω 上序列 X_t、Y_t 的相关程度，其范围一般在 $[0, 1]$ 内，越接近 1 则表明两个序列在该频率 ω 上相关性越强，一般认为该值大于 0.6 时，它们之间存在明显的同期同步性。

相位谱函数为：

$$\phi_{xy}(\omega) = \arctan\left[-\frac{qs_{xy}(\omega)}{cs_{xy}(\omega)}\right] \qquad (5.2.9)$$

相位谱采用两个序列中频率为 ω 的分量上相位变化的均值表示，范围一般在 $[-\pi, \pi]$ 内，表示两个序列周期波动间的领滞关系，当相位谱为正时则表示在频率 ω 上 X_t 滞后于 Y_t，反之则表示领先，两序列之间领滞的时间差可由 $\dfrac{\text{相位谱} \times \text{周期周长}}{2\pi}$ 计算。

增益谱考察 Y_t 序列对 X_t 序列的敏感程度，也就是 X_t 周期变动 1% 所引起的 Y_t 周期变动幅度。

（4）Tukey-Hamming 窗谱估计法

频谱分析理论中应用最广的谱估计方法为 Tukey-Hamming 窗谱估计法，平稳时间序列 X_t 的样本自协方差函数 $\hat{R}(k)$ 和样本自相关函数 $\hat{S}(k)$ 如下所示：

$$\hat{R}(k) = \frac{\sum_{i=1}^{n-k}(X_t - \overline{X})(X_{t+k} - \overline{X})}{n} \qquad (5.2.10)$$

$$\hat{S}(k) = \frac{\hat{R}(k)}{r(0)} \quad k=0, 1, 2, \cdots, n-1 \qquad (5.2.11)$$

对式（5.2.10）和式（5.2.11）进行 Tukey-Hamming 截尾傅里叶变换得到序列 X_t 的谱密度函数估计值为：

$$\hat{h}(\lambda_j) = \hat{R}(0) + 2\sum_{k=1}^{M} w(k)\hat{R}(k)\cos 2\pi\lambda_j k \quad 0 \leq \lambda_j \leq \frac{1}{2} \quad (5.2.12)$$

其中，$w(k) = \begin{cases} \left(1+\cos\dfrac{\pi k}{M}\right)/2 & |k| \leq M \\ 0 & |k| > M \end{cases}$，$M$ 为截断点，可以消除由于 $\hat{R}(k)$ 和 $\hat{S}(k)$ 的估计误差随 k 增大而变大的不良影响。

5.2.2 变量说明及数据来源

本研究涉及两个变量：资产价格泡沫与经济增长，资产价格泡沫仍分两种：股市泡沫（SB）和房地产泡沫（HB）；样本期为 2006 年 1—6 月 ❶，数据来源于 Wind 数据库。

（1）HP 滤波分解

通过对股市泡沫（SB）、房地产泡沫（HB）、经济增长（GDP）进行 HP 滤波分解，如图 5.2.1 ～ 图 5.2.3 所示，消除长期趋势影响，得到其趋势成份和周期成份数值。

霍德里克—普雷斯科特滤波（拉姆达 =14400）

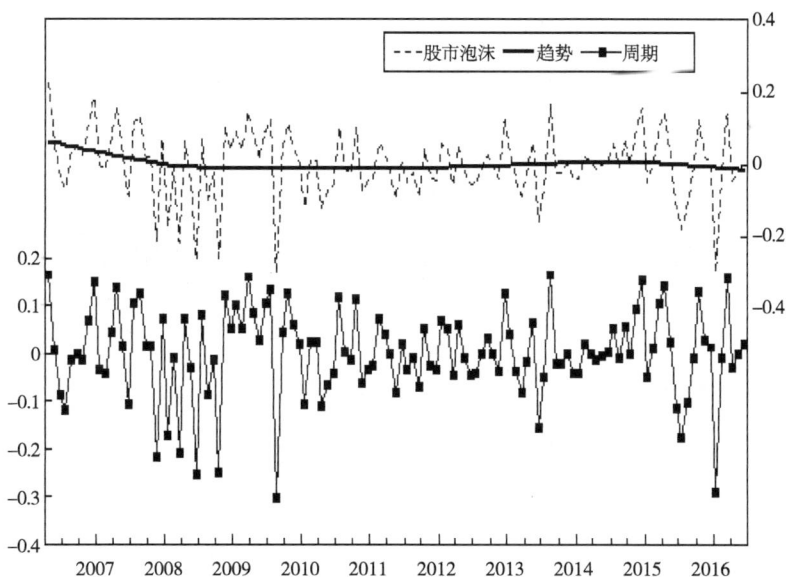

图 5.2.1 股市泡沫滤波分解结果

---

❶ 由于我国股市从暴涨到暴跌过程持续时间几乎都在 2 年以下，所以样本期间为 10 年是可行的。

霍德里克—普雷斯科特滤波（拉姆达 =14400）

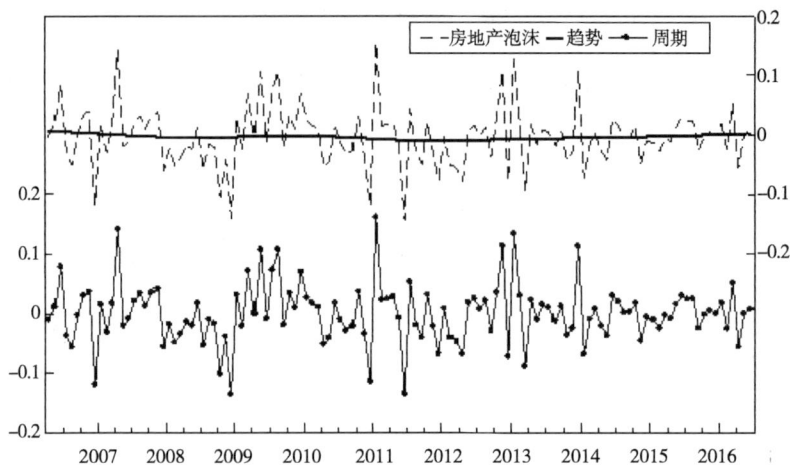

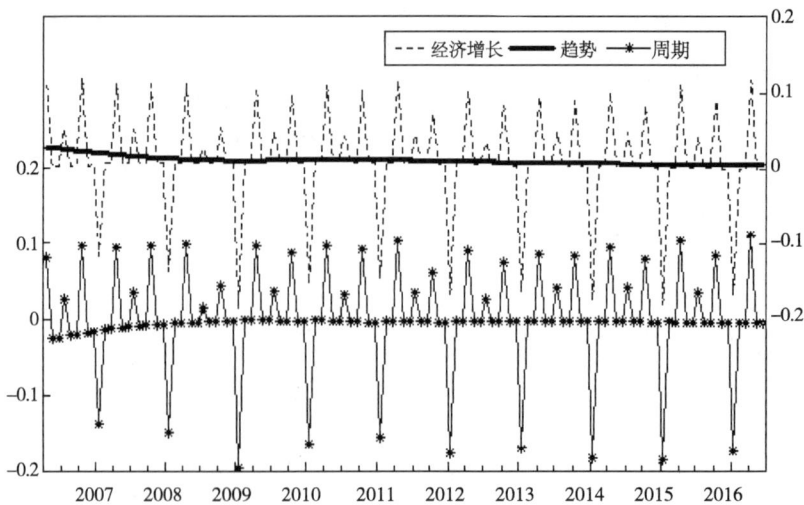

图 5.2.2　房地产泡沫滤波分解结果

霍德里克—普雷斯科特滤波（拉姆达 =14400）

图 5.2.3　经济增长滤波分解结果

（2）变量的平稳性检验

频谱分析要求变量为平稳时间序列，因此，首先对滤波后的周期成分指标进行 ADF 单位根检验，用于检验各变量的平稳性，结果如表 5.2.1 所示。股市泡沫（*SB*）、房地产泡沫（*HB*）、经济增长（GDP）三个变量分别在 1% 的显著性水平下拒绝存在单位根的原假设，表明它们是平稳时间序列，满足频谱分析法的要求。

表 5.2.1　ADF 单位根检验

变量	检验类（C, T, L）	ADF 统计量	1% 临界值	10% 临界值	*P* 值	结论
SB	（0, 0, 0）	−10.92317	−2.584055	−1.614984	0.0000	平稳***
HB	（0, 0, 0）	−12.03007	−2.583898	−1.614997	0.0000	平稳***
GDP	（0, 0, 0）	−11.22924	−2.584055	−1.614984	0.0000	平稳***

注：检验类型中的 C、T、L 分别表示 ADF 检验模型中的常数项、趋势项和滞后期；0 表示该项不存在；***、**、* 表示在 0.01、0.05 和 0.1 的显著性水平上是显著的。

5.2.3　实证结果及其分析

5.2.3.1　股市泡沫与经济增长的周期联动效应分析

（1）机理分析

股票市场从产生之始就被认为是宏观实体经济发展的"晴雨表"，为促进经济增长提供了长期、坚固的金融支撑。股票市场发展和宏观经济增长表现出同步性趋势，经济复苏、繁荣、衰退和萧条的周期性变化是股市周期形成的直接原因，而股市波动的周期变化也应该反映经济增长周期。在股票市场波动和经济增长两个变量中，经济增长指标比较稳定，股票市场波动有较强的随机性，虽然说股票市场不可能每时每刻的变化都与经济增长指标具有高度的相关性，但也不可能在很长的时间周期内都处于背离状态，两者之间存在周期匹配关系（李楠博，2014）。股市泡沫是指股票的市场价格持续上涨而偏离了其基础价值，邱竞和黄小琴（2008）指出股市泡沫的这种偏离不是一种暂时性的市场异像，而是商品经济虚拟化后的必然产物，随着经济虚拟化程度的进一步加深，体现两者差距的泡沫也将长期存在。目前，我国的股市迅速发展成为全球重要的金融市场之一，但是长期以来由于市场机制和监管手段的不完善，投资者非理性情绪的盛行、交易工具和风险对冲工具的单一以及我国正处于经济转型时期，容易导致我国股市出现频繁和剧烈波动，产生了股市泡沫周期演化的环境，也滋生了股市波动及其泡沫，在演化过程中出现诸多复杂和异常的现象。

中国股票市场在经历近 30 年的发展后，金融资产投资在企业负债表中和居民个人理财中的比重越来越大，因此，社会财富对股市价格波动也越加敏感。从图 3.4.1 提取的股市泡沫可以看出：我国股市泡沫的周期演化过程如下：股市泡沫的相对规模位于 0 轴上方时，其数值越大表示股市泡沫规模越大，上升过程表现为股市泡沫加速膨胀过程，反之则表示减速膨胀过程；当股市泡沫的相对规模在 0 轴下方时，其数值越大仍然表示股市泡沫规模越大，但下降过程表现为股市泡沫加速萎缩过程，反之则表示减速萎缩过程；股市泡沫的相对规模刚好与 0 轴重合时，泡沫停止膨胀或者萎缩。股市泡沫具有"上升—峰顶—下降—谷底—又一轮上升"的反复循环的周期演化过程；在本研究样本期间，分别在 2006 年 1 月—2007 年 10 月和 2014 年 3 月—2015 年 6 月存在两次异常的股市泡沫加速膨胀和随后时间段的加速萎缩。从 2005 年 6 月 6 日—2007 年 10 月 16 日，上海证券综合指数从 998.23 点上扬至 6124.04 点，上涨幅度高达 513.49%，中国股票市场迎来了一场大牛市，随后 6 年一直震荡下跌，在 2014 年 3 月末收盘为 2091 点，然后又开始大幅上涨，在 2015 年 6 月 12 日达到 5410 点，出现了"千股涨停"，随后又紧接着"千股跌停"，与股市大幅度波动相伴随的必然是股市泡沫的急剧扩大和缩小。

股市泡沫的"上升—峰顶—下降—谷底—又一轮上升"的反复循环的

周期演化过程，具有与实体经济的复苏、繁荣、衰退、萧条再到复苏的周期性演化同步趋势。从理论上讲，宏观经济的周期性演化是导致股市泡沫周期变化的决定性因素，经济增长周期应该与股市泡沫周期的波长、波动幅度大致相当，而股市泡沫的周期性变化也应该在一定程度上反映经济增长的周期性。斯提格利茨（Stiglitz，1990）指出资产价格泡沫是一个由价格连续不断上涨到最后暴跌的过程，在股票价格发生逆转的这个过程中，投资者的预期起到了关键性作用。国内外许多学者也都认同预期对资产泡沫形成起作用。当宏观经济环境如货币政策、经济增长速度、商品供求等发生变化时，将改变投资者的预期，而投资者的这种预期又会同客观环境发生互动，左右证券市场的投资者行为。当经济环境的变动比较稳定并且股票市场的投资者具有理性预期，股市泡沫将围绕其基础价值出现平稳的周期性变化；而当经济环境猛烈变动且大多数投资者都持有相同的非理性预期时，就会产生一种系统性的力量，股市泡沫将会大幅偏离其基础价值呈现出剧烈的周期性变化。在这个过程中，仍然是价值规律在发挥着作用，正是在资本的逐利性和价值规律的作用下，推动着股市泡沫和经济增长的周期呈现出螺旋式的循环演进。可以说，资产泡沫的不断膨胀和破裂是财富创造不可或缺的环节。由于证券市场的集聚性、跳跃性、长记忆性、联动性等特点，使证券市场具有复杂性系统的全部特征，其价格频繁波动并不像一些经济学家所说的为"市场异象"，而是囊括了各种波动特点在内的市场运行的结果（潘妍妍，相恒波，2015），是现代经济发展的必然结果。

大量文献证实股票市场与经济增长的周期存在联动性，作为实体经济不能说明的部分 ❶（野口悠纪雄，2014），在股市中频繁出现和长期存在的股市泡沫与经济增长的周期是否存在联动性？20 世纪，随着股票市场的

---

❶ 野口悠纪雄认为，资产价格泡沫就是资产价格中与实体经济无关的上涨部分，即实体经济不能说明的部分，也就是市场资产价格与实体经济价格之间的差值。

发展，一些学者发现在经济呈现周期性变化时，宏观经济变量的波动异常活跃，正是这些异常活跃的波动直接影响了股票市场价格的强力波动，股市泡沫与宏观经济波动的周期性变化紧密相联系（Ebell，2001）。汉密尔顿和林（Hamilton & lin，1996）指出，宏观经济增长与股市泡沫之间有联动性并且这种作用与经济的特定发展阶段有着密切关系。宾斯维杰（2003）对股市泡沫与经济增长的周期联动效应做了很好的诠释。他指出，股市泡沫中出现的价格从暴涨到暴跌的过程是由于投资者对未来利得的预期，而预期利得是未来现金流的折现，具有不确定性，这个不确定性也是导致股价波动的根本原因，投资者对未来现金流的预期变化将影响未来经济活动的趋势，所以股市泡沫周期变化可以在一定程度上警示经济增长周期的转折点或拐点的出现。那么，股市泡沫与经济增长的周期是否完全同步？股市泡沫与经济增长即使存在周期联动效应，也并不意味它们的实际运行是完全同步的（杨洋等，2016）。作为两个各自独立的市场，股市泡沫周期和经济增长周期均会受到多种确定或不确定因素的影响，导致两者的运行规律差别很大。尤其在我国正处于经济体制转型和股票市场体系不完善的情况下，不但将造成两者周期联动的不同步和变化方向的不一致，甚至可能出现背离。因此，随着我国股市的不断完善和股市市值的增大，通过有效识别与诊断我国股市泡沫与经济增长的周期联动机制和内在规律，不但可以缓释其周期联动与演化过程中的风险集聚与扩散，也可以通过一个周期的演化规律推导另一周期的变化轨迹，为政府监管经济增长和股市发展提供理论基础。

（2）实证结果及其分析

为了在所分析谱值的邻域内减少样本谱的方差，运用 SPSS 软件计算各变量周期的谱密度函数，选择图基—海明窗，窗宽为 5 使谱值平滑化，下面首先进行单谱分析，然后结合交叉谱分析。

①单谱分析。图 5.2.4 和图 5.2.5 分别为单谱分析的经济增长（GDP）周期的谱密度函数和股市泡沫（SB）周期的谱密度函数，从图中可以知道，我国经济增长和股市泡沫的周期与发达国家不同，表现出其特殊性。

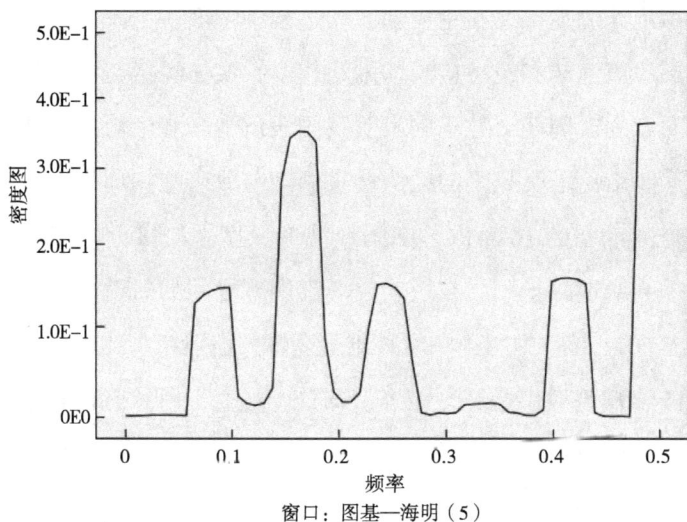

窗口：图基—海明（5）

图 5.2.4　GDP 周期的谱密度函数

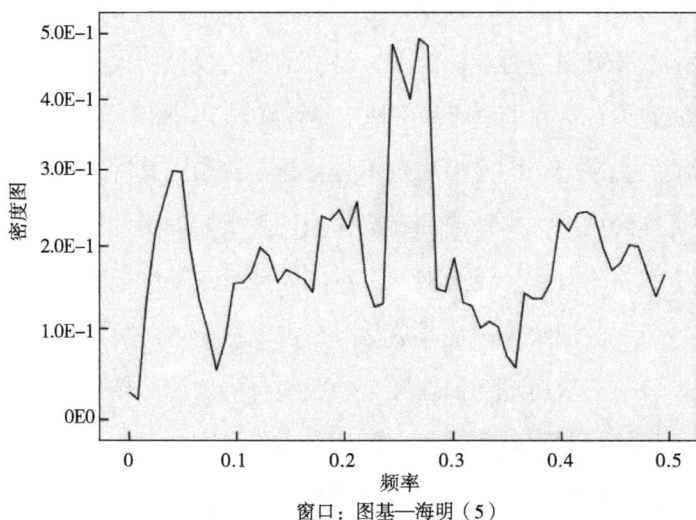

窗口：图基—海明（5）

图 5.2.5　*SB* 周期的谱密度函数

第一，两者的主周期长度不一致，且在主周期波动过程中镶嵌多个次周期波动，但次周期存在一定的相近性。这表明：①从时间跨度来看，我国的经济增长周期和股市泡沫周期在主周期长度上不一致，经济增长周期要长于股市泡沫周期；②在主周期波动过程中镶嵌多个次周期波动说明能够影响我国股市泡沫和经济增长的因素较多，实体经济与虚拟经济都波动频繁；③两者的次周期个数不同表明我国股市泡沫和经济增长的运行特征不一致。这些结论表明我国的经济增长周期与股市泡沫周期存在很大的背离。在本样本期间的 10 年内，中国经济增长率平均接近两位数，而中国股市却几乎"原地踏步"。在短期内考察两者之间的联动性，更是背离严重，比如在 2011 年，中国经济增长雄冠全球，但股市却比欧美国家都差；2014—2015 年出现股市暴涨，而经济却处于严重下滑状态。我国近年来经济增长结构的扭曲和股票市场的非理性因素过多是造成两者背离的根本原因。从经济增长结构来看，首先，我国经济存在着过度投资和房地产市场异常繁荣的情况，依靠这种方式带动的经济增长必然严重影响上市公司的盈利状况和投资者对股市的预期。这是因为过度投资和房地产市场异常繁荣更多带来了基础设施行业的繁荣，昂贵的房价使得居民手中的财富通过对商品房的购买转移到了政府和房地产企业账户上，影响居民的消费水平，与消费相关的上市公司的业绩表现不佳拖累了股市。其次，在我国投资渠道狭窄的现实约束下，房地产和股票作为两种重要的金融资产，具有财富的替代效应和挤出效应，资金在两个市场间频繁流动，出现"卖股炒房"和"卖房炒股"的现象。房地产热从股市抽取资金炒房可能引起股市的萧条，反之，股市热从房地产抽取资金炒股使得房地产市场出现降温。房地产对我国经济增长的贡献率较高，对经济增长具有一定的影响作用，资金在两个市场间的频繁转换必然在一定程度使得经济增长和股市泡沫的周期出现背离。最后，我国经济周期有明显的宏观政策操纵痕迹，扭曲了宏观

经济自身所具有的客观运行规律。经济增长下滑时通过制定政策进行刺激，反之，则通过相关政策使其降温，这种过多地干涉可能使经济增长脱离自身的波动规律而表现出异常。

第二，我国的股市泡沫周期与经济增长周期在趋势上存在较大差异，股市泡沫周期的频谱密度几乎不趋向 0 且波动频繁，表明在短期内存在较大的变异性。这说明我国股票市场中非理性因素较多，造成股市的频繁波动。

综上所述，经济结构的调整和股票市场的完善是一项长期的艰巨任务，不可能一蹴而就。所以我国经济增长和股市泡沫的周期联动性在未来一段时间内将继续存在背离情况。

②交叉谱分析。图 5.2.6 为股市泡沫和经济增长的周期趋势图，可以看出虽然两者之间在整体趋势上存在联动性，但也在某些周期上表现出不同步现象，这进一步证实了我国股市泡沫和经济增长的周期联动性存在背离情况，为了进一步分析这种周期联动程度和领滞关系等，下文将进行交叉谱分析，图 5.2.7～图 5.2.9 分别表示经济增长和股市泡沫的相干谱、相位谱和增益谱曲线。

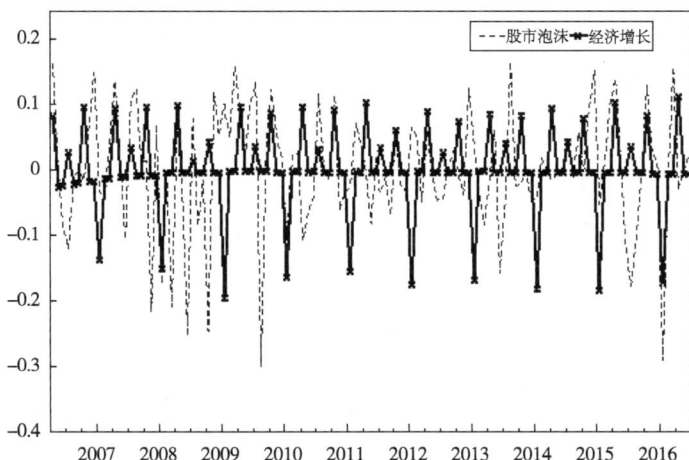

图 5.2.6　*SB* 和 GDP 的周期趋势图

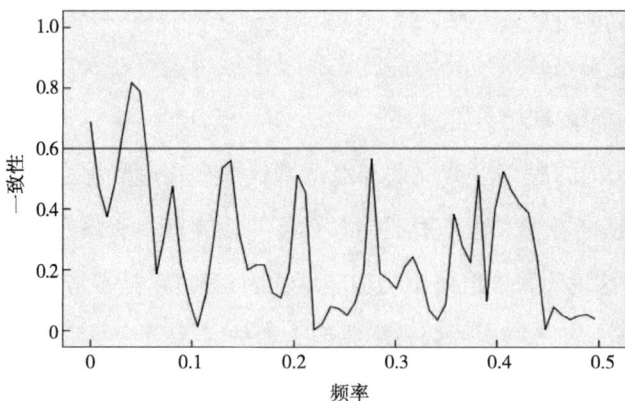

窗口：图基—海明（5）

图 5.2.7　*SB* 和 GDP 的周期一致性图（相干谱）

图 5.2.7 的相干谱用来描述经济增长和股市泡沫之间的周期同步性，可以看出，经济增长和股市泡沫在低频区域内表现出周期相关性较高，在频率为 0—0.004 和 0.03—0.055 区域内，即周期长度为 2.1 年以上和 1.5—2.8 年，相干值达到 0.6 以上，综合考虑得出，经济增长和股市泡沫在 1.5—2.8 年内存在较明显的周期相关性，且在频率为 0.04 处相关系数达到最大值 0.82，即周期长度为 2.1 年时经济增长和股市泡沫两者的波动相关性最强。2.1 年这个数值从图 5.2.7 来看处于低频区，从统计上应该属于长周期，但单纯从数值来看，应该属于短周期，仍然遵从统计学上的概念，认为在长期内两者之间的联动性较强；而在高频区域内经济增长和股市泡沫的周期波动相关性较差，即在短期内两者之间周期联动作用较弱，以上结论虽然未有现成文献支撑，但却有一定的合理性。我国股票市场从建立至今的近 30 年间，经历了多次暴涨和暴跌（表 5.2.2），尤其在 2015 年，暴涨和暴跌的时间持续期可以说是以天计算，整个股市让人惊心动魄，市场用"股灾"来形容当时的剧烈波动。我国股市暴涨暴跌除了前面提到的非理性因素外，还有一个很重要的原因：加杠杆和去杠杆，其直接导致了 2015 年的股灾。在一个理性市场上，价值决定价格，加杠杆能够加快价格回归价值，减少

资本套利。但我国股市充斥着太多的非理性因素，非理性市场上决定股票价格的是资本利得的预期，预期的不确定性造成股票价格偏离其基础价值，加杠杆将进一步放大这个偏离度，结果就是资产价格泡沫化。

从表 5.2.2 可以清楚看出，在 11 次暴涨暴跌中，从暴涨到暴跌的时间持续期在 2.1 年以下的有 7 次，5—10 年的只有 1 次，我国股市持续期在 2 年以下的暴涨暴跌可以说是一种"常态"。近年来，我国实体经济也面临着少有的错综复杂局面：经济总体形势呈 L 形、"中等收入陷阱"和经济速度增长换挡期、结构调整阵痛期和前期宽松货币政策消化期"三期叠加"的特殊历史阶段，影响经济增长的不确定因素较多，实体经济也呈现出频繁变动、周期持续期短的特点，所以，上述结论在周期长度为 2.1 年时经济增长和股市泡沫两者的波动相关性最强应该具有说服力。

表 5.2.2　我国股票市场历次暴涨暴跌时间

次数	暴涨期	暴跌期	涨跌幅度	月数
1	1990.12.19—1992.05.26	1992.05.26—1992.11.17	1429 ~ 386 （+1380%，−73%）	18
2	1992.11.17—1993.02.16	1993.02.16—1994.07.29	1558 ~ 325 （+303%，−79%）	21
3	1994.07.29—1994.09.13	1994.09.13—1995.05.17	1052 ~ 577 （+223%，−45%）	10
4	1995.05.18—1995.05.22	1995.05.22—1996.01.19	926 ~ 512 （+59%，−45%）	9
5	1996.01.19—1997.05.12	1997.05.12—1999.05.18	1510 ~ 1025 （+194%，−33%）	41
6	1999.05.19—2001.06.14	2001.06.14—2005.06.06	2245 ~ 998 （+114%，−55.5%）	73
7	2005.06.06—2007.10.16	2007.10.16—2008.10.28	6124 ~ 1664 （+513%，−73%）	41
8	2008.10.28—2009.08.04	2009.08.04—2012.12.04	3478 ~ 1949 （+109%，−39%）	50
9	2012.12.04—2013.02.18	2013.02.18—2013.06.25	2444 ~ 1849 （+23.56，−19%）	7
10	2013.06.25—2013.09.12	2013.09.12—2014.03.12	2270 ~ 2091 （+15，−11%）	9

次数	暴涨期	暴跌期	涨跌幅度	月数
11	2014.03.12—2015.06.12	2015.06.12—2015.07.09	5410 ~ 3887（110%，−35%）	15
2015.07.09 至今，基本处于熊市中				

资料来源：根据网易财经提供的数据手工整理。

图 5.2.8 的相位谱表示经济增长和股市泡沫的周期领先和滞后关系，根据相位谱的谱图和结果可以看出，相位谱在 0—0.105 的低频区域内全为负值，表明经济增长周期领先于股市泡沫周期，在频率 0.097 处两者的相位谱值最大为 3.1，即经济增长周期领先于股市泡沫周期约为 5.1 个月；频率在 0.105—0.205 和 0.285—0.39 区域内，数值正负交替；频率在 0.205—0.285 和 0.39—0.44 的高频区域内全为正值，表明经济增长周期滞后于股市泡沫周期，频率为 0.22 和 0.44 时相位谱值最大，分别为 3 和 0.9，即股市泡沫周期领先于经济增长周期 2.17 和 0.33 个月，这个结果说明在短期内股市泡沫周期领先于经济增长，而在长期内则两者相反。

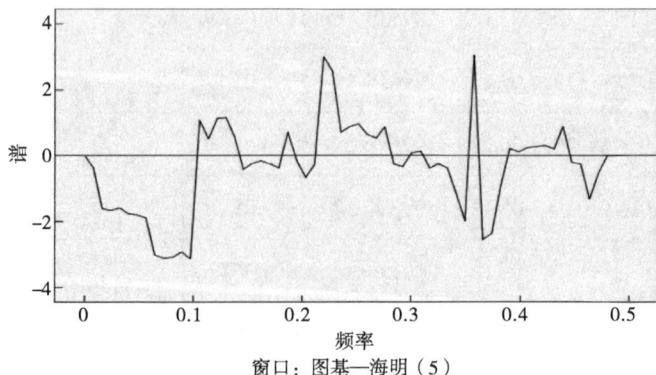

窗口：图基—海明（5）

图 5.2.8 *SB* 和 GDP 的周期领滞图（相位谱）

这种股市泡沫和经济增长周期的不同步现象主要根源于对经济增长的预期，预期在资产价格泡沫形成过程中以及在价格发生逆转过程中起重要作用，这在上文已经进行了阐述。市场主体会提前预估经济增长周期的各

个阶段而先于经济增长周期做出反应：当经济增长过热但还未开始下滑时，在预期作用下，股市将先行下跌；而当经济增长运行至谷底还未走向回升时，同样在预期作用下，股市会率先上涨，也就是说当经济还处于谷底时，股市已经开始上涨；经济回暖，股市继续上涨；经济处于峰顶，股市已经开始下跌；经济萎缩，股市继续下跌，然后周而复始，开始新的一轮周期。我国股市中散户投资者居多，并且大多抱有短期的投机心理，在短期，起决定作用的更多是投资者的预期，短期内股市泡沫领先于经济增长，这个结论与国内外一些文献研究结果完全相同，而在长期内，影响的因素可能较多且复杂，出现了相反的结论。

图 5.2.9 的增益谱表示经济增长和股市泡沫之间的相互敏感度关系，根据增益谱的谱图和结果可以看出，从整体上经济增长对股市泡沫的周期增益要高于股市泡沫对经济增长的周期增益，即经济增长对股市泡沫的影响更大。经济增长对股市泡沫的周期增益在频率为 0.046 处达到最大值 10.5，这表明两个变量在 1.8 年的周期时，经济增长每变动 1% 会使得股市泡沫变动达到最大为 10.5%。这进一步证实了经济周期决定股市泡沫周期的作用是内在的、根本的和长期的，但股市泡沫周期变动对经济增长周期也有一定的影响作用。

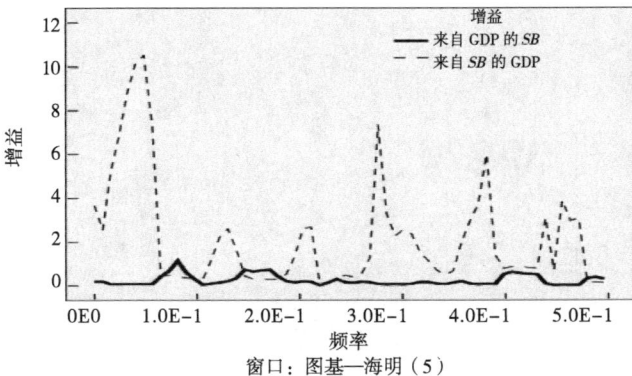

图 5.2.9 *SB* 和 GDP 的周期相互敏感度图（增益谱）

5.2.3.2 房地产泡沫与经济增长的周期联动效应分析

房地产泡沫与经济增长的周期联动效应分析如图 5.2.10 所示。

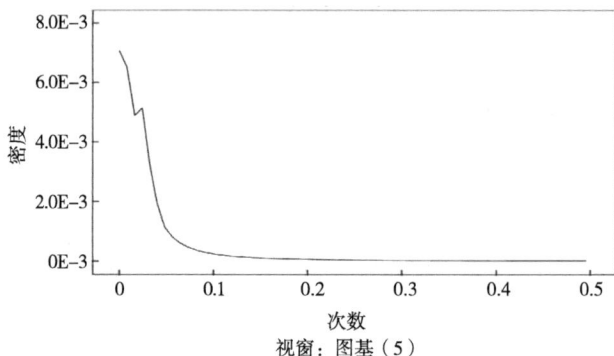

视窗：图基（5）

图 5.2.10 *HB* 周期的谱密度函数

关于房地产泡沫与经济增长的周期联动性效应，分析原理同上，在此只分析两个变量的交叉谱。图 5.2.11 是房地产泡沫与经济增长之间的相干谱，可以得出，不管在低频区域还是在高频区域，房地产泡沫与经济增长之间的相干值都未达到 0.6 以上，两者的周期相关性较低。从图 5.2.12 可以清楚地看出，我国房地产投资增长率高于经济增长增长率，并且在经济增长出现下滑趋势时，房地产投资增长率仍然高速增长，两者之间存在严重背离现象。

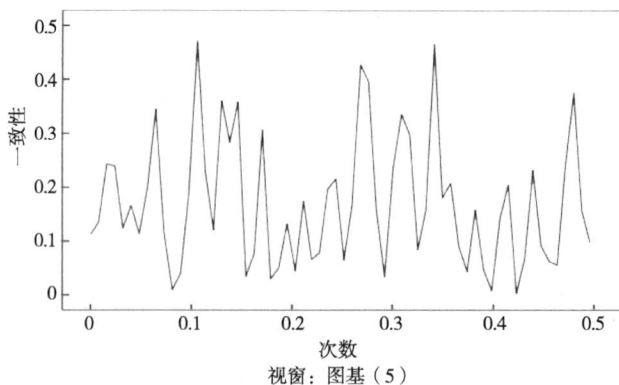

视窗：图基（5）

图 5.2.11 *HB* 和 GDP 的周期一致性图（相干谱）

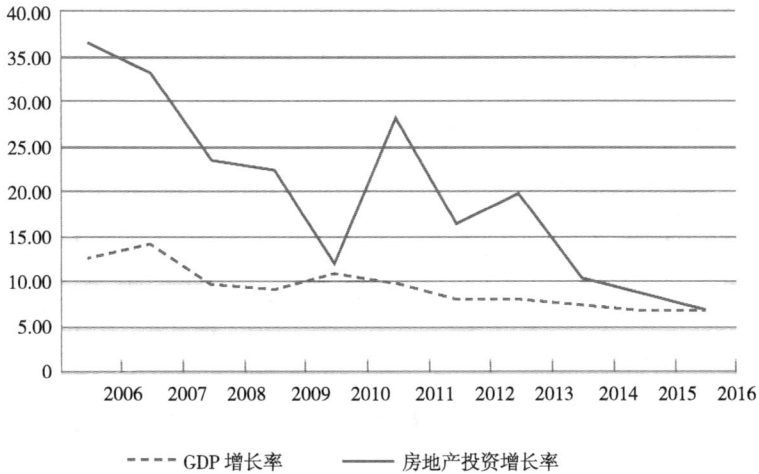

图 5.2.12 房地产投资增长率和 GDP 增长率

从图 5.2.13 的相位谱可以看出，在整个区域内，正负不断交替，但出现正值的次数和频域明显较多，表明房地产泡沫更多表现出领先于经济增长。

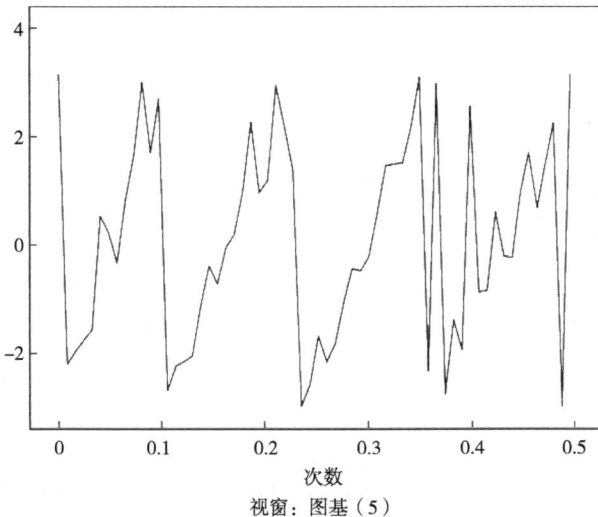

视窗：图基（5）

图 5.2.13 *HB* 和 GDP 的周期领滞图（相位谱）

从图 5.2.14 的增益谱可以看出，从整体上讲，房地产泡沫对经济增长的周期增益要高于经济增长对房地产泡沫的周期增益，即房地产泡沫对经济增长的影响更大，并且房地产泡沫对经济增长的值随着频率的增加越来越高，这无疑证实了房地产对我国经济增长的支柱作用。

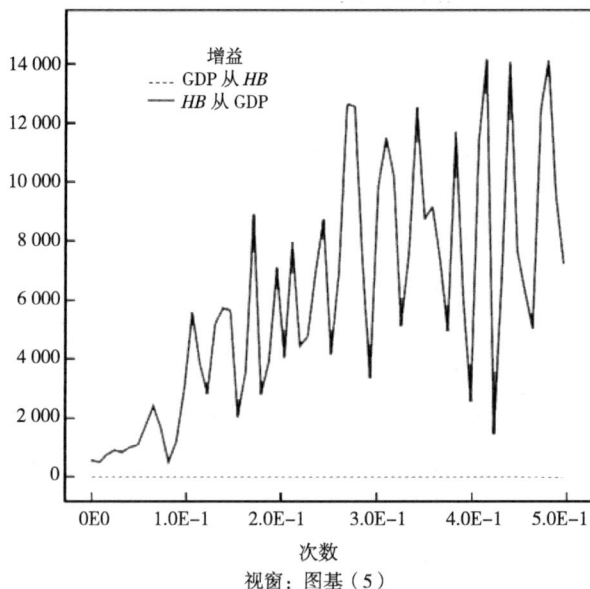

图 5.2.14　　*HB* 和 GDP 的周期相互敏感度图（增益谱）

5.3　资产价格泡沫与经济增长的共容效应研究

资产价格泡沫是真实存在的经济现象，并且该现象普遍存在于经济发展的过程，学者们关于资产价格泡沫对经济增长的影响研究却存在截然不同的两种观点，这在第二章中已经进行了阐述。那么，资产价格泡沫能否与经济增长共容提高经济增长效率？还是无资产价格泡沫下，经济增长较好？刘宪（2014）指出，运用相同的分析范式而结论不同，原因在于约束条件、前提假设和增长理论选择的不同，让·梯若尔（Jean Tirole，1985）依据的是外生经济增长模型；格罗斯曼和亚纳卡瓦（Grossman &

Yanagawa，1993）、奥利弗（Oliver，1990）运用的是内生经济增长模型，前者是内生增长理论的 AK 模型，后者是内生增长理论的 R & D 模型，因此，资产价格泡沫和经济增长关系研究需要对经济增长理论进行剖析。

外生经济增长理论，代表性的是哈罗德－多马模型（Harrod-Domar Model）和索罗经济增长模型（Solow Growth Model）等，该理论认为长期经济增长是由经济理论无法预见的外生经济变量，比如技术进步速度和人口增长率决定，资本也是经济增长的不可或缺的因素，但由于资本具有边际收益递减规律和可以不断积累的特点，它无法决定经济增长的速度，具有决定作用的是不可积累的要素——劳动的供给，即人口红利，如果劳动供给增大，经济就增长，反之则停滞，而劳动供给受人口增长和技术进步决定。外生经济增长理论最显著的不足在于，经济增长依赖于一个无法掌握的外生因素——技术进步，这表明对长期经济增长，人们是无法改变的，任何企图推进人类生活水平的政策仅在短期有效，这一"不愉快的结果"使得外生经济增长理论陷入了令人沮丧的局面，其根源在于将知识和技术外生于物质生产过程，是一个不可控制经济变量，因而构建的生产函数收益是递减的，导致经济增长只依赖于资本积累或人口积累，所以是收敛的、短期的和趋同的。在外生经济增长理论中，资产价格泡沫的产生并不影响有效劳动的供给，也不参与任何生产活动，资本的边际收益递减特点不变，因此在外生经济增长理论中，资产价格泡沫的存在并不能改变经济增长速度，仅使动态无效的经济重返动态有效状态，实现了福利的帕累托最优（刘宪，2009）。

外生经济增长理论这一"不愉快的结果"局面后来被罗默（Romer，1986）的一篇开创性的论文所击破，同时也标志着内生经济增长理论的形成。该理论的显著特点在于把影响生产函数的主要因素：技术和资本同时内生化，也就是说，在劳动投入中包括因正规教育、在职继续教育和培训等形成的人力资本，在物质资本积累中包括因发明、创新和开发等形成的技术进步，从而把技术进步内生化，要素边际收益递增，消除了人口增长对长期经济增长的约束，经济长期增长率为正。内生经济增长理论认为资本存量由技术进步速度决定，资产价格泡沫的出现显著降低了资本存量，也必将放慢经济增长速度，因此，资产价格泡沫的出现虽能提高当代人的福利，但也以其后各代人的福利降低为代价，所以不是帕累托改进。

内生经济增长理论是近年来经济学最重要的成果之一，后来学者研究资产价格泡沫与经济增长的关系，几乎全都出自该理论。典型的内生经济增长模型主要有两类：AK 模型和 R & D 模型，但 AK 模型中资产价格泡沫是非稳态的，不符合理性假设特征，因此，本书基于 R & D 模型，参考刘宪（2009）构建的经济增长模型，加入金融杠杆，拓展内生经济增长模型。

5.3.1 模型基本假设

引入戴蒙德（Diamond）的代际交叠模型（Overlapping Generation Models, OLGM），假定市场上的同质代理人有两期：青年时期和老年时期，在 t 期，即青年时期代理人无弹性供给 1 单位劳动，获取单位劳动收入为 W_t，一部分用于 t 期的消费（C_t^*），另一部分支付老年时期 $t+1$ 期的消费（C_{t+1}^*），青年时期和老年时期人口数量都为 L；q_t 表示单位杠杆，S_t 表示储蓄，r 为贷款成本，p 为价格。为了体现 R & D 模型的特征，借鉴刘宪（2009）和薛白（2014）的文献，假设存在两个部门：传统部门和研发部门，λ_t 表示投入传统部门的劳动，H 是技术参数，反映知识存量水平；研发部门现存产品种类为 m，新产品开发速度为 Δm，且 $\Delta m_t = H m_t L_t^R$，L_t^R 表示研发部门的劳动，则代理人的最优化问题可以表示为：

$$\max u\left(C_t^*\right)+\left(1+\theta\right)^{-1}u\left(C_{t+1}^*\right) \qquad (5.3.1)$$

代理人面临的约束条件为：

$$C_t^*+S_t=W_t\lambda_t+q_t\lambda_t \qquad (5.3.2)$$

$$C_{t+1}^*=\left[S_t+Hm_tp_t\left(1-\lambda_t\right)\right]\left(1+r_{t+1}\right)-q_t\left(1+r\right) \qquad (5.3.3)$$

将式（5.3.2）、式（5.3.3）带入式（5.3.1），分别求 C_t^* 和 λ_t 的偏导数并令其等于零，则，

$$\begin{cases}\dfrac{u'\left(C_t^*\right)}{u'\left(C_{t+1}^*\right)}=\dfrac{1+r_{t+1}}{1+\theta}\\[3mm]w_t+q_t=Hm_tp_t\end{cases} \qquad (5.3.4)$$

为简化处理，假设 $u\left(c\right)=\ln c$，代入上式中，得，

$$\frac{1+r_{t+1}}{1+\theta}=\frac{C_{t+1}^*}{C_{t+1}^*} \qquad (5.3.5)$$

将式（5.3.4）和式（5.3.5）代入约束条件，能够得到储蓄的关系式：

$$S_t=W_t\lambda_t\frac{W_t\lambda_t-Hm_tp_t\left(1-\lambda_t\right)\left(1+r_{t+1}\right)+q_t\lambda_t}{2+\theta}+\frac{q_t\left(1+r\right)\left(1+\theta\right)}{\left(2+\theta\right)\left(1+r_{t+1}\right)} \qquad (5.3.6)$$

在 R & D 模型中，一是储蓄包括两部分：一部分是代理人在青年时期形成的储蓄，另一部分则形成老年时期的资本量；二是代理人青年时期在研发部门创新构建的新企业，在下一期将成为传统部门，继续形成老年时期的资本量。只有当要素市场和商品市场达到出清时，表明两个市场达到均衡。生产要素市场可以简单看作包括劳动力市场和资本市场[1]，劳动力市场均衡表示劳动的需求与供给相等，资本市场均衡表示投资与储蓄一致，因此有下列关系式：

$$W_t=\left(1-\alpha\right)Hm_tZk_{i,t}^{\alpha}\left(HL\lambda_t\right)^{-\alpha} \qquad (5.3.7)$$

$$K_{t+1}=S_tL+Hm_tP_t\left(1-\lambda\right)L \qquad (5.3.8)$$

---

[1] 生产要素包括劳动力、资本、土地和管理者才能，由于土地一般是固定的，管理者才能难以度量，因此一般指劳动力和资本。

上述式（5.3.7）和式（5.3.8）是经济达到均衡需满足的条件，但满足条件并不一定就均衡，为了简化处理，假设存在上述均衡状态并求解，若有解则均衡状态必然存在，下文分无资产价格泡沫和有资产价格泡沫的情况进行讨论。

5.3.2 资产价格泡沫与经济增长的共容条件

（1）无资产价格泡沫的经济增长模型

无资产价格泡沫的情况下，构建新企业的基础价值与该企业的实际市场价格一致，因此，若不存在套利，新企业的基础价值与企业资本存量价值一致，即把式（5.3.6）代入式（5.3.8），得：

$$（2+\theta）K_{t+1}=W_t\lambda_t L+Hm_tP_t（1-\lambda_t）L+q_t\lambda_t+\frac{q_t（1+r）（1+\theta）L}{1+r_{t+1}} \quad （5.3.9）$$

将 $W_t+q_t=Hm_tP_t$ 代入上式，得：

$$（2+\theta）K_{t+1}=W_t L+q_t\lambda_t（1-L）+\frac{q_t（1+r）（1+\theta）L}{1+r_{t+1}}$$

$$=（Hm_tP_t-q_t）L+q_t\lambda_t（1-L）+$$

$$\frac{q_t（1+r）（1+\theta）L}{1+r_{t+1}} \quad （5.3.10）$$

将式（5.3.7）和 $K_{t+1}=m_{t+1}k_{i,t+1}$，$m_{t+1}=\left[1+（1-\lambda_t）HL\right]m_t$ 代入上式，得：

$$k_{i,t+1}=Zk_{i,t}^{\alpha}\frac{HL（1-\alpha）（HL\lambda_t）^{-\alpha}}{\left[1+（1-\lambda_t）HL\right]（2+\theta）}+\frac{q_t\lambda_t（1-L）}{（2+\theta）\left[1+（1-\lambda_t）HL\right]m_t}+$$

$$\frac{q_t（1+r）（1+\theta）L}{（2+\theta）\left[1+（1-\lambda_t）HL\right]m_t（1+r_{t+1}）} \quad （5.3.11）$$

式（5.3.11）是资本存量方程，由于均衡时利率不变，所以该模型存在均衡状态且有唯一解 λ^*，则总产出与企业产品种类数的增长速度相等，

则有：

$$g = \frac{\Delta m_t}{m_t} = HL\,(1-\lambda^*) \qquad (5.3.12)$$

在均衡状态无资产价格泡沫下，新建立企业的资本存量与该企业的价格相等，则有：

$$P_t = k_{i,\ t+1} = k^* \qquad (5.3.13)$$

把式（5.3.13）代入式（5.3.10），得：

$$(2+\theta)\,m_{t+1}k_{i,\ t+1} = (Hm_t P_t - q_t)L + q_t\lambda_t\,(1-L) +$$

$$\frac{q_t\,(1+r)\,(1+\theta)\,L}{1+r_{t+1}} \qquad (5.3.14)$$

把式（5.3.12）代入式（5.3.14），为简化计算，令

$$q_t\lambda_t\,(1-L) + \frac{q_t\,(1+r)\,(1+\theta)\,L}{1+r_{t+1}} = A$$

则有：

$$g = \frac{HL - q_t L/P}{2+\theta} + A' \qquad (5.3.15)$$

（2）有资产价格泡沫的经济增长模型

当存在资产价格泡沫时，企业的市场价格超出其基础价值，假设资产价格泡沫出现在代理人青年时期创办的企业中，则资产价格泡沫 b_t 可以表示成下式：

$$b_t = P_t - Q_t \qquad (5.3.16)$$

其中，Q_t 是企业的基础价值；代理人的行为由收益决定，因此，无论有没有资产价格泡沫，代理人最优化问题仍然同上述分析，但生产要素市场的资本市场由于资产价格泡沫存在，其均衡条件发生了变化，年轻时期的储蓄由于存在资产价格泡沫不能全部转化为资本，所以有下式：

$$K_{t+1} = S_t L + Hm_t p_t\,(1-\lambda_t)\,L - \sum b_t \qquad (5.3.17)$$

其中，$\sum b_t$ 指 t 期的资产价格泡沫总和；将式（5.3.6）代入上式，得，

$$（2+\theta）k_{t+1}=W_t\lambda_t L+Hm_t p_t（1-\lambda_t）L+q_t\lambda_t L+$$

$$\frac{q_t（1+r）（1+\theta）L}{1+r_{t+1}}-\sum b_t（2+\theta）\qquad（5.3.18）$$

将式（5.3.7）和 $W_t+q_t=Hm_t p_t$ 代入上式，得，

$$k_{i,\,t+1}=Zk_{i,\,t}^{\alpha}\frac{HL（1-\alpha）（HL\lambda_t）^{-\alpha}}{[1+（1-\lambda_t）HL]（2+\theta）}+\frac{q_t\lambda_t（1-L）}{（2+\theta）[1+（1-\lambda_t）HL]m_t}+$$

$$\frac{q_t（1+r）（1+\theta）L}{（2+\theta）[1+（1-\lambda_t）HL]m_t（1+r_{t+1}）}-\frac{\sum b_t}{m_{t+1}}\qquad（5.3.19）$$

式（5.3.19）是有资产价格泡沫的资本存量方程，与式（5.3.11）无资产价格泡沫的资本存量方程相比较，两者仅差 $\frac{\sum b_t}{m_{t+1}}$ 项，这时仍然存在均衡，总产出与企业产品种类数的增长速度相等，则有，

$$g=\frac{\Delta m_t}{m_t}=HL（1-\lambda_b^{*}）\qquad（5.3.20）$$

在均衡状态，有资产价格泡沫下，企业的资本存量处于一个稳定水平，则有

$$k_{i,\,t}=k_{i,\,t+1}=k^{*}\qquad（5.3.21）$$

把式（5.3.21）代入式（5.3.18），得

$$（2+\theta）K_{i,\,t}=W_t\lambda_t L+Hm_t p_t（1-\lambda_t）L+q_t\lambda_t L+$$

$$\frac{q_t（1+r）（1+\theta）L}{1+r_{t+1}}-\sum b_t（2+\theta）\qquad（5.3.22）$$

把式（5.3.22）代入式（5.3.20），则有，

$$g=\frac{HL-q_t L/P}{2+\theta}+A'\frac{r}{g-r}\qquad（5.3.23）$$

从以上分析可知，资产价格泡沫与经济增长的共容条件包括三点：第一，经济增长率超过利率水平，资产价格泡沫能够促进经济增长；第二，杠杆对资产价格泡沫、经济增长有明显影响作用，资产价格泡沫对经济的挤出效应小于杠杆膨胀的效应；第三，技术进步是经济增长的主要因素。

5.4　金融杠杆、资产价格泡沫与经济增长的时变效应研究

关于金融杠杆、资产价格泡沫与经济增长研究，前文分别对金融杠杆与资产价格泡沫、资产价格泡沫与经济增长之间的关系从实证与理论上进行了分析，在此仅从理论上阐述金融杠杆与经济增长之间的复杂内生性关联机制，然后对金融杠杆、资产价格泡沫与经济增长三者之间的时变联动效应加以实证研究。

中国当前正在经济转型的关键阶段，党的十九大明确提出，"我国经济已由高速增长阶段转向高质量发展阶段"，这意味着经济由高速增长转为中高速增长，而金融杠杆仍在持续攀升，金融与经济之间的"二元化"现象，使得本应服务于实体经济的信贷资金在金融体系内进行自我循环与空转，不但呈现出金融杠杆增长与经济发展的错配现象，而且对实体经济发展造成了巨大伤害。

关于金融杠杆与经济增长之间的关系，学术界存在两种相反的观点。一些学者认为，金融杠杆作为联系金融发展和经济增长的中间变量，发达金融体系能够增强实体经济在风险分散和资源配置上的能力，进而促进经济增长，例如，安塞莫格鲁和齐黎波提（Acemoglu & Zilibotti，1997）、柏克（Beck，2000）、昂（Ang，2008）。而另一些研究则对上述结论表示了怀疑，德·格雷格里奥和吉多蒂（De Gregorio & Guidotti，1995）、罗德里克和萨勃拉曼尼亚（Rodrik & Subramanian，2009）认为金融杠杆与经济增长并不存在显著的关系。尤其在 2008 年金融危机之后，更多的学者则提出了相反观点，百泽慕和格里达基（Bezemer & Grydaki，2014）针对世界 46 个经济体的研究指出，金融杠杆与经济发展之间存在显著的负相关关系，国内学者张春海（2018）对全球 79 个国家的研究发现，金融杠杆对经济发展促进效用的门限范围较小，更多呈现出的是对经济增长的抑制效应。近期研究发现，金融杠杆与经济增长之间并不是单纯的线性关系。艾瑞卡德（Arcand，2015）指出，金融杠杆与经济增长之间存在"倒 U 形"的非线性关系，而拐点预计在金融杠杆达到 80% ~ 100% 将出现。劳和辛格（Law & Singh，2014）研究发现，金融杠杆对经济增长存在门限效应，当金融杠杆低于 88% 时，其对经济增长具有推进作用，反之则对经济增长具有显著的负向影响作用。国内学者马勇和陈雨露（2017）发现，金融杠杆与经济增长之间有明显的"倒 U 形"关系。王艺璇和刘喜华（2019）、李沅漫（2019）指出，金融杠杆在适当阈值范围内，对经济增长有积极的推进作用，但超过阈值后，将抑制经济增长。

综上所述，金融杠杆、资产价格泡沫与经济增长之间存在显著影响关系，下文运用 SV–TVP–SVAR 模型进行实证分析。

5.4.1 SV–TVP–SVAR 模型

现实经济现象错综复杂，经济变量间的结构关系随着时间推移将不断变化，传统计量模型一般是线性的且残差服从正态分布，对经济现象的动态变化特征难以解释。借鉴普利米切利（Primiceri，2005）的方法，本书构建时变随机波动结构向量自回归（SV–TVP–SVAR）模型，该模型不但可以通过时变系数估计变量的相关系数，也能够通过时变波动解决异方差问题，提高模型估计的精确度。SV–TVP–SVAR 模型构建同时考虑了 VAR 方程的系数和随机误差项方差的时变性，具体构建过程如下：

（1）VAR（S）模型

$$y_t = A_{0,\,t} + A_{1,\,t}Y_{t-1} + A_{2,\,t}Y_{t-2} + \cdots + A_{s,\,t}Y_{t-s} + \varepsilon_t \qquad （5.4.1）$$

其中，y_t 表示 $M \times 1$ 阶向量，涉及三个向量（$M=3$），即金融杠杆、资产价格泡沫与经济增长；A_s 表示 $M \times M$ 阶自回归参数矩阵；ε_t 表示

$M \times 1$ 阶向量，其方差—协方差矩阵为 $\boldsymbol{\Omega}$，对其进行乔利斯基分解：

$$C_t \boldsymbol{\Omega}_t A_t^T = \sum_t \sum_t^T \rightarrow \boldsymbol{\Omega}_t = C_t^{-1} \sum_t \sum_t^T (C_t^{-1})^T \qquad (5.4.2)$$

其中，$C_t = \begin{bmatrix} 1 & 0 & \cdots & 0 \\ a_{21,t} & 1 & \cdots & 0 \\ \vdots & \vdots & \vdots & \vdots \\ a_{M1,t} & a_{M2,t} & \cdots & 1 \end{bmatrix}$ $C_t = \begin{bmatrix} \delta_{1,t} & 0 & \cdots & 0 \\ 0 & \delta_{2,t} & \cdots & 0 \\ \vdots & \vdots & \vdots & \vdots \\ 0 & \cdots & 0 & \delta_{M,t} \end{bmatrix}$

把式（5.4.2）代入式（5.4.1），得：

$$y_t = A_{0,t} + A_{1,t} Y_{t-1} + A_{2,t} Y_{t-2} + \cdots + A_{s,t} Y_{t-s} + C_t^{-1} \sum_t V_t \qquad (5.4.3)$$

其中，V_t 服从正态分布且是相互独立的随机变量；I_M 是一个 $M \times M$ 的单位矩阵。

（2）SV–TVP–SVAR 模型

$$y_t = X_t^T A_t + C_t^{-1} \sum_t V_t \qquad (5.4.4)$$

式（5.4.4）中，C_t 是下三角矩阵，且对角线上的值为 1，把其非 1 的元素按列堆叠 $a_t = (a_{1,t} \cdots a_{q,t})^T$；$h_t = (h_{1,t} \cdots h_{k,t})^T$，把对角线上元素取对数后按列堆叠得 $h_t = (h_{1,t} \cdots h_{k,t})^T$，其中 $h_{it} = \log \delta_{i,t}^2$，则 SV–TVP–SVAR 模型中参数都服从随机游走过程，即：

$$\begin{aligned} \beta_{t+1} &= \beta_t + \mu_{\beta_t} \\ \alpha_{t+1} &= \alpha_t + \mu_{\alpha_t} \\ h_{t+1} &= h_t + \mu_{h_t} \end{aligned} \quad \begin{bmatrix} \varepsilon_t \\ \mu_{\beta t} \\ \mu_{\alpha t} \\ \mu_{ht} \end{bmatrix} \sim N\left(0, \begin{bmatrix} I & 0 & 0 & 0 \\ 0 & \Sigma_\beta & 0 & 0 \\ 0 & 0 & \Sigma_a & 0 \\ 0 & 0 & 0 & \Sigma_h \end{bmatrix}\right) \qquad (5.4.5)$$

在式（5.4.5）中，$t = s+1 \cdots n$；$\beta_{s+1} \sim N(\mu_{\beta,0}, \sum_{\beta,0})$；$\alpha_{s+1} \sim N(\mu_{\alpha,0}, \sum_{\alpha,0})$，$h_{s+1} \sim N(\mu_{h,0}, \sum_{h,0})$。普利米切利（Primiceri，2005）指出这个假设允许模型参数暂时或永久性变动，能够追踪潜在的经济结构的突变和渐变，其参数估计运用马尔科夫蒙特卡罗（Markov Chain Monte Carlo，

MCMC）算法估计。

（3）MCMC 算法

假设 $\tau = \left(\sum \beta, \sum \alpha, \sum h \right)$，$\pi(\tau)$ 是其先验概率密度，运用 MCMC 算法中的 Gibbs 抽样方法，从后验分布 $\pi(\beta, \alpha, h, \tau \mid y)$ 中抽样，包括如下算法与步骤：

①初始化待估参数 β, α, h, τ；

②从后验分布 $\pi\left(\beta \mid \alpha, h, \sum \beta, y \right)$ 中抽取 β；

③从后验分布 $\pi\left(\sum \beta \mid \beta \right)$ 中抽取 $\sum \beta$；

④从后验分布 $\pi\left(\alpha \mid \beta, h, \sum \alpha, y \right)$ 中抽取 α；

⑤从后验分布 $\pi\left(\sum \alpha \mid \alpha \right)$ 中抽取 $\sum \alpha$；

⑥从后验分布 $\pi\left(h \mid \beta, \alpha, \sum h, y \right)$ 中抽取 h；

⑦从后验分布 $\pi\left(\sum h \mid h \right)$ 中抽取 $\sum h$；

⑧返回到②重新开始抽样，直至所有参数被估计。

5.4.2 变量说明及数据来源

实证模型包括金融杠杆（FL）、资产价格泡沫［包括股市泡沫（SB）与房地产泡沫（HB）］、经济增长（GDP）三个变量，前文已对这三个变量进行了 ADF 检验。金融杠杆、资产价格泡沫、GDP 的数据均来源于 Wind 数据库。样本期为 2006 年 1 月—2016 年 6 月，共计 126 个样本数据。

5.4.3 实证结果及其分析

根据相关理论，将 SV–TVP–SVAR 模型中的变量依次设为金融杠杆（下文用 FL 代替）、资产价格泡沫（下文用 SB、HB 分别代替股市泡沫与房

地产泡沫）和经济增长（用 GDP 代替）。为了计算参数的后验估计，根据 AIC 和 BIC 信息准则，选定模型的滞后期为2。参考中岛（Nakajima，2012），对模型参数的初始分布和扰动项分布假定如下：

$$\mu_{\beta_0}=\mu_{\alpha_0}=\mu_{h_0}=0 \qquad (5.4.6)$$

$$\sum \beta_0=\sum \alpha_0=\sum h_0=10I \qquad (5.4.7)$$

$$\left(\sum \beta\right)_i^{-2} \sim Gamma（40，0.02）；\left(\sum \alpha\right)_i^{-2} \sim Gamma（4，0.02）；$$

$$\left(\sum h\right)_i^{-2} \sim Gamma（4，0.02）。$$

其中，$\left(\sum \beta\right)_i$、$\left(\sum \alpha\right)_i$、$\left(\sum h\right)_i$ 分别是其对应方差—协方差矩阵对角线上的元素。MCMC 抽样次数设定为10000次，前1000次是预烧值（burn in），后9000次作为计算后验均值与方差。

下文运用 SV–TVP–SVAR 模型和 MCMC 算法分别对金融杠杆、股市泡沫与经济增长以及金融杠杆、房地产泡沫与经济增长之间的关系进行实证研究。

5.4.3.1　金融杠杆、股市泡沫与经济增长之间的动态时变影响效应

（1）参数估计结果及分析

参数估计结果如图 5.4.1 和表 5.4.1 所示。图 5.4.1 表示金融杠杆、股市泡沫与经济增长样本自相关系数、取值路径和后验分布密度，可以得知，第一行经过迭代抽样后的样本自相关系数呈现出稳定下降趋势，表明抽样数据具有平稳性。从第二行的取值路径能够得出，参数围绕后验均值出现"白噪声"路径，表明抽样获得的参数是相互独立的。

表 5.4.1 是 SV–TVP–SVAR 模型参数估计结果，参数的后验均值均位于 95% 置信区间内；由于 Geweke 检验收敛诊断值都小于 1.96，所以在 5% 的置信水平下，统计量均无法拒绝 Geweke 检验的原假设，也就是说，

模型参数收敛于后验分布。同时，参数的无效影响因子也较低，这在总抽样次数为 10000 次的 MCMC 抽样中可以获得足够的有效样本，因此，用 MCMC 算法对于 SV–TVP–SVAR 模型的所有参数的模拟估计是有效的。

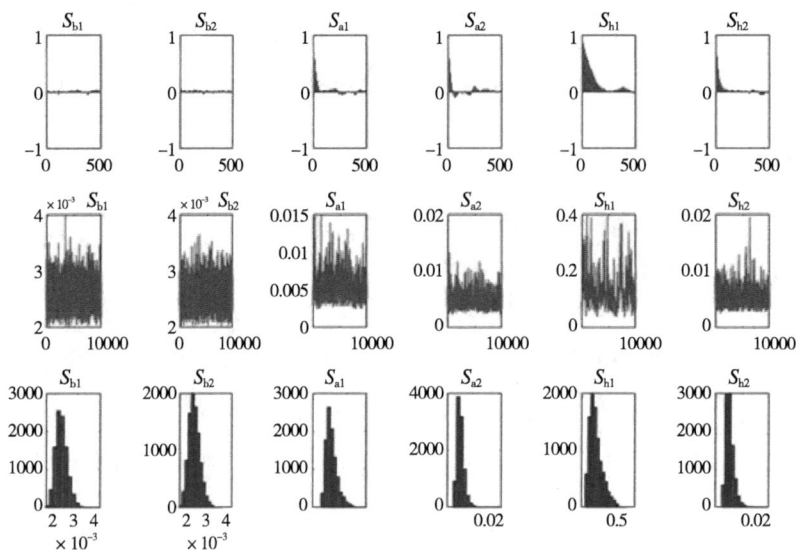

图 5.4.1　SV–TVP–SVAR 模型的参数估计结果

表 5.4.1　SV–TVP–SVAR 模型的参数回归结果

变量	参数	均值	标准差	95%U	95%L	Geweke 检验	无效因子
FL	S_{b1}	0.0023	0.0003	0.0018	0.0028	0.465	3.92
	S_{b2}	0.0023	0.0003	0.0018	0.0028	0.919	6.66
SB	S_{a1}	0.0057	0.0017	0.0034	0.0100	0.797	39.95
	S_{a2}	0.0054	0.0016	0.0034	0.0090	0.669	26.30
GDP	S_{h1}	0.1384	0.0615	0.0547	0.2920	0.263	131.55
	S_{h2}	0.0055	0.0017	0.0034	0.0096	0.518	46.45

注：① Geweke 检验：0.05 显著性水平时，其临界值为 1.96；0.01 的显著性水平，其临界值为 2.56；② S_{h1} 的无效影响因子稍高，但在连续抽样 10000 次下，能够得到充分的不相关样本数量。

（2）时变参数脉冲响应分析

与含有不变参数 SVAR 模型不同的是，SV–TVP–SVAR 模型能够从两

个时间维度：不同时期和不同时间点分别对 *FL*、*SB* 对 GDP 的动态影响效
应进行分析，图 5.4.2 是不同时期的脉冲响应，图 5.4.3 是不同时间点上的
脉冲响应。

①不同时期脉冲响应。图 5.4.2 表示 *FL*、*SB* 对 GDP 冲击为滞后 4 个
月、8 个月和 12 个月后的响应，选取滞后期为 4、8、12 个月分别代表短
期、中期和长期。可以清楚地看出：一是 *FL*、*SB* 对 GDP 冲击在不同时期
的影响程度不同，具有非常显著的时变特征；二是 *FL* 对 GDP 的冲击与 *SB*
对 GDP 冲击形成的脉冲响应的变化趋势相似，但在方向上不同。下文分别
进行分析：

FL 对 GDP 的脉冲响应函数曲线在 2015 年之前所有数值为负且在
2012 年负相关达到了最大值，2015 年之后，*FL* 对 GDP 的脉冲响应函数
曲线数值为正，以上结论表明：首先，*FL* 与 GDP 之间确实存在显著的
非线性"倒 U 形"关系；其次，从 2006—2015 年，*FL* 与 GDP 之间呈现
显著的负向相关关系，此结论符合国内外学者的论断。究其原因：一是
研究样本在 2006 年 1 月—2016 年 6 月期间，绝大多数样本数据来源于
金融危机后，卢梭和瓦赫特尔（Rousseau & Wachtel，2011）研究指出，
在 1960—1989 年，金融发展与经济增长之间一般表现为显著的正比例关
系，但自 20 世纪 90 年代以来，过度的金融自由化和监管、法律方面的
发展不足，削弱了金融发展对实体经济的促进作用，国际金融危机后的
15 年间两者之间不再存在正相关关系。二是金融杠杆对经济增长的影响
存在一个阈值范围，适度的金融杠杆有益于经济增长，但金融杠杆过高
或者过度波动都将对实体经济发展产生不利影响。综观近年来，我国货
币政策持续宽松，金融杠杆不断攀升，实体经济中的流动性增加，但同
时也推高了生产要素成本、实体经济报酬率低、生产者投资意愿被削弱，
导致实体经济对流动性的吸收能力持续下降，货币宽松转变为信用宽松

的效率大幅下降，对实体经济增长造成了危害。但同时，金融杠杆膨胀所增加流动性大量进入资本市场，金融市场的过度繁荣导致借贷资金在金融体系内空转，系统性金融风险和资产价格泡沫不断膨胀；另外，还有一大部分流动性进入资金效率利用低、产能过剩的房地产市场、地方政府融资平台和国有企业等，资金利用效率高的中小企业却面临筹资难和筹资贵的窘境，金融资源错配现象显著，以上这些问题导致经济增长的下滑。三是国际金融危机后，特别是 2012 年之后的利率市场化和金融自由化，金融脱离实体经济自我繁衍与繁荣的畸形发展结果，是造成我国金融杠杆问题的根源。最后从世界范围来说，马勇等（2016）指出，2008 年金融危机的另一个重要根源就是负债大量证券化导致的金融体系过度杠杆化，而金融危机后大幅度"去杠杆化"则将危机国家的金融和经济带入了不稳定和衰退状态之中。

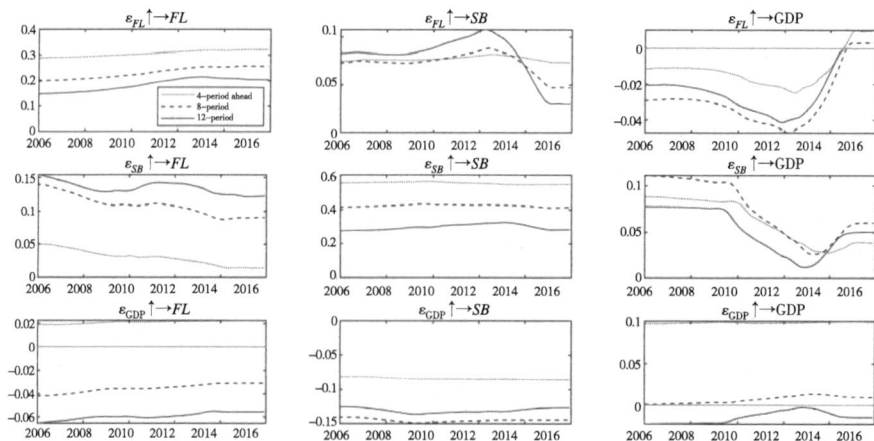

图 5.4.2　SV-TVP-SVAR 模型不同时期的脉冲响应

SB 对 GDP 的脉冲响应函数曲线在样本研究期间所有系数为正，在 2006—2009 年间，*SB* 与 GDP 的正相关关系比较稳定，2009—2012 年，*SB* 与 GDP 的正相关关系则不断减弱，2012 年之后，两者之间的正相关关系

则不断增强。同时与 *FL* 对 *SB* 脉冲响应函数曲线相比较，*FL* 对 *SB* 的脉冲响应函数曲线在样本研究期间所有系数也全为正，在 2006—2009 年间，*FL* 对 *SB* 的正相关关系比较稳定，2009—2012 年，*FL* 对 *SB* 的正相关关系系数则不断上升且达到最大值，2012 年之后，两者之间的正相关关系系数则不断下降。上述实证结果表明：一是进一步支持金融杠杆攀升所增加的信贷资金大量进入了资本市场的论断，金融杠杆与股市泡沫之间的正相关关系在前面章节就已经从理论和实践上进行了阐述，在此不复累赘；二是从改革开放以来，中国经济从动态无效逐渐向动态有效转化，适当的资产价格泡沫有益于经济增长，能够改进经济的动态效率和优化资源配置，这一点从 2006—2009 年间 *SB* 与 GDP 的正相关关系比较稳定的实证结果中可以得到验证。但是资产价格泡沫不能无限膨胀，必须控制在合理的范围内，资产价格泡沫也不能轻易戳破，反之政府往往采取更为宽松的货币政策，利用杠杆融资促进固定资产投资和基建等来推动经济增长，通过经济增长吸收资产价格泡沫。2009—2012 年间，*SB* 与 GDP 的正相关系数大幅度下降表明我国的资产价格泡沫膨胀程度超出了合理范围，对经济增长的促进效用大幅下降甚至接近为零。此后年间，国家明确提出金融去杠杆与控制资产价格泡沫的一系列政策，其对经济增长的促进作用再次显现，但是需要谨慎的是：金融加杠杆的过程实质是资产负债表扩表过程，资产端与负债端同时迅速膨胀，资产端的财富实际上大部分都是债务创造的，而信用扩张创造债务，如果这些信用不被兑现，财富也无法存在，并且可能由于资产负债表的剧烈变化造成实体经济的衰退和萧条（苏园，2019）。

②不同时点脉冲响应。选取不同时间点 *t*=30、60、90**❶**，从图 5.4.3 中可以看出：其一，在不同时间点上，*FL* 对 GDP、*SB* 对 GDP 的脉冲响应的

---

❶ 30、60、90 折算为具体时间分别为 2008 年 6 月、2011 年 1 月和 2013 年 6 月。

三条曲线不重合，表明 *FL*、*SB* 对 GDP 影响具有显著时变效应；其二，在不同时点上施加三次冲击，*FL* 对 GDP、*SB* 对 GDP 的脉冲响应曲线的走势具有一定的相似性，但在方向上存在差异，下面分别进行分析。

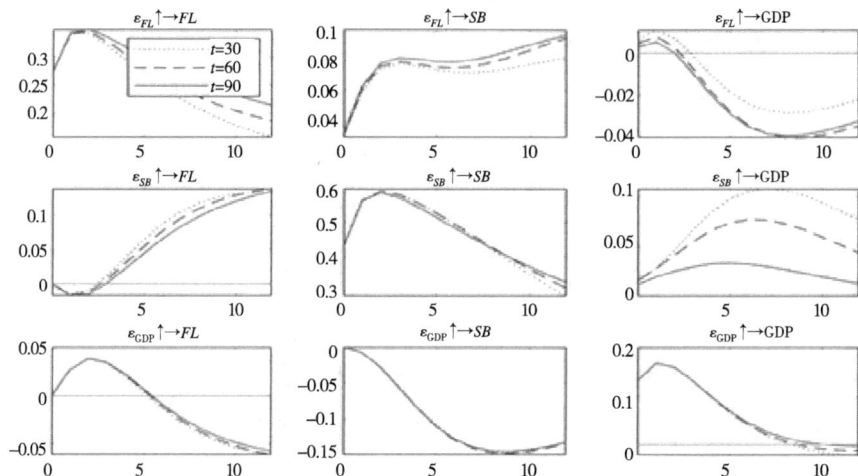

图 5.4.3 SV-TVP-SVAR 模型不同时点的脉冲响应

FL 对 GDP（$\varepsilon FL \uparrow \rightarrow$ GDP）负向冲击的脉冲响应在 $t=30$ 时点上的形态不一致，但在 $t=60$ 和 90 时点上轨迹几乎重合；在三个时点上，脉冲响应都从当期开始上升且在第一期达到正的最大值，之后急剧下降为负值，在第 8 期又逐渐上升，这个结论与前面的时期脉冲响应论断一致，再次支持了金融杠杆与经济增长之间确实存在显著的非线性关系结论。

SB 对 GDP（$\varepsilon SB \uparrow \rightarrow$ GDP）正向冲击的脉冲响应在三个不同时点上都从当期开始上升至最大值，然后逐渐开始下降，但在三个不同时点上上升至最大值的顺序不同，$t=90$ 最先达到且曲线走势平坦，$t=60$ 次之达到且曲线走势较陡峭，$t=90$ 最后达到且曲线走势非常陡峭，这些结论表明：股市泡沫与经济增长之间也存在着显著的"倒 U 形"非线性关系。

5.4.3.2　金融杠杆、房地产泡沫与经济增长之间的动态时变影响效应

（1）参数估计结果及分析

参数估计结果如图 5.4.4 和表 5.4.2 所示。分析同上，结果表明符合 SV-TVP-SVAR 模型检验的要求。

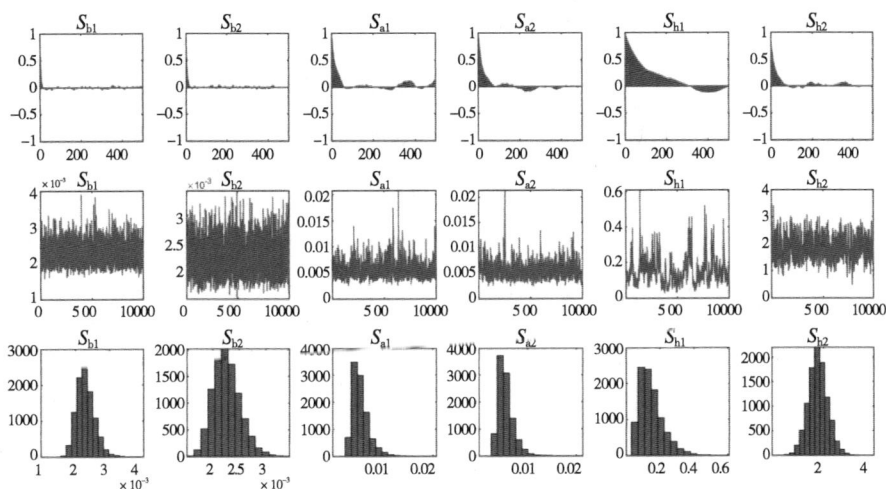

图 5.4.4　SV-TVP-SVAR 模型的参数估计结果

表 5.4.2　SV-TVP-SVAR 模型的参数回归结果

变量	参数	均值	标准差	95%U	95%L	Geweke 检验	无效因子
FL	S_{b1}	0.0023	0.0003	0.0018	0.0028	0.465	3.92
	S_{b2}	0.0023	0.0003	0.0018	0.0028	0.919	6.66
HB	S_{a1}	0.0057	0.0017	0.0034	0.0100	0.797	39.95
	S_{a2}	0.0054	0.0016	0.0034	0.0090	0.669	26.30
GDP	S_{h1}	0.1384	0.0615	0.0547	0.2920	0.263	131.55
	S_{h2}	0.0055	0.0017	0.0034	0.0096	0.518	46.45

注：① Geweke 检验：0.05 显著性水平时，其临界值为 1.96；0.01 的显著性水平，其临界值为 2.56；② S_{h1} 的无效影响因子稍高，但在连续抽样 10000 次下，能够得到充分的不相关样本数量。

（2）时变参数脉冲响应分析

图 5.4.5 是金融杠杆（ FL ）、房地产泡沫（ HB ）和经济增长（GDP）在不同时期的脉冲响应，图 5.4.6 是三者在不同时间点上的脉冲响应。

①不同时期脉冲响应。图 5.4.5 描述了不同时点与滞后期下的脉冲响应，可以清楚地看出两点：一是 FL 、 HB 对 GDP 冲击在不同时期的影响程度不同，具有非常显著的时变特征；二是 FL 对 GDP 的冲击与 HB 对 GDP 冲击形成的脉冲响应的变化趋势存在很大差异且在方向上不同。下面分别进行分析：首先， FL 对 GDP 的脉冲响应函数从正值变成负值，再次证明金融杠杆与经济增长之间确实存在显著的非线性"倒 U 形"关系；其次， HB 对 GDP 的冲击在样本研究初期非常明显，在 2016 年左右达到高峰，此后冲击接近于零，这与我国实际经济情况基本相符，原因前面已经阐述。

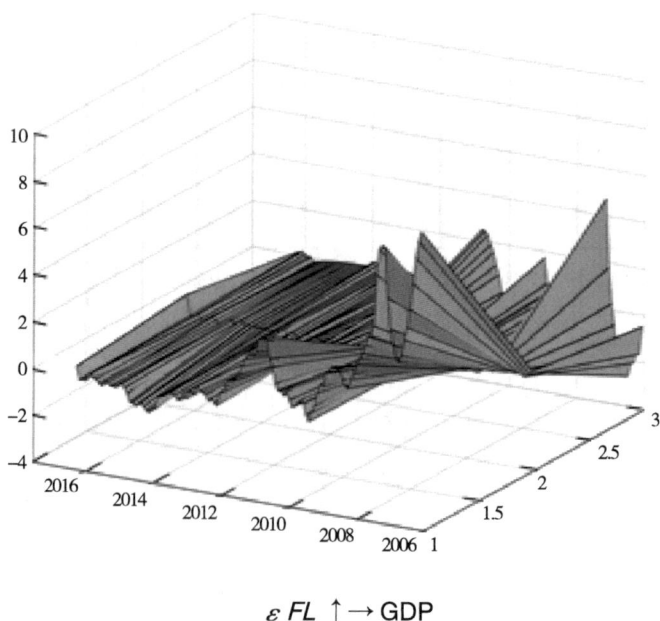

$\varepsilon\,FL \uparrow \to$ GDP

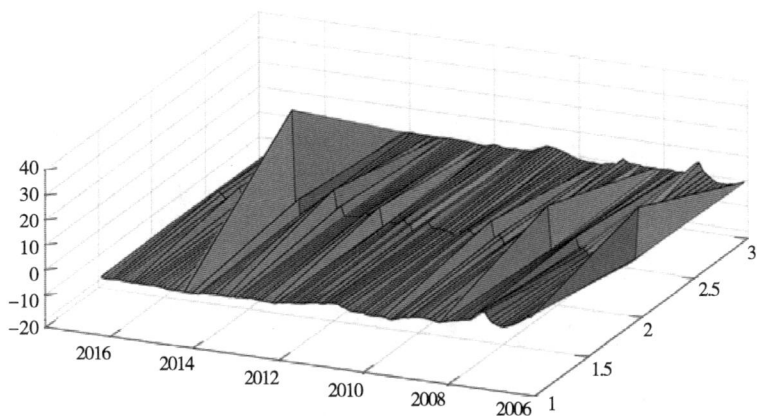

$$\varepsilon\, HB \uparrow \rightarrow GDP$$

图 5.4.5　SV–TVP–SVAR 模型不同时期的脉冲响应

②不同时点脉冲响应。从图 5.4.6 中可以看出：其一，在不同时间点上，*FL* 对 GDP、*HB* 对 GDP 的脉冲响应的三条曲线不重合，表明 *FL*、*HB* 对 GDP 影响具有显著时变效应；其二，在不同时点上施加三次不同冲击，*FL* 对 GDP、*HB* 对 GDP 的脉冲响应曲线的走势具有一定的相似性，下面分别进行分析：*FL* 对 GDP（$\varepsilon\, FL \uparrow \rightarrow GDP$）脉冲响应在 $t=30$、$t=60$ 和 $t=90$ 三个时点上趋势都从正值逐渐变成负值，在三个时点上，脉冲响应都从当期开始上升且在第一期达到正的最大值，之后急剧下降为负的最大值，在第 8 期又逐渐上升，这个结论与前面的时期脉冲响应论断一致，再次支持了金融杠杆与经济增长之间确实存在显著的非线性关系结论。*HB* 对 GDP（$\varepsilon\, SB \uparrow \rightarrow GDP$）脉冲响应在三个不同时点上虽然基本趋势都是先增后减再增，但却存在较大的差异性。在三个不同时点上达到零值的时点明显不同，$t=90$ 在 2 期已经达到，$t=60$ 在 4 期达到，$t=30$ 在 6 期达到；并且 $t=30$ 曲线走势陡峭，$t=60$ 曲线走势较陡峭，$t=90$ 较平坦，这些结论表明：房地产泡沫对经济增长在短期内影响作用明显，但长期内效应减弱。

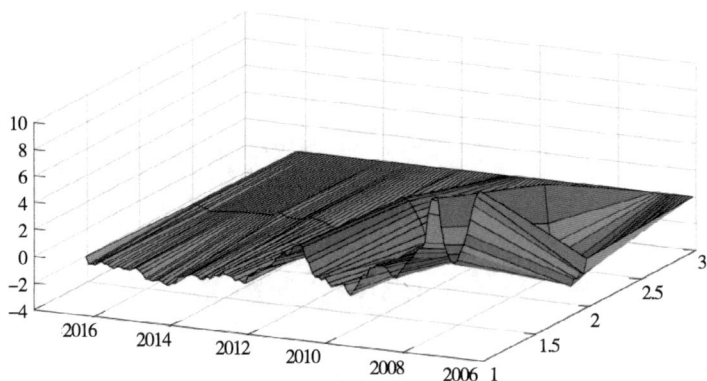

$\varepsilon\,FL\uparrow\to\mathrm{GDP}$

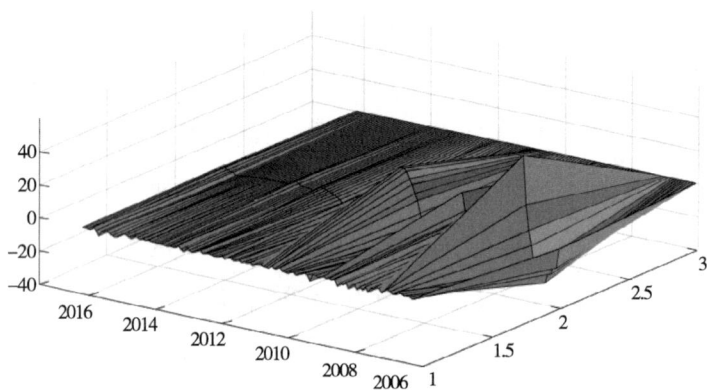

$\varepsilon\,HB\uparrow\to\mathrm{GDP}$

图 5.4.6　SV-TVP-SVAR 模型不同时点的脉冲响应

5.5　本章小结

高杠杆与资产价格泡沫仅是表象，隐藏在背后的实质是虚拟经济与实体经济的背离，所以，本章从表象分析上升到实质剖析。首先阐述了金融杠杆与银行风险承担之间的影响效应，运用 DGMM（差分广义矩估计）和

门限效应从两个阶段进行了检验；银行风险承担不但与杠杆有关，而且与货币政策有关，其次，通过理论分析和谱分析实证检验了资产价格泡沫与经济增长之间的周期联动效应；再次，剖析了资产价格泡沫与经济增长的共融效应；最后，联立金融杠杆、资产价格泡沫和经济增长三个变量，运用 SV–TVP–SVAR 模型和 MCMC 算法，从时期和时点两个维度研究了三者之间的动态时变影响效应。

6 金融去杠杆与资产价格泡沫监控系统研究

高杠杆经济下去杠杆是必然选择，我国目前实体去杠杆与金融去杠杆并存的形势下，如何去杠杆？去哪些杠杆？夫到什么程度？去杠杆的力度、次序、时间如何把握？采用主动式还是被动式、结构式还是总量式去杠杆？这些问题仍处在争议中；除了房产税目前仍在试点中，限购限贷政策可以说是遍及全国实施，限贷政策能抑制房地产泡沫吗？资产价格泡沫具有爆发突然、危害性大的特点，一旦资产价格泡沫膨胀甚至破裂，国家再采取补救措施，必将付出较大代价，因此，建立一个理论充分、规范可行和切合实际的资产价格泡沫监控系统是风险防范的关键。

6.1 去杠杆的范畴界定及认知

6.1.1 去杠杆的范畴界定

2008 年次贷危机后，"去杠杆"成为全球金融经济的热点。我国在 2015 年推出的供给侧结构性改革，"三去一降一补"的"去杠杆"是其主要内容，2016 年，国家更是连续颁发了关于去杠杆的各种意见和措施，

2018 年 4 月，中央财经委员会首提"结构性去杠杆"政策，去杠杆步入了结构性改革阶段。

去杠杆是目前人们关注和流行的词语，那么什么是去杠杆？王国刚（2017）指出，"去杠杆"的含义不是使实体企业的负债率降至零，而是把杠杆率降到有效防御风险的阈值范围内。杠杆与债务相连，不管是在商品交易中，货币由于执行支付职能形成的债务债权关系，还是由于资金短缺引起的借贷关系，没有债权债务关系就没有现代金融和市场经济，因此现实中杠杆无处不在，经济社会的运作离不开杠杆化，那么去杠杆就不能将杠杆率降为零。李扬（2018）认为去杠杆的要义就是把杠杆对经济发展有益的方面留下来，把造成金融风险的那部分消除掉❶。去杠杆的目的就是创造良好的金融生态，是为了让金融体系更加稳健和健康地运行，因此去杠杆去的是烂杠杆，把杠杆中低质量的债务去掉，这与加点好杠杆和增加优质贷款并不矛盾。巴曙松（2018）指出，金融去杠杆是指把游离于监管之外、缺乏资本保障的杠杆去掉。金融去杠杆的必要条件是由于短期资金市场利率的上升导致的货币供给的收紧，使得融资成本增加，利差受到了挤压❷。崔宇清（2017）认为金融去杠杆不是完全取消杠杆，而是把未计提资本的、游离在监管之外的、风险不明的"影子杠杆"去掉。金融去杠杆的目的是要防范因杠杆过度滥用而导致的金融风险。还有一些学者认为，去杠杆就是消除那些以小博大的资金，具体表现就是减少违规信贷、减少金融产品嵌套和降低企业负债率。金融去杠杆就是打压那些以"金融创新"为名目而进行空转套利资金的回报率，从而促使流动性"脱虚向实"，实现金融与实体经济的良性循环。

从 1993 年到 2019 年，我国杠杆先后四次到达阶段性高峰，与此相对应，

---

❶ 李扬. 去杠杆，别把孩子和洗澡水一起泼掉！资料来源于微信公众号：中国经济大讲堂。

❷ 雪球网. 巴曙松：金融去杠杆的缘起与走向［EB/OL］.［2018-06-17］.

也前后经历了四次"去杠杆"阶段，如图 6.1.1 所示。

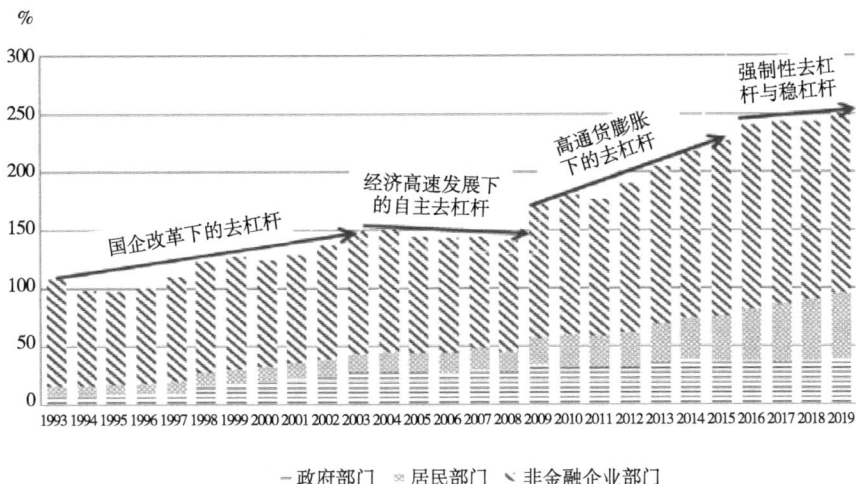

图 6.1.1 四次去杠杆阶段

四次去杠杆阶段包括：第一个阶段是从 1993—2003 年，是平稳加杠杆阶段，在 10 年时间内，杠杆平均增长 4%，因此，国家在 1999 年开启以国有企业改革为目标的去杠杆，清理企业的呆账坏账、增资减债、成立金融资产管理公司处置四大行的不良资产、建立现代企业制度等一系列去杠杆的措施。第二个阶段是从 2003—2008 年，我国 GDP 每年以两位数的速度增长，超过货币与债务的增速，因此，2004 年的去杠杆是全球经济繁荣与我国经济迅速发展周期叠加的"自主"去杠杆。第三个阶段是 2008—2015 年，是杠杆疯狂飙升的阶段，在 7 年内，杠杆平均每年增长 12%，通货膨胀严重，2011 年，国家通过上调利率、收紧货币、严控房地产交易和房产税试点等措施去杠杆。第四个阶段是 2015 年之后，国家出台了"供给侧改革""结构性去杠杆"政策、地方政府债务限额管理和风险应急处置、全面防范系统性风险等相关文件和措施，力度之大远超前三次，开始强制性去杠杆。前三个去杠杆更多对应着实体去杠杆阶段，而后一个主要是金融去杠杆阶段。

6.1.2 去杠杆的正确认知

我国历经四次去杠杆，2017年党的"十九大"、2018年召开的中央经济工作会议更是将"去杠杆"作为三大攻坚战之首，但对"去杠杆"仍存在认知误区。要顺利稳妥推进"去杠杆"，首先必须破除认知上的误区。

（1）去杠杆绝不能简单等同于欠债还钱

人们愿意持有债务是由于资金不足，而把债务还掉意味着资金的短缺，弥补途径只有通过出卖拥有的资产获取资金，那么，就存在两个问题：一是卖者众多的话，资产价格将被压低；二是大家都卖，谁是买者？所以，李扬（2018）指出，对于资产市场的交易，不要认为偿债在理论上可行，在实践中就一定行得通。去杠杆也不是简单的降低债务，杠杆是一个分式，分子是金融因素，分母是实体经济因素，因此，去杠杆不能只考虑一个方面或者不能简单认为就是分子端的债务降低。在现代金融与实体经济息息相通的情况下，分母的经济增长是去杠杆的最优路径，但分母的经济增长往往伴随着分子的债务扩张，结果是加杠杆还是去杠杆很难掌握，处理好分子与分母之间的辩证关系很关键，去杠杆没有万全之策。

（2）紧缩性货币政策去杠杆

去杠杆一般需要实行紧缩性的货币政策，这将导致短期利率大幅上升，进而拉升中长期利率，金融体系和实体经济部门融资成本将增加，给企业带来更大的偿债压力，若选择内源性融资，只能在短期内折价出售资产，导致资产价格下跌并进一步恶化其资产负债状况，引发债务—通缩；若选择"借新还旧"外部融资将直接加大债务规模，两者实际上最终推升了杠杆率。同时，我国不同部门的杠杆，尤其是企业部门的杠杆具有鲜明的结

构性特征，紧缩性货币政策虽然提高了国有和大型企业、政府部门的融资成本，但由于软预算约束受到的冲击较小，而小型、民营企业的融资贵和融资难的问题将更加突出。

（3）居民部门作为转杠杆的主要部门

目前，对于居民是否应为转杠杆的主要部门，存在较大争议。认为居民部门加杠杆的理由如下：①我国居民杠杆率在国际上处于中等水平，与国内政府部门、金融企业、非金融企业相比，居民杠杆率较低，因此可作为下一步转杠杆的选择（张晓晶等，2018）；②高储蓄率是导致其他部门杠杆偏高的主要原因，居民部门加杠杆可以降低储蓄率和其他部门的杠杆（刘喜和等，2017）。但也有不少研究持反对态度。潘敏和刘知琪（2018）指出，居民加杠杆对消费具有异质性：对生存型消费有促进作用，但对发展与享受型消费具有抑制作用，因此，居民部门加杠杆对消费的总体作用难以确定。刘哲希和李子昂（2018）研究发现，居民部门加杠杆会抑制人们消费和投机的显著增加，不但难以缓冲企业去杠杆导致的经济下行压力，而且引起经济产出水平大幅下降，不利于我国结构性去杠杆的推进。魏玮和陈杰（2017）指出，居民部门加杠杆能够显著增加资产价格泡沫风险。虽然存在两种相反的观点，支持居民部门加杠杆的观点却日趋强烈。但应注意的是：一是居民部门杠杆率与房价密切相连，大幅度加杠杆容易滋生资产价格泡沫，对投资和消费产生挤出效应，抑制经济增长。根据国家金融与发展实验室报告，2019 年 6 月统计的居民杠杆率高于 80% 的 5 个城市为深圳、海口、温州、厦门和杭州，其居民部门的金融风险较大，并且这些城市的房地产价格较高，表明房地产价格与居民杠杆率显著相关。二是企业部门与居民部门杠杆同向变化，预期收入下降，收缩的企业部门较难支撑居民部门杠杆逆势上行。三是居民加杠杆引起的房价上涨对消费有显著抑制效应，反而是居民加杠杆将延缓产能过剩行业去产能。

（4）杠杆可以短期内降低

"去杠杆"与短期内"降杠杆"不能同日而语。去杠杆源自英文"Deleveraging"，该词的前缀"de-"的含义为除去、离开等，中文中的"去"也有消除、除掉之含义，因此，"去杠杆"就是除掉债务、离开债务等，意味着攻坚战，不是短期内降杠杆的速决战。短期冒进降低杠杆率绝对水平危害较大，恐慌性去杠杆直接导致了 2008 年的金融危机。既要认识去杠杆的紧迫性，又必须知道"去杠杆"需要相对漫长的时间，一般会历经稳杠杆—移杠杆—降杠杆—去杠杆的阶段，并且从总量控制不如从部门进行控制，即结构性去杠杆可能优于一刀切的总量去杠杆；控水平不如控增速，即现阶段稳杠杆比去杠杆可能更加合适。

（5）去杠杆与去库存的"悖论"

一部分人认为，去杠杆与去库存无法同时实现，两者之间存在"悖论"：去库存就必须加杠杆，而去杠杆就无法去库存，并且出现了运用加杠杆去房地产库存的反常现象。实际上，去杠杆与去库存，是供给侧改革中步调一致之举，并无矛盾，而"悖论"认知的出现在于管理部门对供给侧改革的理解不够，混淆了两者之间的从属关系。供给侧改革目标是满足人民不断增长的物质文化和生态文明的需要，而"三去一降一补"则是供给侧改革目标实现的途径，所以，去库存是为了强实体和降风险，这是途径和目标之间的关系，从这个角度出发，应衡量风险与收益之间的平衡，资产谋求"价升"转为"量增"，风险实现杠杆约束，从而实现去杠杆和去库存的统一（张鹏，2016）❶。

---

❶ 搜狐网. 张鹏：去杠杆预取库存的"悖论"［EB/OL］.［2016–11–15］.

6.2 实体去杠杆路径研究

实体部门和金融部门互为表里，实体部门的资产（负债）实际上就是金融部门的负债（资产），实体杠杆与金融杠杆同源于信用扩张，所以，实体去杠杆和金融去杠杆是一体两面，两者相互配合和呼应，不可顾此失彼，需要统筹兼顾，避免导致"实"和"虚"两大体系的分割。另外，与金融去杠杆相比，实体去杠杆要经历相对较长时期才能完成，因此，在近期内，我国应该遵循"实体稳杠杆，金融去杠杆"的指导思路，在严控实体经济部门债务增加的同时，把金融部门去杠杆作为当前时期的重点，但从逻辑上讲，金融去杠杆是为了其回归金融本源，更好地服务于实体经济。

6.2.1 "去杠杆"与"稳增长"的困境

在实体经济下滑和杠杆率高企的情况下，我国宏观政策调控处于"稳增长"与"去杠杆"目标的两难之中，如何破局"去杠杆"与"稳增长"的困境，这是"去杠杆"首先需要解决的问题。

从杠杆公式来看，杠杆是个分式，从分子端来说，削减分子端的债务将引起宏观总需求下降，由此导致经济增长降低，而经济增长下降能够通过拉低名义 GDP 增速抬高杠杆率；从分母端来看，经济增长是去杠杆的最优路径，但分母的经济增长往往伴随分子的债务扩张，"稳增长"与"去杠杆"存在"跷跷板效应"。

从国内情况来看，我国实体经济自 2010 年以来，一直存在下行的趋势，结构性问题凸显，国家为了刺激经济增长采取了一系列宽松的货币政策与财政政策，但由于政府隐性担保和刚性兑付、银行粗放的发展模式等，信贷资金大多流向利用效率较低的国有企业和房地产等行业，非金融部门的杠杆率高企，同时造成大量资金在金融部门内空转，导致金融部门利用层层加杠杆获取了高额收益。从 2010 年之后，我国的 GDP 增速与非金融部门的金融杠杆增长呈现明显的"剪刀差"，如图 6.2.1 所示。在杠杆率高企形势下，一方面，要稳定经济增长，防止经济失速，但"稳增长"需要信贷规模适度的增长，另一方面，需要降低杠杆，防范金融系统性风险，而"去杠杆"要求适当降低信贷增速，"稳增长"与"去杠杆"往往无法同时兼顾。在第五章中，笔者采用国内经济数据，通过实证研究也表明了金融杠杆与经济增长之间存在显著的非线性"倒 U 形"关系。

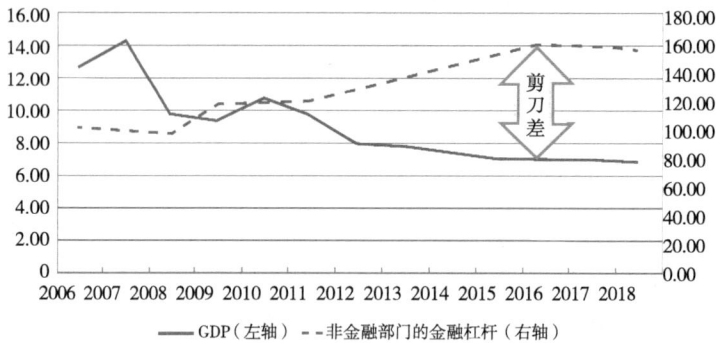

图 6.2.1　GDP 增速与非金融部门的金融杠杆增长呈现的"剪刀差"

去杠杆并非是孤立的，它与经济增长紧密关联，现有文献更多支持地去杠杆必然导致经济增速下降的观点。古（Koo，2015）认为去杠杆将加重经济下行和引发经济长期萧条，指出美国次贷危机和日本"失去的 20 年"都归结于去杠杆引起的"资产负债表衰退"。卡波罗尔（Caballero，2013）指出，去杠杆导致家庭消费需求和资本性投资减少，经济增长出现显著的负效应；莱因哈特和罗格夫（Reinhart & Rogeff，2010）研究发现，外债杠杆上升到 60% 以上，新兴经济体国家的经济增速下降 2%；政府杠杆上升至 60% 以上，新兴经济体国家的经济增速下降 1%，发达国家的经济增速下降 4%。国内学者马勇等（2016）发现去杠杆对经济增长有负面影响。但另一部分学者对此持有异议，谭海鸣等（2016）认为适度可控的

杠杆有益于经济增长。

"稳增长"与"去杠杆"是我国目前宏观经济政策的主要调控方向，那么，"稳增长"与"去杠杆"这对矛盾统一体能否协调发展，能否在宏观政策层面协调达到动态平衡，这是目前学术界已经关注但还未能深入研究的一个难题。朱太辉等（2018）指出，我国经济增长速度和信贷扩张之间的背离原因在于：政府的隐性担保、银行粗放的发展模式、企业资产规模和其抵押属性等使得信贷资金流向利用效率较低的基础设施及国有、大型企业和房地产等，因此，协调高负债与经济增长的根本在于提高资金使用效率和进行金融体系改革。在目前金融创新日新月异、利率市场化、影子银行异军突起等情况下，金融市场对利率的敏感度明显增强；同时，境外资金波动幅度加大、各国货币政策变幻莫测等，使得货币政策对债务和经济增长的影响日趋复杂，单纯依靠货币政策调控难度增大。胡志鹏（2014）指出，最佳货币增速受到多种因素限制，单纯依赖货币政策工具"去杠杆"不但作用不佳，而且往往适得其反。戚逸康和袁圆（2020）运用加入债务的拉姆塞模型研究了"稳增长"与"去杠杆"之间的政策困境，结果发现，存在隐性担保和预算软约束情况下，国企债务扩张倾向与政府对债务被动应对使得"稳增长"与"去杠杆"陷于两难困境，应对的措施就是采用去杠杆和减税措施配合，长期内需要政府制定借债和偿债的制度，做到国企借债和偿债并重。陈达飞等（2018）发现改善企业内部现金流和减税政策可以较好地平衡去"稳增长"与"去杠杆"。连飞（2018）研究了宏观审慎政策和货币政策对"稳增长"与"去杠杆"的影响，指出应该清晰界定两个政策各自的边界，并且根据不同宏观条件实施适当政策，防止叠加共振。安吉莉（Angelini，2014）指出，宏观审慎政策利用银行信贷这个货币工具作用于金融体系，货币政策借助资产价格和银行信贷调控宏观经济，二者之间只有相互影响和共同配合，才能共同保障实体经济与金融体系的稳定发展。

"去杠杆"是我国供给侧结构性改革的重要任务，"稳增长"是保障供给侧结构性改革顺利推进的基石，协调好"去杠杆"与"稳增长"之间的动态平衡具有重大意义，但同时要充分认识到以下几点：

第一，去杠杆不但能够防范金融系统性风险的发生，而且是我国经济从高速度增长转变为高质量发展的前提条件，因此，必须坚定不移地实施去杠杆。

第二，去杠杆面临的重要问题就是地方政府、金融机构和企业的高杠杆，尤其是三者之间存在的隐性担保和刚性兑付使得资金被过度配置到效率低下的国有企业和地方政府部门，民营企业则资金短缺，这种资金的结构性错配，阻碍了经济的进一步增长，因此去杠杆的关键在于打破隐性担保和刚性兑付，扭转杠杆错配的情况，将杠杆与债务配置优化匹配，重建市场规则。

第三，我国经济增长仍然保持稳中向好、长期向好的趋势，但现阶段，外有国际贸易摩擦，内处在增长速度换档器、结构调整阵痛期和前期刺激政策消化期"三期叠加"的复杂时期，面对体制性、结构性和周期性相互交织的各种问题，经济下行压力加大，因此，一味地去杠杆不能满足稳增长的需要，并且，去杠杆是中国经济发展中的长期问题，不能一蹴而就，在此形势下，2018 年，我国杠杆率的政策导向已经转为稳杠杆。

第四，"稳增长"与"去杠杆"的两大目标存在一定程度的冲突，并且两者对信贷的敏感程度也存在非对称特征，信贷扩张对拉动经济效果较差，但对推动杠杆膨胀具有明显作用，"稳增长"与"去杠杆"两大目标不能同时兼顾，但两者之间存在着先后顺序，当经济增长发生问题时，国家政策往往优先选择保障经济增长，因为经济增长是解决一切问题的源泉，也是去杠杆的最佳选择。同时，从国际趋势来看，2018 年之后，全球经济

整体萎靡，中美贸易摩擦不断，国际贸易保护主义抬头，我国经济增速下行的压力严峻，在这种形势下，"稳增长"成为国家宏观政策目标的首要任务和核心任务，且在一段时期内仍可能保持先行之势。不过，我国的经济结构转型尚未完成，高杠杆和债务风险仍然存在，去杠杆也仍将长期存在于经济发展中。

第五，尽力协调"稳增长"与"去杠杆"之间的动态平衡，这就需要在实际操作中，精准把握去杠杆的时间、节奏、结构和实施力度，确定资金供给匹配经济需要的最佳水平，不但降低过高的杠杆率，又可以维持经济增长在可承受的范围；不断探索宏观审慎政策与货币政策相结合的监管体系，形成强有力的政策合力，一方面，通过宏观审慎监管，化解防范各种风险，稳定杠杆率，另一方面，借助稳健中性货币政策，实施逆周期调控，促进经济稳定增长。

第六，利用供给侧"三去一降一补"，运用实体经济的政策，而不是财政政策和货币政策，激励企业投资和调整结构，使用新技术促进经济增长，这是一个不危及经济健康的治本之策。

6.2.2　实体去杠杆的路径

实体去杠杆主要通过收缩资产、偿还负债等形式降低杠杆，相比金融去杠杆的隐蔽性和复杂性，由于单纯的资产负债率可以较好地反映实体杠杆水平，因此，实体去杠杆简单明了，但同时也存在一些棘手难题：实体杠杆的结构化问题严重，同时，实体去杠杆受多重因素制约，不能顺利地市场出清。下文重点分析其去杠杆路径。

（1）从加杠杆的根源入手去杠杆

金融加杠杆的根源在于宽松货币政策和低利率，因此，金融去杠杆必须从根源入手，执行稳健中性的货币政策和发挥短期资金市场利率的作用。

在降杠杆与防风险的双重压力下，我国的信用与货币出现了双紧状况，货币政策正从宽松走向稳健中性，究其原因：其一，在目前面临各种内外冲击的情况下，宽松性货币政策的经济增长的边际效应不断递减，并且还会导致经济结构的扭曲和阻碍创新的发展，不利于我国经济向"高质量"转变。其二，量化宽松货币政策政策并没有解决小微企业"融资难"和"融资贵"的窘境，反而加大了金融杠杆。稳健中性的货币政策并不是指金融体系流动性和货币信贷零增长，金融要回归服务实体经济的本源，则意味着金融体系资金供给应与通货膨胀上涨和实体经济增长相适应，不但可以保障合理的物价上涨和经济增长，而且应不高于物价上涨和实体经济增长之和过多或过少（孙国峰，2018）❶。实施稳健中性的货币政策和积极的财政政策，不搞"大水漫灌"式的强刺激，在稳健的基础上更加灵活与中性，做到不紧不松，同时平衡好稳增长、去杠杆、抑泡沫和防风险之间的关系。

由于货币政策已经由量化宽松转为稳健中性，利率市场化以及信用风险等各种因素纷繁复杂，降低流动性与杠杆率的任务落在了货币市场利率机制的完善，收紧流动性和提高利率，这是去杠杆的必要条件，且伴随整个去杠杆过程。

（2）从宏观杠杆与微观杠杆背离原因入手去杠杆

我国宏观杠杆与微观杠杆发生背离的主要原因在于企业效率低下和实体经济回报率较低，因此，需要提高企业盈利能力与实体经济回报率。

提高企业盈利能力应该追求内涵式发展。内涵式发展与外延式发展是一组相对应的发展模式，外延式发展一般是指企业通过增加生产要素或兼并收购等扩大企业规模，而内涵式增长强调依靠企业技术进步和科学管理提高竞争力。因此，一是需要从企业内部和外部共同改善，从企业内部来说，

---

❶ 孙国峰. 正确理解稳健中性的货币政策［J］. 中国金融，2018（15）：3.

要加快调整结构，改进生产流程，降低企业成本，提高生产效率；从企业外部讲，相关部门应形成合力，信贷优惠与税费减免结合实际生产，共同增加有效供给和优质供给；二是国有企业尤其是地方国有企业的微观杠杆，即资产负债率降低不是利润的积累而是资产的扩张，其实际债务和宏观杠杆仍在上升，因此，必须注重与实际债务规模、资产质量、投入产出效率指标等配合考察，推动企业资产负债管理的透明度，防范地方政府"隐性债务"与国有企业债务的随意转化，避免财政风险金融化。

金融加杠杆和资金脱实向虚根源于实体经济回报率偏低，对资金缺乏吸引力，在供给侧改革下，不断提高实体经济的回报率是重中之重。一是鼓励供给侧主体创新，发展新兴业态，推进去产能化和去库存，释放人口红利。技术创新是供给侧结构改革的主要内容和经济发展的首要动力，构建驱动创新发展的新机制，推动经济增长方式转换，优化市场经济结构；去产能和去库存是供给侧结构性改革的硬骨头，也是调整产业结构的关键，更是改善环境的治本之策，不但要严格控制质量、环保、能耗、技术等标准倒逼去产能和去库存，更要支持科技创新引领产业转型，培育新产业和打造新经济增长点。二是鼓励金融创新和服务实体经济，遏制金融投机，扩大中小微企业融资，坚决打击房地产过剩融资。全面实施金融改革，完善银行信贷结构和担保机制，推进国有控股银行改革，降低金融准入门槛，民间信贷机构合法化；建立多层次资本市场，增强主板、中小板和创业板的融资能力，建立股权交易市场，创新金融衍生品种类和结构；建立多种金融机构和融资平台，发展天使投资和创业投资，拓宽中小微企业融资渠道。三是打破垄断，允许民企进入被国企垄断的高利润行业，比如电力、高速公路、石油化工等，这些高利润行业的投资必然能够吸引银行信贷，因此，放开这些行业的准入限制是刺激民间投资的有效渠道。

（3）从导致杠杆结构差异的体制入手去杠杆

我国金融杠杆的最大问题和风险重点不在于杠杆水平，而在于杠杆结构，这与我国体制有关，包括政府隐性担保，GDP 为导向的官员激励体制以及公平市场竞争的缺失等。

首先是政府的隐性担保。政府隐性担保包括三种形式：对国有企业、金融机构和房地行业的隐性担保。隐性担保是政府职能错位和政府信用滥用的表现，破坏了"优胜劣汰"的竞争规则，推高了地方政府融资平台、国有企业、房地产企业的杠杆。具体解决措施包括三点：其一，完善地方政府融资渠道。分税制改革后地方政府收入锐减是隐性担保的现实原因，因此要采用市场化的方式，实行多元化筹资，拓宽其融资渠道。其二，隐性担保显性化。明确规定担保双方的责任与权力、违约的经济成本和法律惩戒；明确规范政府举债融资的政策边界。其三，重构政府、国企及市场关系。准确划分与规定政府的职责范围，避免出现政府"越位""缺位"和"错位"等现象。政府应从"建设型"转变为"服务型"，政府职能转型的主要导向在于政府应该集中在宏观层面上的经济与民生掌控，制定宏观政策，保证公共产品和公共服务的供给，具体事务和具体项目交由市场建设。

其次是以 GDP 为导向的官员激励体制。以 GDP 增长为主要考核指标的地方官员晋升激励机制推动了我国经济的飞速发展（王永钦等，2007），但同时也带来了许多问题。比如对地方经济增长的盲目追求，通过牺牲生产资源和扭曲生产要素市场谋求政治晋升等（张莉等，2011），这些与我国现行的追求高质量经济发展的时代背景不相契合，因此，在中国经济发展结构转型之际，需要对其做出相应的改变。首先改变过去唯经济绩效论的地方官员晋升激励机制，应由注重经济增长向关注民生诉求方向转变，构建包括经济增长方式、环境保护以及可持续性等质量发展指标在内的考

核机制，为新时代发展高质量经济提供制度保障；其次，建立民生诉求直接表达和反馈机制，社会民众可以直接监督和约束政府的不合理土地出让行为，限制政府运用土地财政收入塑造形象工程，最大化地将资源用于满足民生诉求和社会公共服务需求；最后，建立政府官员考核问责机制，各级监管部门依法加强对政府债务的审计，把政府债务纳入晋升激励机制中，对违法违规举债、脱离实际过度举债、形象工程等追究其领导责任。

最后是公平市场竞争的缺失，只有存在公平竞争的市场环境，才能够有效配置社会资源。正确处理政府与市场的关系，明确政府职能边界，推动政府向服务属性转变，促进政府创造良好市场活力与发展环境、供给优质公共产品与服务、维护社会公平与正义；建立市场信息公示制度，及时准确地公示监管机构或市场参与机构履责中产生的行政许可、行政处罚、企业注册登记、动产抵押登记以及其他依法需要公示的信息，并对其公示信息的时效性、准确性、真实性负责；大力摒弃要素流动与资源配置中的体制性障碍，保障市场在要素与资源配置中的主导性作用，最大限度激发市场活力，提高资源的配置效率。

（4）从导致杠杆结构差异的部门入手去杠杆

我国政府部门、非金融企业部门、金融企业部门和居民部门之间的杠杆差异较大，结构性去杠杆的矛盾主要集中在部分政府城投平台、低效国企和房地产企业等存量债务消化问题上。

一是政府部门去杠杆。目前，从结构上看，中央政府部门杠杆和政府显性杠杆风险可控，但需要注意的是，还存在大量地方政府部门的隐性杠杆，结构性去杠杆主要针对的是地方政府部门的隐性杠杆。主要措施包括：其一，推动融资平台市场化转型。融资平台市场化转型的关键是盘活地方政府债务，实现"资产变资本"。基本解决思路就是"开前门，堵后门"，即一方面允许地方政府规范举债并对其债务负有偿还和追责义务，另一方面，明确剥离融资平台政府融资职能，从"管资产"到"管资本"，把平台日常事务管理与自主经营权利交与平台，政府行使好股东权利，实现公共利益的最大化。其二，完善分税制财政分配体制，降低或化解地方政府债务危机。从制度上明确规定中央政府与地方政府之间的财权、事权的合理分解，抑制地方政府的举债冲动。严管地方政府融资行为，整治地方政府违法担保，约束地方政府利用政府投资基金、政府购买和 PPP 等方式加杠杆，剥离地方政府融资平台的隐性杠杆。其三，实行地方政府存量债务置换（bond swap）。债务置换是指债券持有人通过出售自己所持有的债券交换其他相同或类似市场价值的债券，即"旧债换新债"的方式规避风险。通过发行政府新债券，将原来政府融资平台的银行贷款、理财产品等利率高、期限短的债务置换成利率低、期限长的债券，以期延长债务期限，减轻其短期内的集中偿付压力；另外，利用债务置换能够将高成本融资转变为低成本融资，减轻其债务利息负担。张茱楠（2015）认为债务置换是实现去杠杆的最佳方式。政府可以将一些城投债转换成市政收益债，将债权转换成资本收益，降低政府杠杆。

二是非金融企业部门去杠杆，主要集中于国企。2016 年 12 月 14 日召开的经济工作会议明确提出，在控制宏观总杠杆的前提下，降低企业杠杆是重中之重，同时也是供给侧结构性改革的任务。具体措施包括五点：①债务重组、企业并购和破产处置。通过延长还款期限、减免部分债务和变动债权债务关系等，重新组合债务。加快困难企业重组、技术落后和长期经营亏损的"僵尸企业"退出，防止过度占用金融资源和造成资源配置效率低下；对煤炭、钢铁、水泥、电解铝、平板玻璃等产业部门的存量债务，建立不良债务或资产处置机构，通过去产能、去库存，降低其负债率；对于其他企业，通过债转股、兼并重组、资产证券化、混合制改革等推进债务重组和降低杠杆；②通过增加所有者权益间接去杠杆。主要有两种方式：股权融资和债转

股。降低杠杆最直接的方式就是股权融资，即利用资本市场发行所有权凭证吸收社会资本，弥补生产运营资金的不足，通过增加权益资本达到去杠杆的目的。邹薇（2015）指出，通过增加企业股权融资比例降低对债务融资的依赖，可以降低企业杠杆。具体措施包括鼓励与扶持新三板市场，实行股票注册制改革等。债转股顾名思义就是债权转换为股权，可使得债权方和债务方双赢，对于债务方，债转股后债务缩减，资产负债表趋于健康，重新获得融资的机会增加，对于债权方，债转股后成为股东，依法行使股东股利，通过分红、回购等手段逐步收回资金，对杠杆程度较高的企业，这是代价最小的债务重组方式和去杠杆的渠道；③资产证券化。将企业流动性较小但能产生预期收入现金流的资产，进行信用增级后通过发行证券予以出售，从而获得融资。可以证券化的基础资产有应收账款、不动产、信贷资产和债券等多种，通过资产证券化能够增加资产的流动性、降低企业的融资成本和创造出更多收益。上述解决措施都是从负债端着手，还应关注资产端，好的投资能够带来优质资产和稳定资金流，从而降低杠杆；④建立国有企业负债监测与约束机制，构建分散市场风险和信用损失的衍生品市场，约束国有企业增量债务的产生和存量债务的消化，促进国有企业去杠杆；⑤混合所有制改革。混合所有制允许多种资本形式，比如民间资本、外国资本等参与国有企业的改组改革，国有企业可以拿出部分优质资产来吸引民间资本和外国资本进入，尽快止损。该改革有利于国有企业摆脱政府的不当干涉与控制，改进国有企业的治理结构、强化企业的市场主体地位和赢得发展机遇，从而为国有企业止损带来契机。

三是居民部门去杠杆，主要聚焦于房地产企业的高杠杆。其一，房地产调控必须因城施策，坚持"房住不炒"的原则。我国房地产行业具有显著的地域性和两极分化的特征：一、二线城市量价齐升，但三、四线城市存在着去库存压力。所以，实施"因城施策""一城一策"是当务之急。

地方政府可以根据本地实际情况制定不同政策，包括首付政策、公积金政策、限购限贷政策等，甚至可以根据本地实际情况进一步强化或取消楼市调控。房屋的首要用途是居住功能，因此，对税金和 GDP 的贡献作用也应该建立在居住的基础上，"房住不炒"是基本常识，也不应将房地产运作短期刺激经济的手段。2016 年 12 月，中央经济工作会议指出，宏观上管住货币供给，落实人地挂钩政策，促进城市困难住户住房保障，大力推进租赁住房和建立房地产长效监控机制。去杠杆过程首先必须稳定目前快速上升的房价，消除投机性预期，恢复市场的居住性需求，避免系统性风险；其次通过租赁、共享等市场化手段，将高杠杆、高库存的房地产适当转表；然后通过房地产资产证券化分散存量风险，推动房地产企业转为轻资产企业；其二，防控土地财政风险。土地财政就是地方政府通过出让土地使用权获取的收益维持其财政支出，有明显弊端：土地财政导致占用耕地特别是优质耕地较多，加上不完善的土地流转机制和土地利用结构不合理，基础设施和工业用地占比较高，造成耕地流失、土地污染、粮食安全等问题；土地出让收入缺乏收支规范与监督机制，导致土地寻租、灰色收入、政绩工程等问题频频出现；同时，政府可以运用征用和储存的土地作为抵押品而获取银行贷款，这产生了另类问题，即"土地金融"。"土地金融"是房地产市场高杠杆、高泡沫的重要推手。

6.3　金融去杠杆路径研究

相较于实体去杠杆，金融去杠杆无明确界定和衡量指标。从本质上讲，金融去杠杆就是要营造一个良好的金融生态，因此，内在要求金融体系的金融产品、金融业务模式和金融工具等均应回到"服务实体经济"的本源上来，促进金融体系过多的资金流入实体经济，推动金融回归实体经济服务的本源。

6.3.1　金融去杠杆的阶段和政策

从 2016 年下半年开始，金融去杠杆、影子银行治理和防范系统性金融风险等成为国家宏观调控的主要聚焦方向。最初由中央银行通过"收短放长"推动金融去杠杆，此后金融防风险监管持续加强，2017 年之后金融监管部门明显发力，政治局会议、党的十九大、金融和经济工作会议中都集中强调去杠杆，委外业务"强监管"、违法违规、套利等行为都成为重拳整治的对象，2018 年密集出台各项金融监管举措。在国家政治局等高级别会议中一般不直接使用"金融去杠杆"，而是往往采用"金融风险"等描述，下面梳理金融去杠杆的阶段以及各阶段的政策。

第一阶段从 2016 年—2017 年 3 月，货币政策操作与监管部门文件双管齐下，金融去杠杆开始严控，主要表现在两个方面：

一是货币政策操作：①解读中央银行从 2016—2019 年 ❶ 颁布的货币政策执行报告（表 6.3.1），可以得出，货币政策经历了从稳健到稳健中性再到稳健的过程。货币政策一旦冠以"中性"两字，则意味着货币政策从宽松转向收缩，但稳健中性又不等于紧缩，意味着货币政策在稳健之余既不紧缩，也不宽松，即真正的不紧不松，而单独强调稳健，则意味着流动性宽松。我国在 1998 年东南亚金融危机发生时首提稳健货币政策，实际上是在经济面临下滑压力态势下实施的货币宽松的刺激性政策。从 2016 年第四季度至 2018 年第三季度，央行一直实行稳健中性货币政策，与稳健相比，稳健中性货币政策的信用与货币从紧，恰恰表现出这段时期我国货币政策"抑泡沫"和"防风险"目标的提升。为"抑泡沫"和"防风险"，央行出台了一系列去杠杆的政策（表 6.3.1）。在 2018 年第四季度，货币

---

❶ 在此分析的是 2016—2019 年的货币政策，是为保证研究期间的完整性，下文的利率分析原因亦如此。

政策又重回稳健轨道。在 2018 年年底召开的中央经济工作会议上，明确将货币政策中稳健中性的"中性"删去，也没提"管住货币供给总闸门"，而强调"松紧适度、市场利率水平合理稳定和流动性合理充裕"，意味着货币政策边际进一步放松，但也不是"大水漫灌"。这是在国内经济不断增加下行压力和国外贸易战等复杂环境下作出的抉择，迫使央行的货币政策改弦易张，以稳当头。②从 2016 年开始，中央银行通过提高市场利率水平和拉长期限等措施倒逼金融去杠杆，比如重启公开市场 14 天和 28 天逆回购等，拉长逆回购加权期限的意图明显；2017 年连续三次上调 SLF（常备借贷便利利率），其中第一季度上调 2 次，第四季度上调 1 次；同业拆借利率月加权平均利率和质押式回购月加权平均利率在 2017 年第一季度分别为 2.62% 和 2.84%，比 2016 年第四季度分别上涨 18 和 28 个基点；Shibor 的隔夜、一周、3 个月和 1 年期利率在 2017 年第一季度比 2016 年第四季度分别上涨 31、31、112 和 83 个基点，此后一直至 2018 年，金融市场利率一路攀升。

表 6.3.1　2016—2019 年颁布的货币政策

时间		货币政策	风险
2016 年	第一季度	稳健的货币政策	守住不发生系统性金融风险
	第二季度	稳健的货币政策	守住不发生系统性金融风险
	第三季度	稳健的货币政策	抑制资产泡沫和防范金融风险，守住不发生系统性金融风险
	第四季度	稳健中性的货币政策	抑制资产泡沫和防止"脱实向虚"，守住不发生系统性金融风险
2017 年	第一季度	稳健中性的货币政策	维持去杠杆和流动性平衡，化解处置金融突出风险点，维护国家金融安全
	第二季度	稳健中性的货币政策	防范化解重点领域风险，守住不发生系统性金融风险
	第三季度	稳健中性的货币政策	加强金融监管协调，守住不发生系统性金融风险
	第四季度	稳健中性的货币政策	防范化解重大金融风险，守住不发生系统性金融风险
2018 年	第一季度	稳健中性的货币政策	防范化解重大金融风险，守住不发生系统性金融风险

时间		货币政策	风险
2018 年	第二季度	稳健中性的货币政策	做好结构性去杠杆，防范化解金融风险，守住不发生系统性的金融风险
	第三季度	稳健中性的货币政策	处理好稳增长与去杠杆、强监管的关系，防范化解金融风险，守住不发生系统性金融风险
	第四季度	稳健的货币政策	防范化解重点领域金融风险，平衡好促发展与防风险之间的关系
2019 年	第一季度	稳健的货币政策	坚持结构性去杠杆，优化信贷结构和防范金融风险之间的平衡
	第二季度	稳健的货币政策	在推动高质量发展中防范化解风险，防范化解重大金融风险
	第三季度	稳健的货币政策	在推动高质量经济发展过程中防范化解风险，精准有效处置重点领域风险
	第四季度	稳健的货币政策	防范化解重大金融风险，守住不发生系统性金融风险

注：根据中国人民银行官网《货币政策执行报告》的相关内容，手工整理而成。

二是除了货币政策操作，中央银行，证监会、保监会和银监会密集出台和颁发了大量调控和监管金融去杠杆的政策，如表 6.3.2 所示。

表 6.3.2　第一阶段金融去杠杆政策

时间	文件	主要内容
2016.03	《进一步加强信托公司风险监管工作的意见》	督促信托公司将固有表内外业务和信托业务纳入全面风险管理体系，杜绝风险管理盲区
2016.04	《关于规范银行业金融机构信贷资产收益权转让业务的通知》	限制银行通过理财业务隐匿不良资产的监管套利行为，信贷资产收益权转让全额计提资本
2016.05	《证券期货经营机构落实资产管理业务"八条底线"禁止行为细则》	不得开展资金池业务，资产管理计划投资非标资产
2016.05	《关于清理规范保险资产管理公司通道类业务有关事项的通知》	要求各保险资管公司清理规范银行存款通道等业务，在清理规范期间，保险资管公司将暂停新增办理通道类业务
2016.06	《证券期货经营机构私募资产管理业务运作管理暂行规定》	对证券期货经营机构私募资产管理业务从杠杆倍数、资金池、结构化产品等多个方面予以规范
2016.07	《商业银行理财业务监督管理办法（征求意见稿）》	限制理财基金投资方向、提出第三方托管、计提风险准备，解决理财业务中银行的"隐性担保"和"刚性兑付"问题

时间	文件	主要内容
2016.09	《债券质押式回购交易结算风险控制指引（征求意见稿）》	推进质押券折算率动态调整，引入了第三方债券估值、抑制和降低回购杠杆
2016.11	《商业银行表外业务风险管理指引（征求意见稿）》	扩展表外业务定义范围，增加新兴表外业务类型、构建表外业务管理和风险控制体系
2017.01	《关于进一步加强保险资金股票投资监管有关事项的通知》	明确了重大股票投资和上市公司收购的监管要求，加强资产负债匹配管理

第二阶段从 2017 年 3 月—2018 年，货币政策继续跟进同时实施宏观审慎政策，配合地毯式金融监管，金融监管风暴开启，这个阶段源于银监会的"三三四十"检查全面铺开，也被称为史上"最严"监管，大额罚单不断开出，监管律令密集发布，主要表现在以下三点。

一是成立国务院金融稳定发展委员会，建立金融统筹监管的顶层设计；召开各种重要的金融会议，主要内容如表 6.3.3 所示；涉及各种金融违规行政处罚 2700 件，罚金超过 80 亿元。

表 6.3.3　第二阶段金融去杠杆重要会议及纲领性文件

类型	时间	监管机构	内容
重要会议	2017 年 4、7、12 月	中央政治局会议	维护国家金融安全、整治金融乱象、提高金融服务实体经济、有效控制宏观杠杆、化解重大风险
	2017.7.14—2017.7.15	全国金融工作会议	强调金融要回归本源、强化监管问责、把国企降杠杆作为重中之重
	2017.10.18—2017.10.24	"十九大"	金融的发展定位：不是创新和发展，而是稳，服务实体，提高直接融资比重，守住不发生系统性风险底线
	2017.12.18—2017.12.20	中央经济工作会议	三大攻坚战：金融防风险居首，防控金融风险，促进金融与实体、金融与地产、金融体系内部的良性循环
纲领文件	2017.11.17	一行三会	关于规范金融机构资产管理业务的指导意见
MPA	2017.1.1	中央银行	表外理财正式纳入 MPA
	2017.8.14	中央银行	部分同业业务正式纳入 MPA

二是中央银行和银监会开启金融监管风暴和地毯式金融监管，在 2017

年 3—4 月，连续颁发多项政策（表 6.3.4），矛头直指金融风险。监管业务涉及同业业务、创新业务、理财业务、信托业务等；监管范围包括证券、保险、基金、银行等；监管内容涵盖交易模式、人员管理、违法违规、数据造假等各种乱象治理；证监会和保监会配套落实相应的去通道、去杠杆的各项政策与措施。这一阶段从"三三四十"开始，不但出台了多项措施，而且颁发了纲领性的文件。

表 6.3.4 第二阶段金融去杠杆的政策

时间	文件	主要内容
2017.03	《关于开展银行业"违法、违规、违章"行为专项治理工作的通知》（"三违反"）	违反金融法律、违反监管规则、违反内部规章的三违反行为专项治理
	《银行业金融机构"监管套利、空转套利、关联套利"专项治理工作要点》（"三套利"）	银行业金融机构适度扩张，规模与风控能力成正比；交叉性金融工具风险防范
2017.04	《关于开展银行业"不当创新、不当交易、不当激励、不当收费"专项治理工作的通知》（"四不当"）	治理金融创新业务、同业业务、理财业务、信托业务的违法违规行为
	《关于提升银行业服务实体经济质效的指导意见》	从正向引导、改革创新、监管约束、外部环境、工作机制五个维度提出 24 项政策措施
	《关于集中开展银行业市场乱象整治工作的通知》（"十乱象"）	对股权和对外投资方面、机构与高管、规章制度、业务、产品、人员行为、行业廉洁风险、监管履职、内外勾结违法方面、涉及非法金融活动 10 个方面展开整治
	《关于银行业风险防控工作的指导意见》	明确银行业风险防控的重点领域，包括信用风险、流动性风险、房地产领域风险、地方政府债务违约风险等传统领域风险，又包括债券波动、交叉金融产品风险、互联网金融风险、外部冲击等非传统领域
	《关于切实弥补监管短板 提升监管效能的通知》	监管制度建设、强化风险源头遏制、强化非现场和现场监管、强化信息披露监管、强化监管处罚和强化责任追究 6 个部分16 条
	《关于进一步规范地方政府举债融资行为的通知》	规范地方政府举债融资行为，明确举债融资的政策边界和负面清单，守住不发生区域性系统性风险底线

时间	文件	主要内容
2017.04	《关于强化保险监管 打击违法违规行为 整治市场乱象的通知》	整治虚假出资公司、公司治理乱象、资金运用乱象、产品不当创新、销售误导、治理赔难、违规套取费用等
2017.05	《关于开展保险资金运用风险排查专项整治工作的通知》	整治合规风险、监管套利、利益输送、资产质量、资产负债错配，监管套利、
2017.11	《关于规范金融机构资产管理业务的指导意见》（纲领性文件）	刚性兑付、多层嵌套和资金池业务四个风险点
2017.12	《关于规范债券市场参与者债券交易业务的通知》	审慎设置规模、授信、杠杆率、价格偏离等指标，实现债券交易业务全程留痕

三是一行三会联合颁发的具有纲领性意义的资产管理新规，该资管新规监管的目标包括：①统一资产管理标准，保障最大程度上消除监管套利；同时按照资产管理产品类型而非机构类型实施监管，同种资产管理产品同一标准监管，实行公平的监管标准和市场准入，减少监管套利和监管真空；②推行净值化管理，打破刚性兑付，这是资产管理新规的核心内容。资产管理新规新增对刚兑行为的四个认定、分类惩处和举报投诉等内容，有利于继续保持严厉监管的态势；净值化管理可以解决刚性兑付存在的问题，从根本上改变投资者对银行理财的投资理念：资产管理业务与信托业务性质相似，属于"受人之托、代人理财"的金融服务，不应该有保本保收益的承诺，净值波动剧烈将可能导致亏损；③治理表外理财，降低影子银行风险。从 2017 年第 1 季度，表外理财正式纳入 MPA 的广义信贷范围内，防止金融体系通过表内与表外资产腾挪等手段规避监管，引导资产管理业务回归本源；④规范资金池业务，抑制多层嵌套和通道业务。不同类型的资产管理机构在通道链条上赚取前端资金、中间通道的钱和后端资产，因此统一杠杆标准，限制多层嵌套，消除刚兑＋非标＋通道为标志的影子银行。资产管理新规重点监管具体内容和规定如表 6.3.5 所示。

表 6.3.5 资产管理新规的重点监管内容和规定

监管内容	监管规定	监管程度
刚性兑付	出现兑付困难，不得以任何形式垫资；鼓励净值化管理和公允价值	重点
产品分类	固定收益类产品投资于债权类资产的比例不低于 80%，权益类产品投资于股票、未上市股权等权益类资产的比例不低于 80%，商品及金融衍生品类产品投资于商品及金融衍生品的比例不低于 80%	一般
资金池	三单管理：单独管理、单独建账、单独核算；不得开展滚动发行、集合运作、分离定价特征的业务；加强期限错配的流动性风险管理；封闭式资管产品最短期限不得低于 90 天	重点
多层嵌套和通道	金融机构不得为其他金融机构的资产管理产品提供规避投资范围、杠杆约束等监管要求的通道服务；公募证券投资基金除外，禁止多层嵌套	重点
负债要求	开放式公募产品的总资产不得超过该产品净资产 140%，每只封闭式公募产品、每只私募产品总资产不得超过该产品净资产 200%；不得以持有资管产品份额进行质押融资，放大杠杆	一般
期限错配	非标资产到期日不得晚于封闭式产品到期日，或开放式产品最近一次开放日	趋于重点
非标债权类资产	遵守金融监管部门制定的有关限额管理、风险准备金要求、流动性管理等监管；不得直接或者间接投资法律法规和国家政策禁止进行债权和股权投资的行业和领域	重点
分级产品设计	公募产品、开放式私募产品、投资于单一投资标的私募产品、投资债券和股票等标准化资产比例超过 50% 的私募产品不得分级，禁止对优先级保本保利	重点
资本和准备金	按照资产管理产品管理费收入的 10% 计提风险准备金，或者按照规定计提操作风险资本或相应风险资本准备。风险准备金余额达到产品余额的 1% 时可以不再提取	一般

注：笔者手工整理。

第三阶段指 2017 年的金融监管风暴倒逼金融去杠杆，金融部门大幅缩表，负债端和资产端杠杆分别从 2017 年年末的 63.4%、70.3% 下降到 60.9% 和 60.6%，表外业务明显收缩，金融去杠杆目标基本实现；但同时对金融市场和宏观经济带来较大负面影响：债市、股市、汇率等波动幅度大，部分中小银行不良贷款攀升，民企融资困境凸显；金融机构、投资者、民企等多方陷入困境。从 2018 年 1 月—2019 年年底，面对经济下行压力，出现了如下一些变化。

　　一方面，货币政策出现一定程度的转向。包括两点：其一，货币政策略有缓和，货币政策从稳健中性转为稳健。究其原因，是因为金融去杠杆已初获成效，如果实施宽松货币政策可能将前功尽弃，金融和实体仍需去杠杆要求货币政策收紧和严监管，2018年去杠杆政策如表6.3.6所示；外部贸易战争和内部经济下行的压力不允许继续运用稳健中性的货币政策，因此，必须实行松紧有度的稳健货币政策；其二，实施货币政策和宏观审慎政策的双支柱调控。货币政策和宏观审慎政策各有侧重点：货币政策主要侧重整体经济和总量问题，针对的是经济增长和物价稳定目标；宏观审慎政策聚焦于金融体系本身，侧重防范金融风险，抑制顺周期行为和杠杆扩张过度，两者结合，方可有效维护金融体系稳定。

表 6.3.6　第三阶段金融去杠杆政策

时间	文件	主要内容
2018.03	《关于进一步深化整治银行业市场乱象的通知》	信用风险专项排查、评估"三三四十"、风控责任落实
	《关于进一步加强证券基金经营机构债券交易监管的通知》	从被监管机构的治理结构、薪酬体系、偏离价格监控、日常交易监控等角度入手，进行了大幅细化
	《关于保险资金设立股权投资计划有关事项的通知》	设置明确预期回报，约定到期、强制性由被投资企业或关联第三方赎回投资本金，要求不得开展通道业务、投资嵌套等
	《商业银行股权管理暂行办法》	建立穿透监管框架，解决隐形股东、股份代持等问题；强化关联交易管理，重点解决利益输送、掏空银行等问题等
	《商业银行委托贷款管理办法》	委托资金不得从事债券、期货、金融衍生品、资产管理产品等投资，不得用于股本权益性投资或增资扩股等
	《股票质押式回购交易及登记结算业务办法》	融入方不得为金融机构或者从事贷款、私募证券/股权投资、个人借贷等业务的其他机构，或者前述机构发行的产品
	《进一步深化整治银行业市场乱象的通知》	重点整治违反宏观调控政策、影子银行和交叉金融产品风险、侵害金融消费者权益、利益输送、违法违规展业、案件与操作风险等问题
	《衍生工具交易对手违约风险资产计量规则》	建立衍生产品风险治理，建立健全衍生产品风险治理的政策流程，确保衍生工具估值和资本计量的审慎性

时间	文件	主要内容
2018.03	《打赢保险业防范化解重大风险攻坚战的总体方案》	坚决打击违规出资、违规投资等五大违法违规保险经营活动
	《关于加强保险资金运用管理支持防范化解地方政府债务风险的指导意见》	鼓励险企购买地方政府债券，不得违规向地方政府提供融资，逐笔排查债务的存量投资业务是否合规，并分类处理
	《关于加强私募投资基金等产品账户管理有关事项的通知》	通知对各类资管产品开户条件进行明确，同时特别明确需要信托产品和保险资管向上穿透核查
	《关于市场化银行债权转股权实施中有关具体政策问题的通知》	细化了债转股实施细则，针对市场化债转股在实施过程中的问题，一共提出了十条意见
	《保险资金运用管理办法》	加强委托管理，不得将受托资金转委托或为委托机构提供通道服务，加强去嵌套、去杠杆和去通道工作
	《关于进一步增强企业债券服务实体经济能力严格防范地方债务风险的通知》	提高直接融资比重、服务实体经济、防范化解系统性风险、防范地方政府性债务风险
	《商业银行股权管理暂行办法》	施行前未经批准持有商业银行资本/股份总额>5%的，要求在《办法》施行之日起六个月内提出股东资格申请
	《关于印发银行业金融机构从业人员行为管理指引的通知》	提出风险为本的从业人员管理理念，重点防范从业人员不当行为引发的信用风险、流动性风险、操作风险等各类风险
2018.04	《关于加大通过互联网开展资产管理业务整治力度及开展验收工作的通知》	未经许可，依托互联网发行包括不限于"定向委托计划""定向融资计划""理财业务""资产管理计划""收益权转让"等业务应被明确为非法金融活动
	《关于进一步加强农村中小金融机构大额风险监测和防控的通知》	无法穿透的非保本理财、集合信托、公募基金及委外等SPV投资：一律视为匿名客户，合计余额不得超过一级净资本15%
	《关于推进住房租赁资产证券化相关工作的通知》	推进住房租赁资产证券化，助力盘活住房租赁存量资产
	《关于规范金融机构资产管理业务的指导意见》	资管新规四个方面的直接变化：统一规制、净值化管理、禁止非标期限错配、限制嵌套
2018.05	《关于做好2018年地方政府债券发行工作的意见》	地方财政部门不得通过"指导投标""商定利率"等方式干预发行定价，可采用弹性招标方式发行地方政府债
	《关于进一步加强证券公司场外期权业务监管的通知》	打压非专业真实需求的期权交易，个人投资者以加杠杆的目的参与个股期权的通道被堵死

时间	文件	主要内容
2018.05	《商业银行流动性风险管理办法》	新增了流动性匹配率和优质流动性资产充足率两项指标
	《关于保险资金参与长租市场有关事项的通知》	从项目和SPV两个方面入手，分别设定了具体条件，对于险资投资住房租赁市场进行规范
2018.06	《关于印发银行业金融机构联合授信管理办法（试行）的通知》	明确了联合授信适用企业的标准、机制要求与试点安排
	《金融资产投资公司管理办法（试行）》	国家降低企业杠杆率和债转股的工作要求
2018.07	《关于进一步明确规范金融机构资产管理业务指导意见》	鼓励非标资产回表，半年期以上定开资管使用摊余成本法
	《2018年降低企业杠杆率工作要点》	加快推动"僵尸企业"债务处置；协调推动兼并重组等其他降杠杆措施；完善降杠杆配套政策
2018.08	《商业银行理财业务监督管理办法》	消除不同产品之间的套利空间，加强理财业务监督，穿透式监管
2018.09	《商业银行资产托管业务指引》	资产托管行业自律规范制度，助推多层次资本市场建设
2019.04	《商业银行金融资产风险分类暂行办法》	强调不良资产的概率而非过去仅仅局限于不良贷款
	《同业拆借回购违约处置实施细则》	提升银行间市场回购违约处置效率
	《关于推动供应链金融服务实体经济的指导意见》	坚持精准金融服务，主业集中于实体经济；坚持交易背景真实，严防虚假交易、虚构融资、非法获利现象

另一方面，从"去杠杆"到"稳杠杆"的调整。这是国家首次提出"稳杠杆"基调。目前，我国的金融体系总体健康和稳定，具备化解金融风险的能力，稳杠杆和保增长是当务之急；从单纯去杠杆，过度到结构性去杠杆，然后再到稳杠杆，我国的去杠杆政策渐趋理性，也是去杠杆政策在质疑中的快速调整与国内外约束条件下的"相机抉择"。

6.3.2　金融去杠杆的路径

金融加杠杆的基本操作是放宽信贷、期限错配、扩表和产品嵌套等。

（1）从同业业务入手，防止监管套利和资金空转

同业理财、同业存单和委外理财是造成金融体系资金空转和套利的三个源头。同业理财是把表内的钱转向表外，其实质是银行用自营资金购买同业理财，相比大型、国有银行，中小银行由于缺少资金而通过发行同业存单，借钱购买同业理财，资金转到表外再委外加杠杆，层层镶嵌使得风险快速积聚，因此，必须从同业业务着手去杠杆。

将同业业务、表外理财等影子银行产品纳入宏观审慎评估体系（Macro Prudential Assessmen，MPA）的广义信贷考核，从总量上控制银行资产的扩张速度。金融创新与混业经营使得我国的"一行三会"监管模式明显体现出捉襟见肘的窘境，无论是 2008 年的世界金融危机，还是国内 2013 年的"钱荒"和 2015 年的"股灾"等，都存在监管不力的问题，尤其是在金融机构表外资产扩张的情况下，以合意贷款监管的信贷政策约束乏力。2016 年，中国人民银行宣布把差别准备金动态调整机制与合意贷款监管机制上升为 MPA。MPA 评估指标包括 7 类 16 个指标，如表 6.3.7 所示，其指标构成、相关参数、权重和评分方法等由中国人民银行根据宏观调控需要进行调整。每一类满分为 100 分，90 分以上为优秀，60 分以上为达标，7 类指标均为优秀是 A 档，资本和杠杆、定价行为中任何一个不达标或剩余 5 类中有任何两类不达标为 C 档，其余为 B 档，央行奖励 A 档和惩罚 C 档。宏观审慎评估体系是一套全面应对金融体系资产配置和风险的能动监管制度，将对金融体系结构产生深远影响。金融体系中逃避监管的融资方式和各式各样的加杠杆大多与资产有关，广义信贷扩大了信贷范围，其包括各项贷款、股权及其他投资、债券投资、买入返售资产和存放在非存款类金融机构的款项。宏观审慎评估体系对其监管机构的资产负债项评估有三个指标，其评估分值和评分标准如表 6.3.8 所示。近年来金融体系盛行的"大资管"业务被纳入了宏观审慎评估体系，成为广义信贷监管体系的一部分，另外，2017年表外理财和同业存单分别被纳入广义信贷和同业负债监管中，极大地遏制了资产的腾挪转移、借道加杠杆行为以及影子银行体系的资金空转，推动金融体系表外转表内，防止信用风险的过度积累。

表 6.3.7　宏观审慎评估体系的指标

7 类	16 个评价指标
资本和杠杆	资本充足率（80分）、杠杆率（20分）、TLAC（暂未执行）
资产负债	广义信贷（60分）、委托贷款（15分）、同业负债（25分）
流动性	流动性覆盖率（40分）、净稳定资金比（40分）、遵守准备金制度执行情况（20分）
定价行为	利率定价（100分）
资产质量	不良贷款率（50分）、拨备覆盖率（50分）
外债风险	外债风险加权资产余额（100分）
信贷政策执行	信贷政策执行情况（30分）、信贷政策评估结果（40分）、央行资金运用（30分）

表 6.3.8　资产负债评估内容及其评分标准

指标体系	评分标准		
	全国性系统重要性机构	区域性系统重要性机构	普通机构
广义信贷（60分）	广义信贷增速较目标M2增速不高出20%：60分	广义信贷增速较目标M2增速不高出22%：60分	广义信贷增速较目标M2增速不高出25%：60分
	广义信贷增速较目标M2增速高出20%：0分	广义信贷增速较目标M2增速高出22%：0分	广义信贷增速较目标M2增速高出25%：0分
委托贷款（15分）	委托贷款增速较目标M2增速不高出20%：15分	委托贷款增速较目标M2增速不高出22%：15分	委托贷款增速较目标M2增速不高出25%：15分
	委托贷款增速较目标M2增速高出20%：0分	委托贷款增速较目标M2增速高出22%：0分	委托贷款增速较目标M2增速高出25%：0分
同业负债（25分）	同业负债占总负债不高出25%：25分	同业负债占总负债不高出28%：25分	同业负债占总负债不高出30%：25分
	同业负债占总负债不高出33%：15～25分	同业负债占总负债不高出33%：15～25分	同业负债占总负债不高出33%：15～25分
	同业负债占总负债高出33%：0分	同业负债占总负债高出33%：0分	同业负债占总负债高出33%：0分

划清表内外界限，促使部分不规范的同业理财、表外业务回表，推动负债显性化，引导资管业务回归本质；减少金融体系内部资产负债交叉，坐实资产负债规模和优化负债结构；防止监管套利和资金空转，缩短资金流向实体的链条，推动金融回归本源。在公开市场操作上"收短放长"，

提高成本、紧缩流动性、消除期限套利空间。同业负债的压缩将引起高杠杆金融机构的短期负债收缩，而资产端由于久期较长无法同步收缩，所以在资产增速调整到位前将出现"负债荒"，倒逼金融机构重回间接融资的正轨，从而远离资金套利。

（2）从刚性兑付、高收益、嵌套、通道、资金池和错配等入手，降低影子杠杆

上述六种金融创新工具是推高金融杠杆的直接渠道，使得委托贷款、信托贷款、票据等具有影子银行性质的业务爆发性增加。

我国的信托和理财产品一般都存在刚性兑付，即投资者投资高风险、高收益信托产品或理财产品时，一旦出现风险，投资者的损失全部由信托公司或银行承担。刚性兑付的存在使得金融市场对金融产品的价格发现和定价功能难以正常发挥，地方政府和国有企业在享受充足且廉价资本时，广大中小微企业仍在忍受"融资难、融资贵"的困扰。同时，这种"兜底"行为不但使得金融机构过度承担风险，而且让投资者在选择金融产品时根本不考虑风险因素，只关注收益高低，因此，必须打破刚性兑付，在保障不发生系统性风险的条件下允许违约事件自然发生，消除市场扭曲和培养投资者风险意识；建立风险隔离机制，金融机构设立理财子公司，实现与母行的风险隔离；规定金融机构不准承诺保本保收益产品，实行能够真实反映资管产品收益和风险的净值化管理，明确刚性兑付标准和影子银行业务的真正承担主体，引导资管行业回归"代人理财"本质。

高收益就是以较高的利息、回报或高息揽存行为，利率攀升的恶性竞争推高了杠杆。金融机构吸收存款的目的在于发放贷款，通过利差、投资等获得利润，若存在今存明取的"一日游"存款，不但没有变成贷款取得收益，还得支付高额利息和存款准备金。对此，金融机构必须做到资金来源和运用效益挂钩，负债成本和资产效益相统一，严惩恶性竞争行为。

　　资管业务通过在信托公司、证券公司、基金公司和保险公司的层层嵌套和通道业务，能够规避"一行三会"的监管，要么造成资金在金融体系的空转和资金脱实向虚，要么通过通道业务把本应属于表内的资产转移到表外。对此，国家规定了两层嵌套的限制和首提穿透式监管。穿透式监管是指对于那些已经发行和流通的多层嵌套资产管理产品，必须做到向上能够鉴别该产品的最终投资者，向下能够识别该产品的底层资产，明确资金来于何方，去于何方。但穿透式监管也有缺点：较难把握正常监管和干涉企业自主经营的界限。实际上多层嵌套和通道业务源于"一行三会"对金融机构、信托公司、证券公司、基金公司和保险公司分业监管造成的监管真空，并不是监管不严导致的，因此必须从根本上消除监管真空和监管套利，强化监管的统筹协调。同时去杠杆必须分化委外投资，使得通道业务失去其存在基础。

　　期限错配指的是金融资产的负债端久期与资产端久期不匹配，一般负债端久期小于资产端久期。过度的期限错配隐含着巨大的流动性风险。期限错配常常通过资金池模式实现，如图 6.3.1 所示。资金来源（负债端）不断滚动发行短期理财产品，通过资金运用（资产端）投资于中长期资产，金融机构通过资金池拉大了期限错配程度。滚动发行简单地说就是"拆东墙补西墙"，虽然使得资金池的流动性加强，但这种流动性明显依赖于后期资金不断入池，一旦后期资金不足而资产端又难以产生投资收益时，作为资金端的风险就会被打开并无限放大，实际上更像一个庞氏骗局。因此，资产管理新规明确规定，金融机构禁止开展具有滚动发行、分离定价、集合运作等特征的资金池业务。

图 6.3.1　资金池运作模式

（3）从"借短拆长"入手，在资产端和负债端双管齐下去杠杆

金融加杠杆在于"借短拆长"，即负债端（短端）的负债利率下降和资产端（长端）的资产收益率增加完成加杠杆，金融去杠杆应从资产端和负债端双管齐下完成。

在负债端（短端），在不引发流动性风险和系统性风险的情况下，采取偏紧或中性的货币政策，温和上涨负债端的负债利率是一种廉价且有效的措施。在资产端（长端），资产端的资产收益率下行则是以下挫实体生产或资产价格为代价，容易引起债务——通缩，挫伤生产积极性，必须保持稳定；同时，在去产能、去库存、去杠杆政策下，落后企业要被淘汰，而相关企业的问题贷款是去杠杆的最大难点。金融机构可采取不良资产证券化、债转股、重组、批量转让、核销等多种方式妥善消化，尽量降低损失；对于已经造成的损失类贷款，完成债务减记，清理资产负债表，利用可转股的二级资本工具、永续债、TLAC 资本工具和可减记优先股等多样化资本补充工具补充资本数额，准确核算风险资本回报率，运用资产定负债策略实现资产与负债期限的匹配。

6.4　限贷政策抑制资产价格泡沫的效应研究

房地产拉动了我国经济的长期发展，是支撑国民经济发展的支柱产业，直到现在，它依然是维系经济增长的主引擎，因此，若房地产发展违背价值规律滋生泡沫，将给整个国民经济发展带来长期和巨大的负面影响。相对于股市泡沫来说，我国的房地产市场泡沫发生频率最多，持续时间最长，泡沫程度也最大，对实体经济造成了较大损失且可能导致金融系统性风险，在此，单列一节，重点研究国家调控政策对房地产泡沫的抑制作用。

我国自 1998 年开始实行住房货币化制度改革以来，房地产调控政策前后经历了 6 轮政策周期（图 6.4.1）：即 1998—2002 年政策宽松期、

2003—2007 年政策从紧期、2008—2009 年政策宽松期、2010—2013 年政策从紧期、2014 年—2016 年 9 月政策宽松期、2016 年 9 月至今的政策从紧期。

图 6.4.1　房地产政策调控周期

国家调控房地产泡沫的政策中，除了房产税目前仍在试点中，近年来，国家出台的限购限贷政策可以说是遍及全国实施，已经成为调控房地产市场泡沫的重要政策工具，然而，限贷政策能抑制房地产泡沫吗？

我国的房地产限贷政策可以追溯到 2003 年中国人民银行颁发的 121 文件，文件中首次规定对投资者购买的高档商品房、别墅或第二套商品房，提高首付款比率，并且取得四证后才能发放贷款，此后，一些城市纷纷颁发此政策，截至 2018 年 5 月 31 日，我国有 48 个城市实行了限贷政策，并且在政策的力度和强度上不断加大。限贷政策是国际宏观审慎政策的重要工具之一。房地产限贷政策，从广义而言，包括货币和房市信贷限制政策，一般通过对购房首付比例要求、房贷利率和基准利率的限制进行调控。

一些学者认为，限贷政策对房地产泡沫抑制效果显著。比如，黄昕等（2018）研究指出，房贷利率提高 1%，房价增速在本月即可降低 2.86%；首付比例要求提升 10%，房价增速在 2 个月即可降低 0.62%。陈旭和赵新泉

（2018）发现限购限贷政策对房价具有明显的调控效果，限贷政策指数与房地产价格增长率呈现显著的负相关关系。另外一部分文献研究却获得相反的结论。赵荣（2016）指出，短期内，限贷政策对房价有一定的限制作用，但一段时期后，房价会上涨，并可能出现新高趋势。李昱璇（2015）基于2008年10月—2014年6月的数据，对29个城市运用动态面板模型、偏差校正LSDVC法和断点回归法研究指出，限制首付比率的限贷政策是无效的，房地产价格决定于需求和供给层面的因素。张建同等（2015）运用断点回归法研究指出，限贷政策与新建住宅和二手房价格在统计上呈显著负相关，但在经济上无明显意义。限贷政策对抑制房地产泡沫的效果如何？本书运用合成控制法（Synthetic Control Method，SCM），对其进行研究。

6.4.1　合成控制法

对某项政策的实施效应进行评估，倍差法（Difference-in-Difference，DID）或基于倾向性得分匹配（Propensity Score Matching，PSM）下的双重差分法是最常用的方法（Lin & Ye，2009）。但这些方法存在缺点：一是控制组的选择主观性与随意性较大，且要求与处理组的特征基本相同，条件苛刻；二是假设政策是内生的，但是无法找到有力证据可以消除政策的内生性，以上两个缺点使得运用DID方法会出现结果偏差。

合成控制法的基本思路是通过将现有多个控制组（control group）加权合成一个有政策干预的处理组（treated group）的"反事实"（counterfactual outcome）替身，处理组与控制组之间的差异就是限贷政策对房地产价格的影响效应。"反事实"替身的权重来自各个控制组对"反事实"事件的贡献，权重为正且和等于1，避免了过分外推（Temple，1999）。同时，对多个控制组进行加权合成要优于主观选定的一个控制组，能够有效避免DID方法的不足，是一种非参数方法，有着更为广泛的适用领域（苏治，胡迪，

2015；李国平，李宏伟，2019；刘华等，2020）。合成控制法是 Abadie 和 Gardeazabal（2003）首先提出的，Abadie（2010）运用统计学提供了严谨的理论基础，具体构建如下：

假设共有 1+K 个城市，其中第 1 个城市在 T_0 期后受到了限贷政策的干预，而其余 K 个城市未受到冲击，构成潜在的控制组。时间 $t=1$，2，$\cdots$，T_0，$\cdots$，T，其中 T_0 是限贷政策颁发的时点，P_{it}^N 是城市 i 在时间 t 上未受到限贷政策影响时的商品房销售价格，P_{it} 是城市 i 在时间 t 受到限贷政策影响时的商品房销售价格，假设模型为：

$$P_{it}=P_{it}^N+D_{it}\alpha_{it} \qquad (6.4.1)$$

其中，D_{it} 是城市 i 在 t 期是否颁发限贷政策的虚拟变量，若颁发则定义为 1，否则为 0；在 $t>T_0$ 时，颁发限贷政策对城市 i 的影响效应 $\alpha_{it}=P_{it}-P_{it}^N$，由于颁发限贷政策的城市在 T_0 时点后商品房销售价格 P_{it} 能够获取，但在 T_0 时点后没有颁发限贷政策的城市商品房销售价格 P_{it}^N 无法获取；为计算 α_{it}，需要估计 P_{it}^N，通过构造"反事实"的变量来表示，模型如下：

$$P_{it}^N=\delta_t+\theta_t V_i+\lambda_t\mu_i+\varepsilon_{it} \qquad (6.4.2)$$

其中，δ_t 是固定时间效应；θ_t 是 $1\times K$ 维未知系数变量；V_i 是 $K\times 1$ 维不受限贷政策影响可观测协变量；λ_t 是 $1\times F$ 维的不可观测公共因子；μ_i 是 $F\times 1$ 维系数变量；ε_{it} 是每个城市不可观测的暂时冲击，均值为 0；为了估计 P_{it}^N，需要通过利用控制组城市权重来模拟处理组的特征，控制组的权重向量为 $W=(w_2, w_3, \cdots, w_{1+k})'$，其中，$W_k\geqslant 0$ 且 $w_2+w_3+\cdots+w_{1+k}=1$；权重 W 合成控制模型为：

$$\sum_{k=2}^{k+1}w_k P_{it}=\delta_t+\theta_t\sum_{k=2}^{k+1}w_k V_i+\lambda_t\sum_{k=2}^{k+1}w_k\mu_i+\sum_{k=2}^{k+1}w_k\varepsilon_{it} \qquad (6.4.3)$$

假设存在最优权重向量组 $W^*=(w_2^*, w_3^*, \cdots, w_{1+k}^*)'$ 使限贷政策颁发前每期合成控制组的观测值等于处理组观测值，全部可观测因素相同，即：

$$\sum_{k=2}^{k+1} w_k^* P_{k1} = P_{11}, \quad \sum_{k=2}^{k+1} w_k^* P_{k2} = P_{12}, \quad \sum_{k=2}^{k+1} w_k^* P_{kT_0} = P_{1T_0}, \quad 且 \sum_{k=2}^{k+1} w_k^* V_k = V_1 \quad (6.4.4)$$

式（6.4.4）表明给每个控制组乘以一定权重构建的合成控制组与处理组在限贷政策颁发前的行为几乎相同，所以，颁发限贷政策后的合成控制组的结果可以作为处理组城市1的"反事实"结果。

假如 $\sum_{t=1}^{T_0} \lambda_t' \lambda_t$ 非奇异，则有

$$P_{it}^N - \sum_{k=2}^{k+1} w_k^* P_{kt} = \sum_{k=2}^{k+1} w_k^* \sum_{t=1}^{T_0} \lambda_t \left(\sum_{t=1}^{T_0} \lambda_t' \lambda_t \right)^{-1} \lambda_s' (\varepsilon_{ks} - \varepsilon_{1s}) - \sum_{k=2}^{k+1} w_k^* (\varepsilon_{kt} - \varepsilon_{1t}) \quad (6.4.5)$$

Abadie（2010）指出，当政策颁发前的时期足够长，式（6.4.5）将趋近于0，因此证明了合成控制组的结果可以作为处理组城市1的"反事实"结果。当 $T_0 < t \leqslant T$ 时，可以运用 $\sum_{k=2}^{k+1} w_k^* P_{kt}$ 作为 P_{it}^N 的无偏估计，即 $P_{it}^N = \sum_{k=2}^{k+1} w_k^* P_{kt}$，那么处理组城市实施限贷政策的政策效应为：

$$\alpha_{it} = P_{it} - \sum_{k=2}^{k+1} w_k^* P_{kt} \quad (t = T_0 + 1, \cdots, T) \quad (6.4.6)$$

求解式（6.4.6）的关键在于确定最优权重向量 $\boldsymbol{W}^* = (w_2^*, w_3^*, \cdots, w_{1+k}^*)'$，令 $K \times 1$ 维向量 $\boldsymbol{H}_1$ 是某个城市颁发政策前的各预测变量平均值，下标1表示其为处理组；令 $K \times i$ 维向量 $\boldsymbol{H}_0$ 是控制组各预测变量平均值，下标0表示其为控制组；最优权重向量 $\boldsymbol{W}^*$ 就是使 $\boldsymbol{H}_1$ 和 $\boldsymbol{H}_0\boldsymbol{W}$ 之间的距离最小的 $\boldsymbol{H}_0\boldsymbol{W}$，即：

$$\min_w \sqrt{(\boldsymbol{H}_1 - \boldsymbol{H}_0\boldsymbol{W}) Z (\boldsymbol{H}_1 - \boldsymbol{H}_0\boldsymbol{W})} \quad (6.4.7)$$

其中，s.t. $w_i \geqslant 0$；Z 是 $K \times K$ 的对角矩阵，对角线元素表示非负权重，最优解是 Z^*；

$$Z^* = \mathrm{argmin}_Z \left[\boldsymbol{V}_1 - \boldsymbol{V}_0 \boldsymbol{W}^*(Z) \right]' \left[\boldsymbol{V}_1 - \boldsymbol{V}_0 \boldsymbol{W}^*(Z) \right] \quad (6.4.8)$$

其中，$\boldsymbol{V}_1$ 是包括处理组在内的在受政策颁发前所有结果的 $(T_0 \times 1)$ 维向量；$\boldsymbol{V}_0$ 是控制组在政策颁发前所有结果的 $(T_0 \times k)$ 维向量；把式（6.4.8）

带入式（6.4.7），可解出 W^*，然后代入式（6.4.6），解出受到限贷政策影响后的效应值。

6.4.2 变量说明与数据来源

根据第一财经对新一线城市研究所的划分 ❶，由于 4 个一线城市与其他城市的系统性差别太大，合成控制组难以匹配，故从 15 个新一线城市中选取天津和郑州作为一线城市的代表，从 30 个二线城市中选取合肥与石家庄作为二线城市的代表。我国的一线城市和二线城市的房地产泡沫最大，采用合成控制法，只分析限贷政策在一线城市和二线城市的影响效应。

由于某一城市的商品房销售价格与该城市的经济发展水平、居民收入水平、人口密度、房价等因素密切相关（朱国钟，颜色，2014），因此选取人均 GDP、居民消费价格指数、人口密度、土地成交均价作为控制组的解释变量，商品房销售价格作为合成控制模型的被解释变量，其中居民消费价格指数和人口密度数据源于 Wind 数据库，土地成交均价和商品房价格数据源于中国指数研究中心。基于 12 个城市的平衡面板数据进行拟合，由于各个城市颁发限贷政策的时间不同，因此，各个研究样本选取的数据时间也有差异，石家庄选取的数据时间为 2016 年 1 月—2017 年 6 月，颁发限购政策的时间是 2017 年 3 月；天津和郑州选取的数据时间为 2016 年 1 月—2017 年 3 月，颁发限购政策的时间是 2016 年 10 月；合肥选取的数据时间为 2016 年 1—12 月，颁发限购政策的时间是 2016 年 8 月。

---

❶ 2018 年 4 月 26 日，第一财经·新一线城市研究所根据 19 家互联网公司的城市大数据，以及 170 个品牌商业数据，对 338 个地级以上城市进行排名，4 个一线城市为北京、上海、广州和深圳；15 个新一线城市为杭州、南京、成都、武汉、天津、大连、重庆、长沙、苏州、西宁、沈阳、郑州、青岛、宁波、东莞；30 个二线城市为福州、昆明、厦门、无锡、哈尔滨、合肥、石家庄、济南、常州、佛山、南昌、海口、长春、贵阳、温州、南宁、泉州、嘉兴、太原、金华、南通、珠海、惠州、烟台、乌鲁木齐、中山、绍兴、台州、徐州、兰州。

6.4.3 实证结果及其分析

运用合成控制法，首先分析限贷政策对石家庄商品房销售价格的抑制效应，其次研究其对天津、郑州和合肥商品房销售价格的抑制效应。

6.4.3.1 限贷政策对石家庄商品房销售价格的抑制效应研究

基于石家庄限贷政策颁发前的各期数据计算了每个控制组城市在构成合成控制组（合成石家庄）中的最优权重组合（表 6.4.1），运用控制组城市的最优权重构建"未颁发限贷政策的石家庄"反事实替身——合成石家庄，由下列 5 个城市加权组合合成，其中，权重最大的是昆明市，为 0.535，其他控制组城市权重赋值为 0。

表 6.4.1　合成石家庄的城市权重

城市	徐州	昆明	兰州	哈尔滨	温州
权重	0.133	0.535	0.142	0.149	0.041

表 6.4.2 是 2017 年 3 月限贷政策颁发前真实石家庄与合成石家庄重要经济变量的拟合与对比，可以得知，核心观测值是商品房销售价格，合成石家庄的合成控制值与真实石家庄的实际值之间差异非常小，且远远小于真实石家庄与 12 个城市的变量均值之间的差距，这表明 5 个城市合成权重组合有效，为构建"未颁发限贷政策的石家庄"反事实替身提供理论支撑。

表 6.4.2　石家庄与合成石家庄真实值与合成值的拟合与对比

变量	真实值	合成值	12 个城市
人口密度（人 / 平方千米）	776.6667	354.4525	399.95
居民消费价格指数（CPI）	101.3444	101.3440	101.46
土地成交均价（元）	4086.354	6685.895	4919.95
人均 GDP（元）	4799.408	5765.251	6242.67
2016 年 1 月商品房销售价格（元）	6466.27	6451.706	6395.95
2016 年 7 月商品房销售价格（元）	6453.38	6544.661	6326.31
2016 年 12 月商品房销售价格（元）	6754.09	6741.461	6836.14

图 6.4.2 是在表 6.4.2 数据基础上扩充到所有研究期间，图中竖线为限

贷政策颁发时间，可以得知，在限贷政策颁发前，合成石家庄与真实石家庄的商品房销售价格路径几乎完全重合，再次证明合成控制法较好地拟合了真实石家庄的商品房销售价格变动趋势，而在限贷政策颁发后，合成石家庄与真实石家庄的商品房销售价格路径出现明显差异，真实石家庄的商品房销售价格皆低于合成石家庄且随着时间推移差距增大，到2017年6月，数值为6837.8元，与政策颁发前的7887.8元相比，降低了1050元，实证结果表明，颁发限贷政策对石家庄的商品房销售价格有很大的抑制作用。

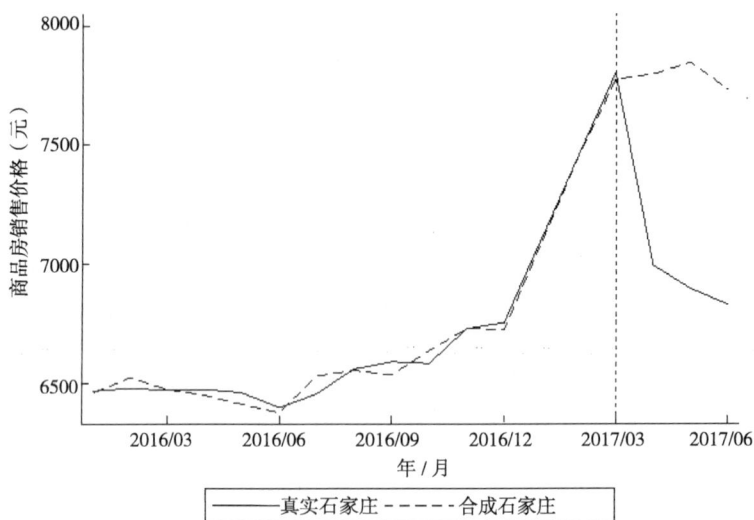

图 6.4.2 真实石家庄与合成石家庄商品房销售价格

（2）安慰剂检验

由图 6.4.2 得知，真实石家庄与合成石家庄的商品房销售价格在限贷政策颁发之后呈现出显著差异，但这种结果并不能完全确定是限贷政策颁发导致的，可能存在偶然性，也可能是一些未观测到的外在因素造成的。因此，必须进行稳健性检验以排除偶然性和其他因素的干扰。阿巴迪（Abadie，2010）指出，由于合成控制法是非参数估计方法，其结果的显

著性无法采用大样本的统计推断估计来检验，但可以采用类似秩估计的排列法（Permutation Test）进行检验。基本思路如下：选择研究样本中其余没有颁发限贷政策的城市，对其逐一进行同样研究并分析所有的处理效应，这个过程就是安慰剂检验（Placebo Test），若所有安慰剂处理效果都小于处理组效果，则能够证明实证结果的稳健性，检验结果如图 6.4.3 所示，图中加粗的黑色实线是运用合成控制法得出的石家庄的处理效应，其余灰色实线为控制组中的其余 11 个城市做安慰剂检验的处理效应，可以看出，在限贷政策颁发前，石家庄与其他城市差异较小，然而，限贷政策颁布后，除一个城市外，其分布完全位于其余城市下面外部，则表明限贷政策的颁发对石家庄的商品房销售价格有显著抑制效应。

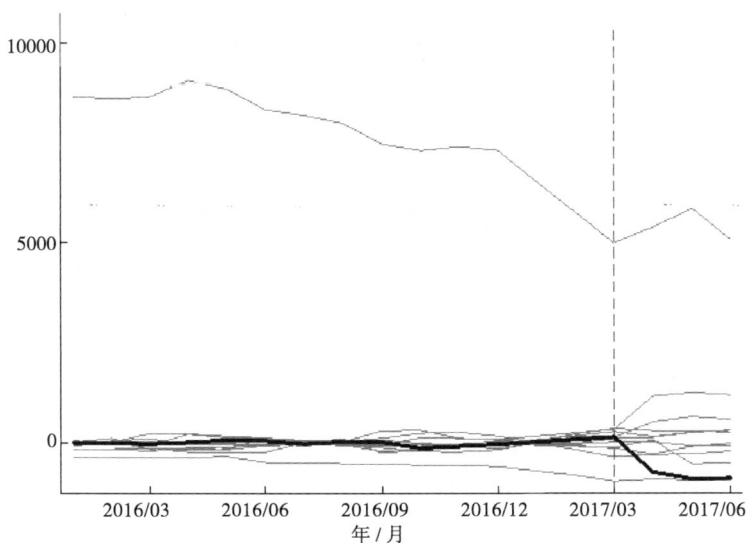

图 6.4.3　安慰剂检验

6.4.3.2　限贷政策对天津、郑州和合肥商品房销售价格的抑制效应研究

运用合成控制法，遵循上面的步骤，研究限贷政策对天津、郑州和合肥商品房销售价格的效应研究。表 6.4.3 是合成天津、郑州和合肥的城市

权重。

表 6.4.3 合成天津、郑州和合肥的城市权重

城市	徐州	西宁	兰州	哈尔滨	温州	昆明	银川	贵阳	合成城市
权重	—	—	—	—	0.712	0.288	—	—	合成天津
	—	—	0.096	0.012	0.091	—	0.468	0.333	合成郑州
	0.378	0.354	—	—	0.268	—	—	—	合成合肥

从表 6.4.3 可知，合成天津由 2 个城市加权组合合成，其中，权重最大的是温州市，为 0.712；合成郑州由 5 个城市加权组合合成，其中，权重最大的是银川市，为 0.468，合成合肥是由 3 个城市加权组合合成，其中，权重最大的是徐州市，为 0.378；表 6.4.4 是天津、郑州和合肥的真实值与合成值的拟合与对比。

表 6.4.4 天津、郑州和合肥真实值与合成值的拟合与对比

变　量	天　津		郑　州		合　肥	
	真实值	合成值	真实值	合成值	真实值	合成值
人口密度（人/平方千米）	876.8000	559.2964	365.1467	367.5546	638.0000	626.0072
居民消费价格指数（CPI）	102.160	101.449	101.400	101.3459	102.6917	101.9806
土地成交均价（元）	15039.05	15252.32	3462.144	3900.299	18273.61	6924.942
人均 GDP（元）	14379.97	5329.105	6330.487	6488.301	7164.065	4943.748
2016 年 1 月商品房销售价格（元）	12427.25	12459.25	6488.301	5989.259	7580.55	7591.381
2016 年 12 月商品房销售价格（元）	11960.98	11865.60	5928.700	5856.621	7596.09	7605.76

限贷政策下，天津、郑州和合肥的商品房销售价格不降反升，因此，限贷政策对这三个城市的商品房销售价格都无抑制效应，实证结果如图 6.4.4 ~ 图 6.4.9 所示。

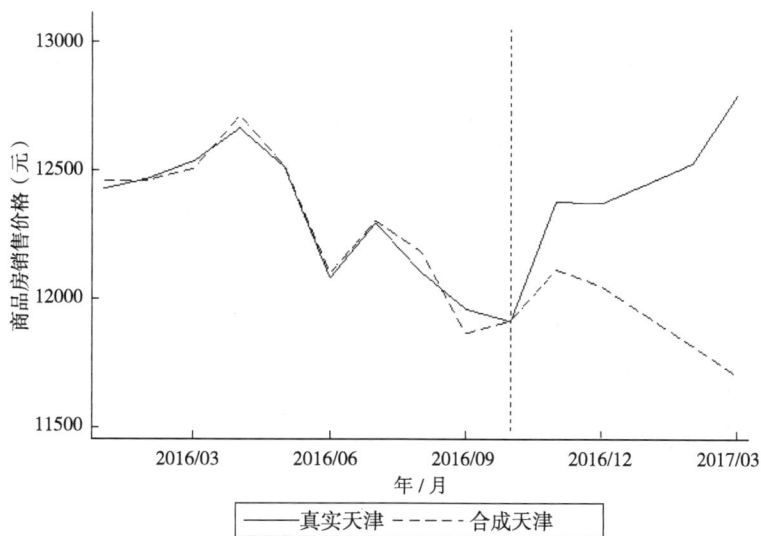

图 6.4.4 真实天津与合成天津商品房销售价格

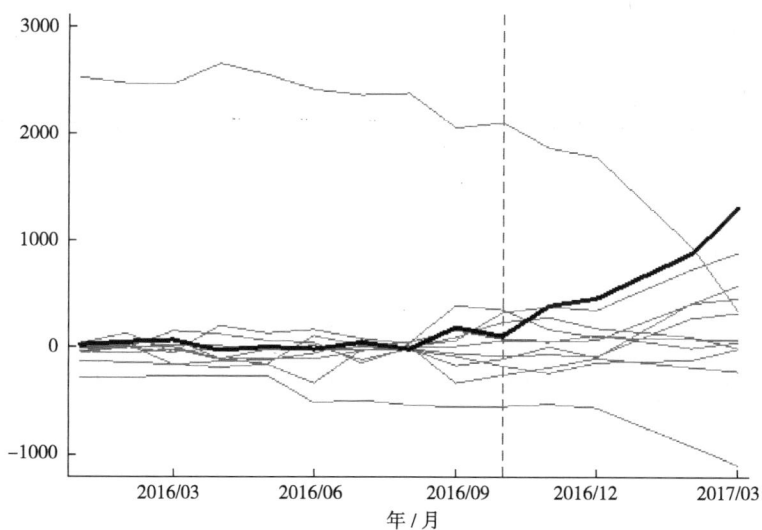

图 6.4.5 安慰剂检验

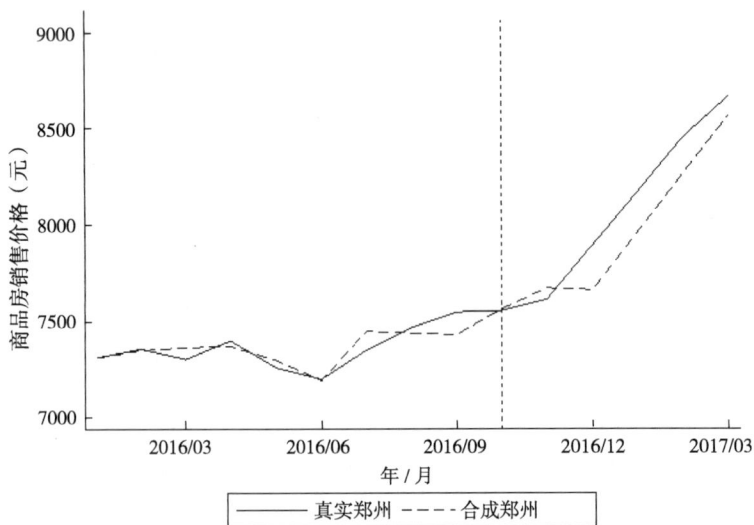

图 6.4.6　真实郑州与合成郑州商品房销售价格

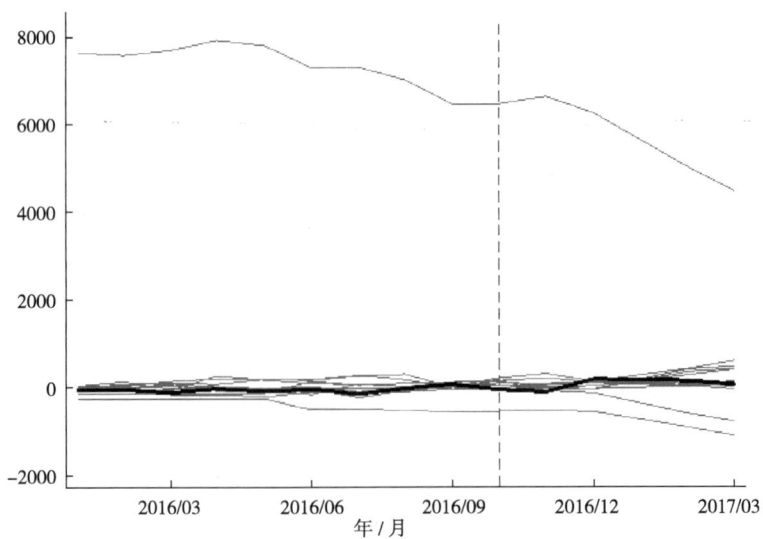

图 6.4.7　安慰剂检验

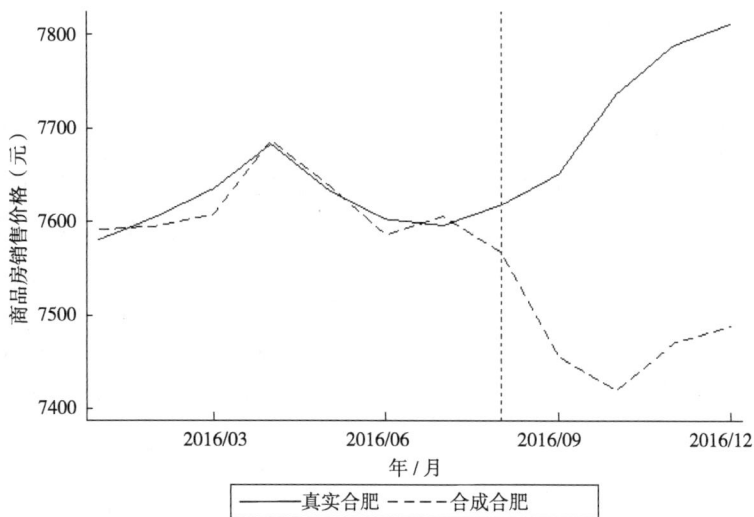

图 6.4.8　真实合肥与合成合肥商品房销售价格

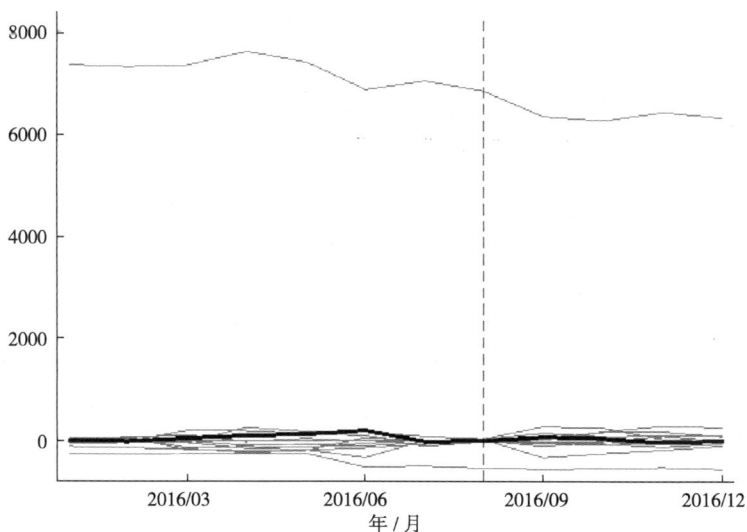

图 6.4.9　安慰剂检验

在选取的 4 个城市中，实证结果表明：限贷政策只对石家庄的商品房销售价格起抑制作用，对其余 3 个城市均无效应，究其原因，在于以下三点：①房地产不但具有消费功能，而且可以投资，因此，其价格不仅依赖于供给与需求之间的关系，而且也取决于投资者的未来预期。巴曙松指出，这种预期对调控政策、货币条件和收入增长的敏感度高于潜在供给的速度，一旦限贷被取消或者无后续政策安排，房价可能出现报复性上涨。因此，目前以"限"为主的政策，其影响人们对未来房地产价格上涨的预期有限，有时候反而成为房价上行的助力；②地方政府不但是土地市场的调控者，而且是"土地财政"的受益者，因此，我国土地政策的顽疾一方面使地方政府制造涨价预期，推升土地价格，获取收益，另一方面，也很难真心实意地去执行和落实限贷调控政策；③限贷政策只是无奈之下的行政管理措施，不是市场化的调控手段，只能是一时的权宜之计，不可能长久控制；同时，限贷政策阻碍了正常的市场交易，有违市场规律，无法消除投机性需求。

6.5　资产价格泡沫监控系统研究

资产价格泡沫具有爆发突然、危害性大的特点，一旦资产价格泡沫膨胀甚至破裂，国家再采取补救措施，必将付出较大代价，因此，建立一个理论充分、规范可行和切合实际的资产价格泡沫事先监测与监控系统是风险防范的关键。现有文献涉及资产价格泡沫监控研究的方法主要有三类。

（1）指标监控法

王春艳（2020）从开发、价格、交易和资金信贷四个方面选取八个影响房地产泡沫的年度数据作为监控指标，对我国35个大中型城市进行研究，研究结论表明，我国房地产的泡沫化程度较高。曹琳剑和王杰（2018）选取房价收入比、土地购置费用增长率、商品房价格/GDP增长比率、房屋施工面积/竣工面积、房屋竣工面积/销售面积、房贷余额/金融机构贷款

余额、城镇人口增长率、房地产投资/固定资产投资总额 8 个测度泡沫的指标，运用功效系数法和熵权法测度了房地产市场的泡沫程度，结论表明：我国房地产市场泡沫化程度总体呈下降趋势，2015 年房地产泡沫程度为最小，2012 年房地产泡沫化程度突破警戒值并呈现集聚趋势。曹红辉和赵学卿（2010）采用聚类分析和因子分析法，选取九个与投资者行为相联系的指标监控股市的风险。

（2）统计模型监控法

模型监控法是在指标监控法的研究基础上通过增加计量模型做出进一步的判断。杨坤等（2019）首先运用 C-vine、D-vine、R-vine 三类 vine copula 模型依次研究了股市风格资产之间的相依关系，其次基于滚动宽窗蒙特卡罗模拟测度了组合风险，最后采用在险价值（VaR）构建了风险监控系统。崔洪利等（2019）利用因子分析法合成房地产泡沫综合监控指数，然后运用 Logistic 模型构建房地产泡沫监控模型，结果表明该模型具有较好的预测性。吴婷婷等（2018）以 36 个国家为研究对象，选取 7 个经济指标，运用潜在动态有序 logit 模型和预测模型进行了研究，结果表明，上述模型能够有效实现动态监控系统的实时预测和递归更新，可以较好地刻画经济情况的动态变化。

（3）人工智能监控法

随着计算机科学与智能算法的迅猛发展，一些学者把计算机的最新技术运用到经济、金融领域，出现了第三种资产价格泡沫监控研究方法，即人工智能监控研究方法。王奕翔等（2019）运用改进型 BP 神经网络（Back Propagation Neural Network，BPNN）研究了我国的房地产泡沫，指出相较于易受主观因素影响的常用人工分析法，改进型 BP 神经网络可有效避免这一缺陷，预测效果较好。王玲玲等（2019）运用 BP 神经网络技术，对柳州市房地产市场风险进行分析，结论表明，柳州市房地产市场处于一个相对正常的运行状态，但风险值有走高趋势。

传统资产价格泡沫监控研究方法，比如指标监控法，往往运用层次分析法和模糊综合评价法等设定影响泡沫的因素权重，这些方法具有较大的主观性，容易影响评判结果；统计模型监控法采用的数学模型，过于严格的前提假设使得实际操作性不够，并且指标多为时间序列数据，难以从逻辑上解释导致资产价格泡沫的本质原因，另外，其最大缺点在于都是静态分析，无法评判外部环境变化导致的变量之间关系的演变。而人工智能监控研究法首先由于具有较强实时学习功能，可以不受主观因素影响；其次，具有良好的实时纠偏性，错误信息可以通过知识分布式存储功能分散，不影响整体正常运行；最后，其具有并行结构和联想记忆功能，能够进行动态跟踪、多数据处理和复杂计算。这些特征能够很好地解决传统资产价格泡沫监控研究方法存在的缺陷，因此，下文将运用人工智能中的支持向量回归（Support Vector Regression，SVR）模型和BP神经网络（Back Propagation Neural Network，BPNN）技术，分别构建股市泡沫监控系统和房地产泡沫监控系统。

6.5.1　SVR模型与股市泡沫监控系统研究

6.5.1.1　SVR模型

SVR模型利用核函数映射的基本思想和结构风险最小化（SRM）的基本原理，将给定低维空间的样本数据转化为高维空间中的点，找到能最大化边缘的线性最优特征向量（Vapnik，1995）。在时间序列分析中，它往往被用于解决回归和预测问题。SVR模型的研究数据包括两类：训练数据和测试数据（预测数据），其主要原理如图6.5.1所示。

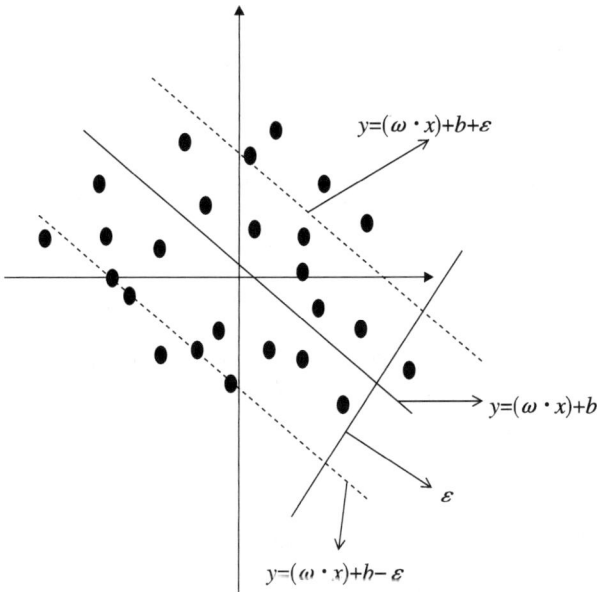

图 6.5.1　SVR 的原理

1998 年，Vapnik 引入误差损失函数中的 ε 不敏感区，该区位于图 6.5.1 中的两条虚线之间，用虚线上的点来确定回归面。在 ε 不敏感区内的训练数据没有损失，而 ε 不敏感区外的被称为支持向量，回归曲面仅由支持向量确定。给定训练数据集，

$$[\,(\,x_i,\ y_i\,)\ |\ x_i \in X{=}R^d,\ y_i \in R,\ i{=}1,\ \cdots,\ n\,]\quad（6.5.1）$$

其中，x_i 表示输入空间 X 的数据点（自变量）；y_i 表示输出结果（因变量）；线性回归函数可以表示为：

$$f(\,x\,){=}\boldsymbol{\omega}^{\mathrm{T}}\varphi\,(\,x_i\,){+}b,\ \boldsymbol{\omega} \in X,\ b \in \mathbf{R}\quad（6.5.2）$$

其中，ω 是回归函数的待定系数，b 是偏差，两者通过最小化泛化误差确定；$\varphi\,(\,x\,)$ 为映射函数。SVR 的目的是寻找一个偏离训练数据集的函数 $f(\,x\,)$ 并尽可能平坦，平坦意味着上式中 $\|\omega\|$ 更小，因此 ω 和 b 通过以下优化问题求解，线性回归函数 $f(\,x\,)$ 可以描述为：

$$\text{mininize} \frac{1}{2} \parallel \omega \parallel^2$$

$$\text{subject to} \begin{cases} y_i - \boldsymbol{\omega}^T \varphi(x_i) - b \leqslant \varepsilon \\ \boldsymbol{\omega}^T \varphi(x_i) + b - y_i \leqslant \varepsilon \end{cases} \quad (6.5.3)$$

然而，并非所有的训练数据都是线性的，为了解决这个问题，引入了松弛变量 ξ_i 和 ξ_i^*，式（6.5.2）可以重新表示为：

$$\text{mininize} \frac{1}{2} \parallel \omega \parallel^2 + C \sum_{i=1}^{n}(\xi_i + \xi_i^*)$$

$$\text{subject to} \begin{cases} y_i - \boldsymbol{\omega}^T \phi(x_i) - b \leqslant \varepsilon + \xi_i \\ \boldsymbol{\omega}^T \phi(x_i) + b - y_i \leqslant \varepsilon + \xi_i, \ i=1, \cdots, n \\ \xi_i, \ \xi_i^* \geqslant 0 \end{cases} \quad (6.5.4)$$

其中，C 为误差项的惩罚参数，通过调节 C 平衡泛化能力和训练误差；ε 是不敏感损失函数，通过引入拉格朗日乘子，对式（6.5.4）进行二次优化，拉格朗日函数如下：

$$L = \frac{1}{2} \parallel \omega \parallel^2 + C \sum_{i=1}^{n}(\xi_i + \xi_i^*) - \sum_{i=1}^{n} \alpha_i [\varepsilon + \xi_i - y_i + \boldsymbol{\omega}^T \phi(x_i) + b] -$$

$$\sum_{i=1}^{n} \alpha_i^* [\varepsilon + \xi_i^* + y_i - \boldsymbol{\omega}^T \phi(x_i) - b] - \sum_{i=1}^{n}(\eta_i \xi_i + \eta_i^* \xi_i^*) \quad (6.5.5)$$

其中，α_i、α_i^*、η_i、η_i^* 表示拉格朗日乘子，与式（6.5.4）对应的优化可以表示为：

$$\text{mininize} \frac{1}{2} \sum_{i,j}^{n}(\alpha_i^* - \alpha_i)(\alpha_j^* - \alpha_j) \phi(x_i)^T \phi(x_j) + \varepsilon \sum_{i=1}^{n}(\alpha_i^* + \alpha_i) - \sum_{i=1}^{n} y_i(\alpha_i^* - \alpha_i)$$

$$\text{subject to} \begin{cases} \sum_{i=1}^{n}(\alpha_i - \alpha_i^*) = 0 \\ \alpha_i, \ \alpha_i^* \in [0, \ C] \end{cases} \quad (6.5.6)$$

通过转换方程：

$$\omega = \sum_{i=1}^{n}(\alpha_i - \alpha_i^*) \phi(x_i) \quad (6.5.7)$$

$$f(x) = \sum_{i=1}^{n}(\alpha_i - \alpha_i^*) K(x_i, \ x) + b \quad (6.5.8)$$

引入拉格朗日理论和核函数，SVR 函数可以表示为：

$$f(x)=\sum_{i=1}^{n}(\alpha_i-\alpha_i^*)\,\phi(x_i)^{\mathrm{T}}\phi(x_j)+b \qquad (6.5.9)$$

其中，$K(x_i, x)$ 表示核函数且 $K(x_i, x_j)=\phi(x_i)^{\mathrm{T}}\phi(x_j)$。

利用核函数，可以将非线性空间转化为线性空间，降低了算法的复杂度，SVR 的预测性能依赖于核函数的准确选择，在此选择径向基核函数（RBF）作为研究核函数，RBF 函数 $K(x, x_i)=\exp(-\|x-x_i\|^2)/\sigma^2$。

综上所述，SVR 有效完成了从训练数据集到预测样本集的传导推理，极大地简化了一些分类和回归问题，可以避免维数灾难，从而极大地提高了其预测精度。

6.5.1.2　股市泡沫监控系统研究

1. 机理分析

随着计算机技术和网络的迅速发展，越来越多的人借助网络平台寻求和获取各种相关的信息和数据。互联网从一个简单的信息存储技术平台逐步发展成为交互式的信息发布、共享、交流与协作的社会化网络，例如，以微信、QQ 群、论坛和微博等为代表的社会化网络媒体逐渐成为人们交流信息、表达意见和感情抒发的重要平台，每个人不仅充当网络舆情的发布者和传递者，而且也是网络舆情的接受者。这些开放式、虚拟式的信息传播渠道和交流途径逐渐成为影响人们态度、情绪与行为的重要方式。

早期的传统金融学的有效市场假说（Efficient Markets Hypothesis，EMH）认为股票价格完全反映了所有关于这一证券价格可获得的内在价值信息，即"信息有效"，任何人都不可能持续获得超过市场平均水平的收益，也就是说，投资者和资产价格变动都是理性的，投资者情绪不是影响股市变动的重要因素。但是，证券市场中却出现了许多有悖于 EMH 的投资者的异常行为及金融市场异象，也就是说，股票价格的决定除了基本面因素外，可能还存在一些非基本面因素。布莱克（Black，1986）认为，引起股市异常波动是由于"噪声交易者"的加入引起的 "噪声交易者风险"造成的，同时指出投资者购买金融资产的依据是"噪声"而非"信息"，这里的"噪音"便是投资者情绪因素。近期的行为金融学认为网络舆情能够影响投资者情绪，进而对股票市场预期存在显著影响。投资者通过浏览股票论坛、跟帖回复和发表言论等形式不但表达其对股市趋势的判断和预测，而且能够通过借鉴和吸取股票论坛中的相关决策信息、经验和技巧优化和决定自己的投资策略，最终反馈形成对股市的未来预期。因此，财经论坛中以主观形式存在的舆情信息和数据是影响投资者情绪以及投资决策的关键因素。

大多数学者往往通过从金融数据库采集数值型指标，运用金融计量的方法构建投资者情绪指标，例如，陆静和周媛（2015）以证券投资基金损失率作为投资者情绪的代理变量，研究发现投资者情绪对我国 AH 股的股票价格有显著的影响；黄（Huang，2015）使用封闭式基金，通过构建投资者情绪表明机构投资者在金融市场中发挥着价格稳定的作用；黄宏斌等（2017）采用封闭式基金折价、IPO 数量、交易量、首日收益率、新增投资者开户数和消费者信心指数六个变量合成了投资者情绪，分析了其对不同生命周期企业融资选择的影响。但上述传统的静态化数值型指标已经无法满足投资者分析与预测金融市场变化趋势的需求。以上方法都是采用金融数据，通过选取一个或几个反映股市或情绪变化的变量合成一个投资者情绪，这种合成指标不但准确性无法保证，而且只是从侧面间接反映投资者情绪，是一个客观指标，这是其最大的缺陷。投资者情绪应该属于主观范畴，相比于采用数值型合成的客观指标，构建包括主观感情色彩词的投资者情绪指标，比如高涨、兴奋、沮丧、悲观等应该更贴切。艾克雷姆（Ikram，2016）、贝奇（Baecchi，2016）、蔡国永和夏彬彬（2016）指出，从网络论坛获取的文本存在很多表示情感的词组，情感倾向明显，因此，有效地

挖掘论坛文本中隐含的情感具有重要的商业价值和社会价值。另外，网络舆情在财经论坛中以文字或表情包等的股票评论形式存在，数量是海量的、非数值型（即文本结构）和不断实时变化的，传统的金融、计量学等方法无法处理海量的、文本结构的信息。本书借助网络爬虫技术对有关股票市场信息进行动态数据挖掘，不但可以解决过去因为数据获取技术限制，难以处理文本结构信息的困扰，而且能够发现潜在的大量数据所蕴藏的金融市场软信息，深层次分析网络舆情、投资者情绪与股票市场的关系。

由于我国股市建立时间较短且存在制度、机制和管理上的不完善，再加上散户众多，非理性情绪和羊群效应非常明显，投资者情绪与股市收益率涨跌关系应该非常显著，因此运用网络爬虫技术构建投资者情绪，借助SVR 模型来研究其对股市收益率涨跌预测的正确率，如果预测的正确率较高，就可以根据投资者情绪预测股市收益波动，从而起到对股市泡沫的监控作用。

2. 变量定义和数据来源

本研究涉及两个变量，即投资者情绪和股市收益率。投资者情绪构建包括如下步骤：

第一步，文本挖掘。大多数论坛帖子文本都是非结构化数据，为了量化其对股票收益率的影响，需要把非结构化的文本信息转化为结构化的数值型信息（特征向量），进而构建投资者情绪指标进行预测。网络爬虫技术是目前的新兴学科，不仅能有效地提取和组织文本内容中有价值的信息，而且能将非结构化文档转化为文档向量。运用网络爬虫技术，对 2014 年 6 月 30 日—12 月 31 日期间 ❶，中国东方财富网对每日股评论坛帖子的文本内容进

---

❶ 2014 年中国股市迎来新一轮的牛市，因此，选取 2014 年作为研究区间会导致存在海量数据，所以只选取 2014 年下半年作为研究区间。

行挖掘和提取，共抓取 190 万个日数据，为了从含有复杂且不可靠信息的观测数据中获取最有意义的信息，对数据进行了预处理，去除了噪声。得到大约 178 万个文本数据，其中 2014 年 6 月 30 日—11 月 30 日的数据为训练集，2014 年 12 月 1 日—12 月 31 日的数据为预测集。

第二步，中文分词。计算机读英语单词很容易，但汉语则不同，因为字与字之间没有空格，因此，要使计算机能够处理中文句子必须将句子中的字分开。中文分词是文本挖掘的关键技术之一，是文本挖掘的基础，直接影响到文本主题提取的质量。

第三步，同义词合并和去停用词。中文分词后会产生大量的噪声词，如同义词和近似同义词、非汉语词和数字等。为了减少噪声词，将多个意思相同或相似的同义词和近似同义词用一个词语代替，如"购买""购置""采购""买进"可以用"买入"替换，其对股市具有相似含义，同义词合并如表 6.5.1 所示。这样在特征矩阵生成时，同义词和近似同义词可以合并为同一维度，同时避免取高频词时去掉有意义的词，不但降低了矩阵的维度，也增加了研究的准确性；停用词是一些没有深层含义的助词等，例如，"了""的""啊""吗""呢"等，所有这些停用词删除后都不影响预测的准确性，但可以实现向量维数降低。

表 6.5.1　同义词和近似同义词合并

替换词	同义词和近似同义词
买入	购买　购置　采购　买进　买
卖出	卖掉　卖了　销售　售　卖
利好	上涨　增长　高涨　高潮　飞腾　增长　上升　增　升涨
利空	下落　下降　降低　下跌　低落　削减　低迷　减少　停滞　跌
走势	趋势　趋向　势头　走向　发展　走势　形势　长期走势

第四步，情感极性标注与赋值。采用来自知网和百度文库的情感分析词语标注情感极性，主要包括正向情感词和负向情感词两类，如表 6.5.2 所示。

表 6.5.2　正向与负向情感词

正向情感词	牛市	赚了	高兴	跑赢	提振	高涨	一片红	资金流入
负向情感词	熊市	亏了	难受	贱卖	剁手	沉陷	一片绿	萎靡

第五步，文本量化和特征矩阵生成。将非结构化文本信息转换成数字表示的矢量，这是数据挖掘中最关键的步骤。向量空间模型（VSM）是 20世纪 70 年代萨尔顿和于（Salton & Yu）提出的一种用于信息检索和大规模文本处理的数学工具，其基本思想是将向量维数与所有文本项关联，每个文本表示维向量空间中的一个向量。为了提高分类的准确性和特征项的选择质量，选择 VSM 理论中的词频（Term Frequency，TF）逆文档频率（Inverse Document Frequency，IDF）即 TF-IDF 加权方法度量某词项在整个文档中的重要性。TF-IDF 的原理是，某词项在所在文章中出现频率足够高（TF）而很少出现在其他文章（IDF）中，意味着该词或短语具有更强的分类能力。经过一系列的上述处理，大量的非结构化文本被转换成数字矩阵，生成的特征矩阵数据部分如表 6.5.3 所示。

表 6.5.3　特征矩阵部分数据

日期	下跌	上涨	利好	利空	买入	卖出	价格
7 月 1 日	45.5221	42.5703	94.5845	81.5464	105.5626	70.9695	38.4997
7 月 2 日	32.8123	28.3927	107.7002	63.1331	106.7878	55.3924	32.1918
7 月 3 日	77.6324	37.1806	100.8870	65.3468	132.5849	46.4266	44.2536
7 月 4 日	56.8712	35.9245	120.4876	92.5217	115.9875	78.3311	45.8975
7 月 7 日	88.5637	36.0811	130.1221	98.1631	118.4567	82.5643	110.9457
7 月 8 日	79.7554	28.9642	123.5641	89.5124	112.3212	124.5222	102.3421
7 月 9 日	88.5637	31.0231	111.1246	88.1831	117.3267	114.5713	93.2331
7 月 10 日	90.2503	18.5623	142.6840	72.1265	111.1021	118.2365	78.2145
7 月 11 日	148.2257	45.2378	115.5849	77.2154	124.4524	120.2356	99.2754

第六步，构建投资者情绪指标。统计每日的正向情感词个数和负向情感词个数，采用下式构造投资者情绪值，

$$投资者情绪值 = \frac{正向情感词个数 - 负向情感词个数}{正向情感词个数 + 负向情感词个数} \quad (6.5.10)$$

股市收益率指标选择：数据源于 Wind 数据库的上证 A 股指数，涵盖 2014 年 6 月 30 日—12 月 31 日期间的日数据，其股市收益率计算公式如下：

$$R=\ln\left(\frac{P_t}{P_{t-1}}\right) \qquad (6.5.11)$$

其中，P_t 是上证 A 股指数在时间 t 收盘价；P_{t-1} 是上证 A 股指数在时间 $t-1$ 收盘价。

3. 股市泡沫监控系统构建

将文本挖掘与 SVR 技术相结合，对上证 180 指数 2014 年 6 月 30 日—12 月 31 日期间的股市收益率进行预测。数据集分为两部分：2014 年 6 月 30 日—11 月 30 日的第一部分数据用于培训过程，2014 年 12 月 1 日—12 月 30 日的第二部分数据用于预测，采用 SVR 模型训练来验证预测股票收益方向。如表 6.5.4 所示，只有三个预测值和实际值的方向相反，其余方向完全相同，预测准确率为 86.36%（19/22）。因此，通过对投资者情绪的监控，可以起到监控股市泡沫的作用。

表 6.5.4　预测值和实际值的方向

日期	实际值	预测值	准确性	日期	实际值	预测值	准确性
12 月 1 日	上涨	上涨	√	12 月 16 日	上涨	上涨	√
12 月 2 日	上涨	上涨	√	12 月 17 日	下跌	下跌	√
12 月 3 日	上涨	下跌	×	12 月 18 日	上涨	上涨	√
12 月 4 日	上涨	上涨	√	12 月 19 日	上涨	上涨	√
12 月 5 日	上涨	上涨	√	12 月 22 日	下跌	下跌	√
12 月 8 日	下跌	下跌	√	12 月 23 日	下跌	下跌	√
12 月 9 日	上涨	上涨	√	12 月 24 日	上涨	上涨	√
12 月 10 日	下跌	下跌	√	12 月 25 日	上涨	上涨	√
12 月 11 日	上涨	上涨	√	12 月 26 日	上涨	上涨	√
12 月 12 日	上涨	下跌	×	12 月 29 日	上涨	下跌	×
12 月 15 日	上涨	上涨	√	12 月 30 日	上涨	上涨	√

6.5.2　BP 神经网络与房地产泡沫监控系统研究

6.5.2.1　BP 神经网络技术（Back Propagation Neural Network，BPNN）

BP 神经网络属于人工神经网络的分支。人工神经网络（Artificial Neural Network，ANN）技术根源于人脑或生物神经网络。人脑是人类思维和意识形成的物质基础，其共计含有大约 1011 个神经元（神经细胞），而每个神经元又经过神经突起与大约 103 个其他神经元相连，形成一个高度复杂、灵活，具有联络、整合、处置输入信息和传出信息的动态网络。ANN 是人脑或生物神经网络在某种简化形式上的技术复现，其目的是根据人脑或生物神经网络原理和实际应用需要构建网络模型，模拟人脑或生物神经系统的智能活动，设计相应的学习算决，高效解决实际问题。

BP 神经网络是一种具有广泛应用的神经网络模型，一般用在模型识别分类、时间序列预测、函数逼近等方面，1986 年被以鲁梅尔哈特和麦卡兰（Rumelhart & McClelland）为首的学者提出。一个完整 BP 神经网络一般包括输入层、隐含层、输出层，如图 6.5.2 所示。每个层次之间神经元完全互连，但同一层次各个神经元之间无连接，各个神经元之间也不存在跨层连接，这种结构能够使得 BP 神经网络从大量样本中通过学习获取深层信息，解决复杂实际问题。BP 神经网络属于多层前馈神经网络，其实现过程包括两个阶段：一是信息正向传播，数据流从初始的输入层途经必不可少的隐含层，最后到达输出层；二是误差反向传播（Error Back Propagation），当进行神经网络权值训练时则逆向进行，从输出层到隐含层再到输入层，尽可能修正各层之间的连接权值和偏置，其基本思想是利用梯度搜索技术，通过不断地修正与学习，使网络期望输出值和实际输出值误差均方差最小化。

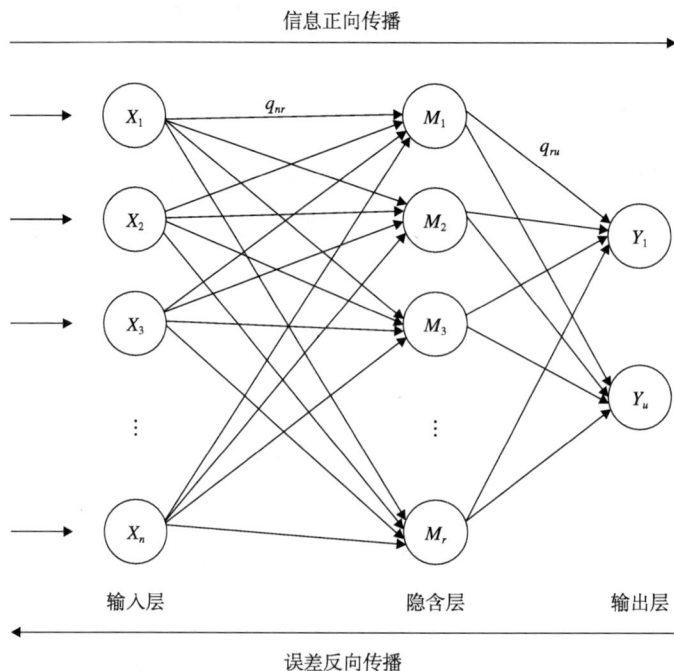

图 6.5.2　BP 神经网络的拓扑结构图

BP 神经网络的隐含层可以有一层或多层，图 6.5.2 仅是一个简单的三层 BP 神经网络，中间层的隐含层只有一层，其学习过程如下：

假设 N 是初始阶段输入层的特征值个数，x_n 是其排序为第 n 的神经元，s 表示输入；R 为隐含层的神经元个数，m_r 是其排列次序为第 r 的神经元；U 为输出层的神经元个数，y_u 是其排列次序为第 u 的神经元，t 表示输出；q_{nr} 是输入层 x_n 与隐含层 m_r 间的连接权值；q_{ru} 是隐含层与输出层间的连接权值。

①信息正向传播中，假设网络结构的输入流是输入层的向量输出，即 $t_N^n(k)=a(k)$，传递函数为 Sigmoid 函数 $f(\cdot)$，然后将输入流的加权和隐含层中第 r 个神经元输入，即排列次序为第的神经元输出表示如下式：

$$t_R^r(k) = f\left[\sum_{n=1}^{N} q_{nr}(k)\, t_N^n(k)\right] \qquad (6.5.12)$$

同理，输出层第 u 个神经元的输入是排列次序为第 r 个神经元输出流的加权和，可得：

$$t_U^u(k) = g\left[\sum_{r=1}^{R} q_{ru}(k)\, t_R^r(k)\right] \qquad (6.5.13)$$

输出层中第 u 个神经元的误差可以用式（6.5.14）表示：

$$G_u(k) = E_u(k) - t_U^u(k) \qquad (6.5.14)$$

其中，$E(k)$ 是期望输出，网络总误差为：

$$G(k) = \frac{\sum_{u=1}^{U} G_u^2(k)}{2} \qquad (6.5.15)$$

②误差反向传播中，其权值修正将逆向逐层向前进行学习调整。

首先调整输出层与隐含层间的连接权值 q_{ru}，然后计算误差与这两层间的连接权值 q_{ru} 的梯度 $\partial G(k)/\partial q_{ru}(k)$，经过反向调整的梯度值为：

$$\frac{\partial G(k)}{\partial q_{ru}(k)} = -G_u(k)\, g'\left[S_U^u(k)\right] t_R^r(k) \qquad (6.5.16)$$

局部梯度可以表示为：

$$\xi_U^u = G_u(k)\, g'\left[S_U^u(k)\right] \qquad (6.5.17)$$

其中，$g'\left[S_U^u(k)\right] = 1$，则修正权值量为：

$$\Delta q_{ru}(k) = \eta\, G_u(k)\, t_R^r(k) \qquad (6.5.18)$$

同理可知，误差在隐含层与输入层间继续向前传播，并对其连接权值 q_{nr} 学习调整，过程同上，完成一轮连接权值调整。

6.5.2.2　房地产泡沫监控系统研究

1. 房地产泡沫监控系统研究方法

纵观现有国内外文献，功效系数法被大量运用在经济评价和计量研究中。侯旭华和彭娟（2019）运用功效系数法和熵值法构建了我国互联网保险公司的财务风险监控指标体系。肖建华（2018）首先运用层次分析法对影响省域 PPP 项目的主要风险指标和其权重进行了研究，然后采取功效系数法对各个指标打分，最后运用线性综合评价模型计算了综合风险评价值。李霞和干胜道（2016）采用功效系数法评价了我国非营利组织的财务风险。

功效系数法即功效函数法，是依据多目标规划原理，对每一个指标根据实际情况和历史经验确定一个不允许值和满意值，以不允许值为下限，以满意值为上限，对所要评价的各个变量指标按照各自的标准和权重，利用功效函数转化为能够度量的评价比值，然后加权汇总得到综合评价比值以此进行判断。功效系数法不但能够从不同方面评价研究对象的复杂性，而且可以解决各个指标的性质差异和量纲不统一等问题。其计算公式如下：

$$Y_i = \frac{X_i - X_{it}}{X_{is} - X_{it}} \times 40 + 60 \qquad (6.5.19)$$

其中，Y_i 是与 X_i 相对应的评价比值，即功效系数；X_i 是第 i 个监控指标的实际值；X_{it} 是第 i 个监控指标的不容许值；X_{is} 是第 i 个监控指标的满意值。下面运用功效系数法度量房地产泡沫的综合监控系数，具体包括五个步骤：

第一，获取房地产泡沫监控指标的实际值；

第二，参照发生房地产泡沫国家的历史统计数据和资料确定每一指标的不容许值和满意值；

第三，运用功效系数计算公式确定每一变量指标的功效系数；

第四，计算所有指标的综合监控系数 K，即 $K = \sum_{i=1}^{n} \omega_i Y_i$，$i = 1, 2, \cdots, n$；其中，$\omega_i$ 是每一个指标的权重；

第五，判定 K 值级别。国内外文献关于 K 值级别的判定一般有两种标准，一是基于 3σ 法则。吴金友和牛伟伟（2013）运用 3σ 法则判定了房地产泡沫的监控级别，指出 K 值偏离中心值 1 倍标准差判定为正常级别，

即（$\mu-\sigma$，$\mu+\sigma$）；K 值偏离中心值 1 倍标准差与 2 倍标准差判定为警戒级别，即（$\mu-2\sigma$，$\mu-\sigma$）和（$\mu+\sigma$，$\mu+2\sigma$），K 值偏离中心值 2 倍标准差以上判定为异常级别，即（$-\infty$，$\mu-2\sigma$）和（$\mu+2\sigma$，$+\infty$），傅玳（2015）也持有类似观点。二是数值判定法。比如李维哲和曲波（2002）、华敏（2004）指出 K 值以 60 为界，K 值小于 60，则房地产泡沫越严重，监控级别处于危险状态；K 值大于 60，房地产泡沫不严重，监控级别处于安全状态；值介于 0 和 60 之间，则监控级别处于监控状态，如表 6.5.5 所示。

表 6.5.5　综合监控系数的 K 值级别

K 值	（$-\infty$，0）	（0，60）	（60，$+\infty$）
监控级别	危险	监控	安全

2. 房地产泡沫监控指标选取

房地产泡沫监控指标的选取应该基于我国经济运行规律和科学理论，遵循资产价格变动的真实情况，能够敏感地反映房地产市场总体的运行状况、各种显现和潜在的异常风险、未来预期态势等一系列相互联系、相互作用的指标集合。本书本着科学性、系统性、灵敏性、可操作性和全面性的原则，房地产泡沫监控指标体系选取如表 6.5.6 所示。

表 6.5.6　房地产泡沫监控指标体系

	指标种类	指标名称	不容许值（t）	满意值（s）
监控指标体系	生产类指标	商品房销售价格增长率/GDP 增长率（X_1）	2	0.5
		单位土地购置费用增长率（X_2）	30	15
		房地产投资/全社会固定资产投资（X_3）	20	15
	消费类指标	房价收入比（X_4）	8	6
		城镇人口增长率（X_5）	3.5	2.5
		施工面积/竣工面积（X_6）	7	5
	金融类指标	房地产贷款余额/金融机构贷款余额（X_7）	20	15
		房地产开发贷款余额同比增长（X_8）	25	15
		中长期贷款利率：3～5 年（X_9）	7	5

3. 采用功效系数法计算房地产泡沫综合监控系数 K

首先，根据上表指标体系中每个指标的实际值、不容许值和满意值，计算每一变量指标的功效系数，如表 6.5.7 所示。

其次，由于各个监控指标的灵敏度不同，其在监控系统中的重要性也不同，重要性可以通过权重来衡量，采用主成分分析法来确定权重。

表 6.5.7　各指标的功效系数

年份	X_1	X_2	X_3	X_4	X_5	X_6	X_7	X_8	X_9
2006	100	−82	103	104	−53	130	94	52	70
2007	86	−23	73	96	60	118	74	57	45
2008	119	−45	76	84	−63	115	81	119	85
2009	39	−119	91	58	66	112	75	37	85
2010	88	−67	67	66	−70	97	65	66	76
2011	92	−77	61	70	−73	90	64	118	62
2012	83	−63	67	76	78	84	66	116	72
2013	86	−13	66	74	−83	69	50	101	72
2014	108	−114	71	78	87	65	41	69	80
2015	85	−111	76	72	−92	53	40	94	105
2016	73	−3	101	66	−96	57	17	126	105
2017	62	−15	87	68	−92	39	53	93	105
2018	61	1	62	54	100	49	60	70	105
2019	61	3	42	52	118	51	102	120	105

从表 6.5.8 可以得知，第一主成分、第二主成分与第三主成分解释的总变异依次为 45.463%、17.533% 和 15.759%，累加值为 78.756%，并且其特征根分别为 4.092、1.578 和 1.418，均大于 1，因此，选取前三个作为主成分因子 F_1、F_2、F_3。

表 6.5.8　各指标的主成分判定结果

变量	特征值			抽取平方和载入		
	总计	变异（%）	累加（%）	总计	变异（%）	累加（%）
X_1	4.092	45.463	45.463	4.092	45.463	45.463
X_2	1.578	17.533	62.997	1.578	17.533	62.997
X_3	1.418	15.759	78.756	1.418	15.759	78.756
X_4	0.888	9.862	88.617			
X_5	0.554	6.156	94.774			
X_6	0.269	2.984	97.758			
X_7	0.145	1.610	99.367	—	—	—
X_8	0.037	0.416	99.784			
X_9	0.019	0.216	100.00			

表 6.5.9 各指标的主成分分析结果

变量	描述性统计 平均值	标准差	因子负载			相关系数 X_1	X_2	X_3	X_4	X_5	X_6	X_7	X_8	X_9
X_1	1.1899	0.78893	0.562	−0.163	0.758	1.000	—	—	—	—	—	—	—	—
X_2	22.0621	16.21593	−0.438	0.546	−0.012	−0.413	1.000	—	—	—	—	—	—	—
X_3	18.2043	2.05948	0.386	−0.683	−0.364	0.001	−0.266	1.000	—	—	—	—	—	—
X_4	7.3643	0.73444	0.865	−0.171	0.267	0.687	−0.390	0.420	1.000	—	—	—	—	—
X_5	2.9814	0.45118	−0.946	−0.018	0.100	−0.427	0.296	−0.447	−0.733	1.000	—	—	—	—
X_6	5.9664	1.49490	0.908	0.251	−0.145	0.353	−0.223	0.300	0.645	−0.920	1.000	—	—	—
X_7	19.6429	2.78284	0.343	0.753	−0.195	−0.017	0.071	−0.298	0.169	−0.278	0.528	1.000	—	—
X_8	17.8900	7.38211	−0.480	0.074	0.738	0.203	0.374	−0.314	−0.225	0.456	−0.428	−0.220	1.000	—
X_9	5.8150	0.95615	−0.788	−0.350	−0.161	−0.432	0.057	0.039	−0.650	0.761	−0.735	−0.280	0.285	1.000

根据表 6.5.9 的分析结果，建立主因子得分模型如下：

$$F_1=0.562\times ZX_1-0.438\times ZX_2+0.386\times ZX_3+0.865\times ZX_4-0.946\times ZX_5+$$
$$0.908\times ZX_6+0.343\times ZX_7-0.480\times ZX_8-0.788\times ZX_9$$
$$F_2=-0.163\times ZX_1+0.546\times ZX_2-0.683\times ZX_3-0.171\times ZX_4-0.018\times ZX_5+$$
$$0.251\times ZX_6+0.753\times ZX_7+0.074\times ZX_8-0.350\times ZX_9$$
$$F_3=0.758\times ZX_1-0.012\times ZX_2-0.364\times ZX_3+0.267\times ZX_4+0.100\times ZX_5-$$
$$0.145\times ZX_6-0.195\times ZX_7+0.738\times ZX_8-0.161\times ZX_9$$

$$K=\frac{45.463}{78.756}F_1+\frac{17.533}{78.756}F_2+\frac{15.759}{78.756}F_3$$

把 F_1、F_2、F_3 代入上式，得：

$$K=0.916X_1+0.490X_2+0.749X_3+0.849X_4+0.905X_5+$$
$$0.907X_6+0.722X_7+0.781X_8+0.769X_9$$

最后，根据得出的各指标的权重，代入功效系数，计算房地产泡沫综合监控系数 K 并且确定房地产泡沫级别，结果如表 6.5.10 所示。

表 6.5.10 综合监控系数及级别

年份	2006	2007	2008	2009	2010	2011	2012	2013	2014	2015	2016	2017	2018	2019
K	101	98	54	−16	−33	38	52	47	62	71	−11	55	81	78
级别	安全	安全	警戒	危险	警戒	警戒	警戒	警戒	安全	安全	警戒	警戒	安全	安全

在第 3 章，笔者检验出房地产泡沫存在的期间分别为：2007 年 2—3 月、2008 年 2 月—2011 年 1 月、2011 年 12 月—2012 年 8 月、2012 年 10 月—2013 年 4 月、2016 年 1—12 月，与表 6.5.10 相比较，2007 年泡沫存在期间只有一个月，从全年来看属于安全级别；在其他年份，两者结果全部吻合。

4.BP 神经网络验证

把上述 9 个指标 2006—2015 年的数据归入训练集训练网络，2016—2019 年的数据组成检测数据实施检测，预测我国房地产泡沫的监控级别，由于过程类似于 SVR，在此不复累赘，直接列出预测结果，如表 6.5.11 所示。

表 6.5.11　预测结果

年份	实际值	级别	预测值	级别	准确性
2016	–11	危险	–11	危险	√
2017	55	警戒	56	警戒	√
2018	81	安全	80	安全	√
2019	78	安全	78	安全	√

由表 6.5.11 可以看出，用功效系数法计算的实际值与 BP 神经网络输出的预测值非常接近，而警戒级别完全相同，表明 BP 神经网络具有较高的泛化能力，可以很好地逼近与诠释样本历史数据所蕴含的内在规律，有效实现监控功能。

6.6　本章小结

高杠杆下去杠杆是必然选择，本章对去杠杆的定义进行了界定并对去杠杆存在的误区做了澄清，由于实体部门和金融部门互为表里，实体部门的资产（负债）其实就是金融部门的负债（资产），实体杠杆与金融杠杆同源于信用扩张，所以，去杠杆不能单纯金融去杠杆，必须与实体部门配合进行，才能避免导致"实""虚"两大体系的分割，因此分别详细研究了去杠杆与稳增长的困境、实体去杠杆的路径。本章还讨论了金融去杠杆

的监管政策和路径。超额信贷是高杠杆产生的根源，也是导致资产价格泡沫的重要因素，本章检验了国家出台的限贷政策对抑制房地产市场泡沫是否有效，运用合成控制法探索了限贷政策在一线城市和二线城市的影响效应。考虑到传统资产价格泡沫监控的研究方法与模型的缺陷，笔者尝试运用人工智能中的支持向量回归（SVR）模型和 BP 神经网络（BPNN）技术分别构建了股市泡沫监控系统和房地产泡沫监控系统。

7　研究结论与展望

　　资产价格泡沫和高杠杆在人类的历史长河中反复出现，我国资产价格泡沫引起的危害正在超越传统金融理论预想的速度、强度和规模，而我国金融杠杆过度膨胀的特殊国情导致的资产价格泡沫演化过程中出现的新问题和新情况已经不能用传统金融理论和方法分析，资产价格泡沫若是金融杠杆繁荣支撑的结果，则此类泡沫将会对金融体系和实体经济造成巨大的危害。

7.1　主要研究结论

　　鉴于近几年我国金融市场出现的资产价格异常波动问题、金融杠杆过度扩张的特殊国情，以及由此引起的资产价格泡沫演化过程中呈现的新问题和新难题，本书从金融杠杆视角，首先，重新识别、检验和提取了资产价格泡沫，通过系统揭示资产价格泡沫形成机理、演化特征和动态影响机制，为两者内在逻辑关系的研究提供了理论支撑，并为各级监管机构提供了准确科学的监管依据；其次，本书研究基于金融杠杆视角的资产价格泡沫的影响效应，分析与缓释其联动与溢出过程中的风险集聚和扩散，深刻挖掘高杠杆与资产价格泡沫背后我国金融杠杆结构失衡和经济结构失衡之间的根源，为各级监管机构控制资产价格泡沫提供可靠的实践路径支撑；最后，通过去杠杆和构建资产价格泡沫监控系统，双管齐下，为维护实体经济与金融市场的稳定健康发展提供科学理论依据，具体结论包括以下内容。

（1）阐明了资产价格泡沫形成的机理，检验和提取了资产价格泡沫

资产价格滋生泡沫则意味着资产没有在市场上合理定价，因此，从理论层面，运用目前流行和遵循的均值—方差模型、资本资产定价模型、因子模型、有效市场假说和行为金融学，对资产定价问题进行了追根溯源，探索了金融市场波动的一般规律和资产价格变动的共同因子；在实际经济活动中，导致资产价格泡沫产生的因素是复杂的，本书从微观与宏观因素详细研究了资产价格泡沫形成的机理，指出预期、持续的认知偏差、资产本身的属性特征、信贷扩张是影响资产价格泡沫的重要因素。运用 ADF、SADF、GSADF、RADF 检验和 Monte Carlo 模拟对股市泡沫与房地产泡沫进行了识别和检验，结果表明我国的股票市场和房地产市场在研究期内显著出现多重周期性资产价格泡沫，并且各个泡沫的持续时间、发生频率和泡沫大小显著不同；股市泡沫在样本研究期内呈现频率低、持续时间短的特点，而房地产泡沫在样本研究期内，其频率、持续时间、严重程度都高于股市；从金融、消费、供求和投资等宏观和微观层面选取了一系列指标，采用协整模型和向量误差修正模型（VECM）对资产的基础价值和泡沫进行了分离，提取了我国股市泡沫和房地产泡沫。

（2）阐明了金融杠杆的经济本质和金融加杠杆的内在机理

金融杠杆是一个分式，分子是金融因素（债务），分母是实体经济因素（GDP），因此，宏观金融杠杆镶嵌于金融与实体的互动过程中，两者在规模、结构上的一种动态变化关系，过高存在债务风险，过低经济效率可能没有充分发挥，无论金融杠杆过高或过低，实质上都是实体

经济与金融失衡的表现；金融杠杆在放大体量的同时也催生了风险，信用货币是货币的价值符号，在本质上脱离了价值保证和可兑换性，这种特点使得货币与信用在"理论上"可以无限发行和扩张，而超额信用只有两个归宿：商品价格上涨（通货膨胀）和金融资产价格上涨（资产价格泡沫），高杠杆是前期信贷扩张的"果"，也是后期金融资产价格螺旋上升的"因"，信贷从"理论上"可以无限扩张，但在实际中却受限于金融资产价格泡沫的破裂。近年来，国内外宽松的货币政策、金融自由化和低利率金融是金融加杠杆的根源；金融杠杆变化与资产负债表规模变化是关联的，金融体系资产负债表扩张是信用膨胀的关键环节，而在信用膨胀中也实现了货币投放，因此，金融体系扩表内生于信用膨胀和货币投放，资产负债表扩张是金融加杠杆的实质原因；资本趋利本质决定了利润导向属性，在传统金融存贷息差缺少政策支撑，实体经济报酬率下滑的现实背景下，金融机构为突破信贷规模、存款准备金、宏观审慎评估 MPA、杠杆率、资本充足率等各种监管指标的限制，在利润最大化的驱动下，不仅通过被动负债（吸收存款）、主动负债（发放理财产品、同业存单等）加大杠杆，而且依靠资产管理业务、委外业务、影子银行业务等多层嵌套推动杠杆膨胀，趋利性是金融加杠杆的动力；金融加杠杆一般通过先表内、后表外，再借助影子银行通道等渠道加杠杆，这是金融加杠杆的渠道；我国的宏观金融杠杆总量基本可控，但增长速度较快且存在结构性，本书从政府、非金融企业、企业三个部门分别阐述了特征并揭示了成因。

（3）刻画了金融杠杆与资产价格泡沫之间的动态影响关系

金融杠杆是导致资产泡沫产生的重要因素，本书首先通过构建数理模型分析了两者之间的内在逻辑关系，然后将滚动宽窗 Granger 因果检验模型和 Bootstrap 统计检验结合，从实证角度验证了两者之间的动态影响关系。

结果表明：金融杠杆与资产泡沫之间存在动态影响关系且与经济事件密切相关。我国金融杠杆在经历了 2009 年和 2011 年两轮加杠杆后已经严重扭曲，国内债务周期已进入庞氏阶段的后期，明斯基时刻已经来到。金融杠杆的急剧变化会引起股市的大涨和大跌，金融杠杆对股市泡沫的影响效应在股市大跌时比对股市大涨时更加显著，且在股市大跌时表现为正效应，金融杠杆与股市泡沫的动态影响关系是单向的，股市泡沫对金融杠杆几乎不存在动态影响关系，这也进一步证实了我国股市作为经济的"晴雨表"作用不明显；金融杠杆与房地产泡沫之间存在显著的双向 Granger 因果关系，两者之间方向多为正效应且程度剧烈；从 Granger 因果关系的影响程度来看，金融杠杆对股市泡沫的影响比对房地产泡沫更剧烈和更敏感，但从 Granger 因果关系的影响频率来看，对房地产泡沫影响频率更高。当前，中国住宅类房屋市值在 200 万亿元左右，是 2016 年 5 月底中国 A 股市值的近五倍❶。房地产在规模上已经超越股市成为重要的融资场所，而且我国的房地产市场火爆都伴随着经济增长较快或者过热的情况，与宏观经济事件更为密切。资产价格泡沫若是金融杠杆繁荣支撑的结果，则此类泡沫将会对经济造成巨大的危害，金融杠杆支撑的房地产泡沫尤为危险（Jorda et al.，2015），所以，控制货币供给增长和金融杠杆规模应该是有效的政策手段，能够对房地产泡沫产生非常明显的影响；房地产和股票作为我国投资者资产组合中两种非常重要的金融资产，具有财富的挤出效应和替代效应。挤出效应和替代效应能够引起资金在房地产市场和股票市场两个市场间来回进行流动，资金的来回流动使得两个市场具有风险、财富等的联动效应。

（4）揭示了金融杠杆对商业银行风险承担的影响效应

金融业本质上是一个高杠杆行业，而近年来我国金融杠杆快速膨胀无

---

❶ 艾经纬 . 房市大衰退：33 年房市变迁大推演［M］. 北京：机械工业出版社，2014.

异于雪上加霜，加大了我国金融系统的潜在风险。杠杆率监管是巴塞尔协议规定的银行风险约束的关键，因此，运用差分广义矩估计（DGMM）和门限效应模型，对国内 16 家上市银行从两个阶段检验了货币政策传导的银行风险承担渠道的杠杆机制的有效性，结论表明：从本书所选的样本和样本研究期间来说，杠杆率和货币政策作为单独的控制变量，尽管杠杆率对银行风险承担是显著的，但货币政策对银行风险承担影响极其微弱；而货币政策与杠杆率的交互项却对银行风险承担影响显著且为负，说明杠杆率是货币政策对风险承担产生显著影响的重要因素，货币政策可以通过杠杆率对银行风险承担产生显著影响，所以，制订货币政策时，必须注重对杠杆因素的考虑；货币政策与银行风险承担之间存在银行杠杆率门限效应，使得在不同杠杆率水平下，货币政策与银行风险承担之间的关系有所差异，货币政策对中和低杠杆率银行业的风险承担水平的影响更大。

（5）揭示了资产价格泡沫与经济增长的周期联动效应

随着股票市场改革的不断深入和实体经济虚拟化程度的加深，资产价格泡沫不再是市场价格对其基础价值的暂时偏离，而是商品经济发展的必然结果，资产价格泡沫的周期性演化过程势必然会对经济增长周期产生重要的影响。本书运用频谱分析法，从频域的角度检验了我国经济增长和资产价格泡沫之间的周期联动作用，结果和启示如下：我国资产价格泡沫与经济增长的周期波动表现比较复杂，两者的主周期长度不一致，且在主周期波动过程中镶嵌多个次周期波动，这表明我国资产价格泡沫与经济增长周期存在背离情况，金融发展对实体经济具有挤出效应，金融大肆膨胀以实体经济萎缩为基础和代价。我国金融扩张越来越脱离实体经济，两者背离的根源是昂贵的金融资产价格与偏低的实体经济资本报酬率之间的脱钩。值得注意的是，当实体经济处于景气阶段，泡沫的膨胀不会引起实体经济资金的大量逃离，而当经济处于萧条时则会加速资金逃离速度；在长期内，经济增长和股市泡沫周期波动性存在显著的相关性，但在中短期内，经济增长和股市泡沫的周期波动性较弱，如果股市泡沫与宏观经济之间存在较短的周期匹配，说明股票市场拥有完善的市场机制，能够迅速和准确地反映宏观经济信息，如果周期匹配较长对宏观经济的反馈作用较弱，这说明我国股市泡沫对宏观经济增长的指导性较弱，无法发挥"晴雨表"作用；从领滞关系看，长期内股市泡沫滞后于经济增长 5.1 个月，在中短期内股市泡沫领先于经济增长 0.33 个月和 2.17 个月，而房地产泡沫更多表现出领先于经济增长；从增益谱分析得知，经济增长对股市泡沫的周期增益要高于股市泡沫对经济增长的周期增益，且在两者的周期为 1.8 年时达到最大。经济增长决定股市泡沫，股市泡沫对经济增长有一定的反馈作用，但是只有当实体经济处于动态无效时，股市泡沫对经济增长才有促进作用，而房地产泡沫对经济增长的周期增益要高于经济增长对房地产泡沫的周期增益，这无疑证实了房地产对我国经济增长的支柱作用。

（6）揭示了金融杠杆、资产价格泡沫与经济增长之间的动态时变效应

高杠杆与资产价格泡沫仅是表象，隐藏在背后的实质是虚拟经济与实体经济的背离，本书首先基于 R & D 经济增长模型，加入金融杠杆，分别研究了无资产价格泡沫和引入资产价格泡沫两种情况下经济增长均衡的条件，进一步剖析了资产价格泡沫与经济增长的共容效应；然后联立金融杠杆、资产价格泡沫和经济增长三个变量，运用 SV–TVP–SVAR 模型和 MCMC 算法，从时期和时点两个维度研究了三者之间的动态时变效应。结论表明，金融杠杆、资产价格泡沫对经济增长在不同时期的影响程度不同，具有非常显著的时变效应；金融杠杆、资产价格泡沫与经济增长之间存在显著的非线性"倒 U 形"关系；金融杠杆对股市泡沫脉冲响应函数曲线在样本研究期间所有系数全为正，进一步支持了金融杠杆攀升所增加的信贷资金大量进入资本市场的论断；房地产泡沫对经济

增长的脉冲响应在不同时点上基本趋势都是先增后减再增，但却存在较大的差异性，说明房地产泡沫对经济增长在短期内的影响作用明显，但在长期内效应减弱。

（7）研究了实体与金融去杠杆的路径

高杠杆经济下去杠杆是必然选择，在我国宏观政策调控面临"稳增长"与"去杠杆"目标的两难之中时必须坚持：一是必须坚定不移地实施去杠杆，这是我国防范金融系统性风险和经济从高速度增长转变为高质量发展的前提条件，但在目前经济增长下滑和"三期叠加"的复杂时期，去杠杆不能一蹴而就，应该遵循稳杠杆—移杠杆—降杠杆—去杠杆的思路；二是必须打破隐性担保和刚性兑付，扭转杠杆错配，这是解决地方政府、金融机构和企业高杠杆的关键保证；三是"稳增长"与"去杠杆"两大目标不能同时兼顾，两者之间存在着先后顺序，当经济增长发生问题时，国家政策往往优先选择保障经济增长，因为经济增长是解决一切问题的源泉，也是去杠杆的最佳选择。实体去杠杆和金融去杠杆是一体两面，两者相互配合和呼应，不可顾此失彼，才能避免导致"实""虚"两大体系的分割。实体去杠杆路径包括：从加杠杆的根源、从宏观杠杆与微观杠杆背离的原因、从导致杠杆结构差异的体制和导致杠杆结构差异的部门4个路径出发入手去杠杆。金融去杠杆路径包括：从同业业务入手，防止监管套利和资金空转；从刚性兑付、高收益、嵌套、通道、资金池、错配入手，降低"影子杠杆"；从"借短拆长"入手，在资产端和负债端双管齐下去杠杆。

（8）评估了限贷政策对资产价格泡沫的抑制效应

采用合成控制法，基于一线、二线城市中的12个研究样本的平衡面板数据，评估了已经颁布限贷政策的石家庄、天津、郑州和合肥4个城市的政策效应。结果表明，限贷政策颁发前，合成石家庄与真实石家庄的商品房销售价格路径几乎完全重合，限贷政策颁发后，两者之间出现了明显的差异，真实石家庄的商品房销售价格低于合成石家庄且随着时间推移差距增大，限贷政策对石家庄的商品房销售价格有很大的抑制效应；但天津、郑州和合肥三个城市在限贷政策颁发后，商品房销售价格不降反升，限贷政策对其无抑制效应。这表明，这种行政化的限贷政策只能是一时的权宜之计，不可能长久控制并且一旦被取消或者无后续政策安排，房价可能出现报复性上涨。"房住不炒"和"因城施策"才是消除房地产泡沫的根本。

（9）构建了资产价格泡沫监控系统

鉴于传统资产价格泡沫监控研究方法的缺陷，结合计算机技术的发展，运用人工智能监控研究方法构建了资产价格泡沫监控系统。一方面，运用支持向量回归（SVR）模型构建了股市泡沫监控系统，首先运用网络爬虫技术对东方财富网的每日股评论坛帖子的文本内容进行挖掘和提取，经过中文分词、同义词合并、去停用词、情感极性标注与赋值，文本量化、特征距阵生成等步骤合成了投资者情绪指标，然后运用 SVR 技术训练来验证预测的股票收益方向，预测准确率为 86.36%，因此，通过对投资者情绪的监控，可以起到监控股市泡沫的作用；另一方面，运用 BP 神经网络（BPNN）技术构建了房地产泡沫监控系统，首先运用功效系数法和主成分分析法计算了房地产泡沫综合监控系数并且确定了房地产泡沫级别，然后运用 BP 神经网络技术进行了验证。结果表明，支持向量回归（SVR）模型和 BP 神经网络可以很好地逼近与诠释样本历史数据所蕴含的内在规律，有效实现监控功能。

7.2　政策建议

根据上述主要研究结论，结合我国金融杠杆和资产价格泡沫的影响机理以及影响效应等，提出了下面相关的政策建议。

（1）拓展宏观货币政策调控目标范围，把资产价格纳入中央银行决策信息集，构建货币和信贷流动以及资产价格泡沫监控系统

金融脱媒和虚实经济的严重分化使传统的货币数量模型及理论不足以解释货币供给和通货膨胀之间的变动关系，货币流动表现出明显的独立性，货币供给过多导致的金融杠杆过度膨胀和催生的资产价格泡沫不容忽视，因此，货币政策调节目标范围应从目前维持币值稳定的单一目标制转变为维持币值稳定和防范资产价格泡沫过度膨胀的双重目标，明确界定维持物价稳定和资产价格稳定在货币政策目标中的地位；实施广义价格目标制，将物价、股价和房价及更多资产纳入监控范围，密切观测资产价格异常波动；央行在实施货币政策时，必须权衡多重目标，并且在经济发展周期的不同阶段进行切换；构建货币和信贷流动的监控系统，监控货币和信贷流动的方向与速度，增强资产市场和劳务服务市场对货币和信贷的吸引力，落实金融体系关于信贷—收入比、流动性覆盖率、资本充足率、杠杆率等的监管要求，防止金融体系系统性风险和实体经济空心化；借助计算机新技术和人工智能等前沿方法，构建有效、切实可行的资产价格泡沫监控系统。实现资产价格泡沫与经济增长的共容条件，在经济增长允许范围内适当存在资产价格泡沫；同时，不同资产市场之间存在财富的挤出效应和替代效应，所以，制定调控政策时必须全面考虑，制定针对一个市场的调控政策时，必须考虑到可能引起的另一个市场的波动，调控的预期目标才可能实现。

（2）减少或消除刚性兑付和不必要的政府隐性担保，实现国有资产管理体制和商业银行行为市场化，政府职能回归公共管理本质

历史上重大的资产价格泡沫事件背后都隐藏着政府的推手，比如宽松货币政策、流动性泛滥、低利率、政府刚性兑付和隐性担保，政府甚至直接参与或促成资产价格泡沫的形成，因此，重组国有产权，打破"财政—

国企—银行"的预算软约束，国有资产管理体制和商业银行的行为必须遵循市场化规律，政府必须回归公共管理的职能和本质，防止政府监管出现"越位""错位"和"缺位"现象；政府对房地产市场和股市的隐性担保多与地方政府财政短缺关联，完善地方政府融资渠道，拓展多元化筹资，隐性担保显性化，减少"隐瞒"债务，实现政府从预算管理制度向权责发生制度的改革与转变，促使政府运用自身拥有的财政资源承担负债。

（3）坚持中性稳健的货币政策，维持适度的资金需求，建立宏观审慎评估体系 MPA 和对金融体系资产实施穿透管理，对影子银行进行有效管理

宽松的货币政策将滋生资产价格泡沫，紧缩性货币政策又可能导致债务不可持续，唯有坚持中性稳健的货币政策，才能为去杠杆营造和谐的经济环境。解决核心在于：利用"收短放长"维持中长期资金需求，防范资产无法及时兑现导致的资金短缺，在金融去杠杆、实体去杠杆关键时期形成一个缓冲，避免因去杠杆落入"债务—通缩"的困境，增加去杠杆的难度；保持合理适度的流动性，运用定向降准、再贷款、再贴现、MLF 等工具进行调节，货币政策配合税收政策、财政政策、供给侧改革，实现经济高质量发展，提高实体经济的回报率，在经济增长中解决和消融资产价格泡沫；推进利率市场化深化改革，完善多层次利率体系，健全利率走廊机制，发挥基准利率作用；传统合意信贷难以精确追踪金融体系的资金流向，必须实施宏观审慎评估体系 MPA，将同业理财、表外业务等纳入广义信贷监控范围，实现资产上涨速度与货币上涨速度相关联，限制金融体系无序和过度扩张资产负债表，对表内和表外业务进行资产穿透管理，实现影子银行公开化和数据信息透明化，建立资管行业的统一管理范围，破除隐形担保和刚兑、禁止资金池运作、堵塞通道业务、去非标等；规范期限错配，严禁资管产品的多层嵌套，统一风险管理、杠杆约束、资本管理要求；形成货币政策和宏观审慎监管体系协调配合的格局。

（4）精准掌控"结构性去杠杆"的节奏、力度、时间、主体，有条不紊地降低杠杆

去杠杆应该遵循"稳杠杆"到"移杠杆"再到"去杠杆"的步骤。稳杠杆包括：一是稳住"去杠杆"的宏观环境，面对国内经济下滑和国际贸易摩擦，短期稳定市场情绪，灵活运用多种政策工具，满足实体经济的合理融资需求，二是稳住"好杠杆"，避免一刀切的"紧信用"对企业造成的流动性风险隐患；移杠杆包括政府移居民、地方移中央、传统移新兴、国企移民企、影子移标准等，但突出表现在非金融企业部门的国有企业，特别是国企中与房地产相关的企业；移杠杆解决结构性失衡，去杠杆解决总量问题，从"需求侧"与"供给侧"双轮驱动去杠杆，一方面，推进"一带一路"战略，全方位和多层次开放，有效吸收和消化传统行业的巨大库存和产能，另一方面，通过供给侧结构性改革，进行结构转变和调整，引进先进设备和高新技术，生产高质量的产品。

7.3 研究展望

金融杠杆与资产价格泡沫之间的关系深奥且博大，囿于理论基础、研究方法、写作水平和研究时间等的限制，本研究还不够成熟和全面，留存一些需要深入研究和探讨的问题和内容。

（1）研究对象和数据的进一步细化

能滋生资产价格泡沫的资产种类繁多，仅仅通过少数几种具有代表性的资产研究其与金融杠杆、经济增长之间的影响关系和效应等，无法全面阐述基本规律、运行特征或个体属性。后期研究应细分研究对象，不仅涉及房地产和股市，还应囊括金融衍生品、艺术品等；股市细分大盘股、中盘股和小盘股；房市不仅细分为一线城市、二线城市和三线城市，还应区分地域等；数据从时间序列扩展为面板数据，从平衡面板深入非平衡面板，弥补本研究中由于数据缺失不得不更换数据采集时间或变量而造成的研究精确性不够。

（2）研究方法和模型的进一步改善

实证研究有其自身的缺陷，这对后续研究的计量经济学提出了更高的要求；后续研究模型和方法可以更多应该运用时变参数方法进行；囿于笔者本身的数学基础和对经济模型的掌握，本书在模型推导中未全面考虑限定条件，导致推导的模型虽可解释表象，但无法挖掘本质，同时也没有进行模型与数据的模拟研究，后期应运用 Matlab 模拟模型结果；GDP 数据只可以获取季度数据，本书中的其他研究变量多以月度数据研究，导致研究结论具有延迟性，后期研究可以增加混频数据。

（3）研究主题的进一步深入

具体包括三点：一是金融杠杆是一把双刃剑，其影响实体经济的机理是复杂的：经济增长动力源于金融杠杆的扩张，而经济稳定又需要控制金融杠杆，这种"两难"的困境显示了研究该问题的复杂性，同时也表明研究变量之间存在"非线性"关系和金融杠杆水平有一个阈值（拐点），但本书对该阈值（拐点）未做检验；二是在构建股市泡沫监控模型时，由于文本挖掘处理时间较长，计算机专业知识要求多，因此只构建了投资者情绪一个指标进行了预测研究，后续将进一步建立多个能够影响股市收益的指标，提高模型预测的准确性；三是只研究了国内的情况，未涉及国外，而国际之间的资产和市场具有溢出效应，后期研究可对该方面进行补充。

参考文献

[1] Abadie A, Gardeazabal J. The Economic Costs of Conflict: A Case Study of the Basque Country [J]. American Economic Review, 2003, 93 (1): 113–132.

[2] Abadie A, Diamond A, Hainmueller J. Synthetic Control Methods for Comparative Case Studies: Estimating the Effect of California's Tobacco Control Program [J]. Journal of the American Statistical Association, 2010 (105): 493–505.

[3] Abbassi W, Besbes S, Mahmoud El Hajem, et al. Influence of Operating Conditions and Liquid Phase Viscosity with Volume of Fluid Method on Bubble Formation Process [J]. European Journal of Mechanics– B/ Fluids, 2017 (65): 284–298.

[4] Abraham J M, Hendershott P H. Bubbles in Metropolitan Housing Markets [R]. Social Science Electronic Publishing, 1994.

[5] Acemoglu D, Zilibotti F. Was Prometheus Unbound by Chance ? Risk, Diversification, and Growth [J]. Journal of Political Economy, 1997, 105 (4): 709–751.

［6］Adrian T，Shin H S．Liquidity and Leverage［J］．Social Science Electronic Publishing，2008，19（3）：418–437.

［7］Adrian T，Shin H S．Money，Liquidity and Monetary Policy［R］．FRB of New York Staff Report，2009.

［8］Aharoni G，Grundy B，Zeng Q．Stock Returns and the Miller Modigliani Valuation Formula：Revisiting the Fama French analysis［J］．Journal of Financial Economics，2013，110（2）：347–357.

［9］Ahmed E，Rosser Jr J B，Uppal J Y．Emerging Markets and Stock Market Bubbles：Nonlinear Speculation？［J］．Emerging Markets Finance and Trade，2010，46（4）：23–40.

［10］Alam M R，Gilbert S．Monetary Policy Shocks and the Fynamics of Agricultural Vommodity Prices：Evidence from Structural and Factor-augmented VAR Analyses［J］．Agricultural Economics，2017，48（1）：15–27.

［11］Alchian A A，Klein B．On a Correct Measure of Inflation［J］．Journal of Money Credit & Banking，1973，5（1）：173–191.

［12］Allen F，Gale D．Bubbles and Crises［J］．The Economic Journal，2000，110（460）：236–255.

［13］Allen F，Morris S，Postlewaite A．Finite Bubbles with Short Sale Constraints and Asymmetric Information［J］．Journal of Economic Theory，1993，61（2）：206–229.

［14］Almudhaf F．Speculative Bubbles and Irrational Exuberance in African Stock Markets［J］．Journal of Behavioral and Experimental Finance，2017（13）：28–32.

［15］Andersson M，Hedesström M，Gärling T．A Social-psychological

Perspective on Herding in Stock Markets [J]. Journal of Behavioral Finance, 2014, 15 (3): 226–234.

[16] Ang J B. A Survey of Recent Developments in the Literature of Finance and Growth [J]. Journal of Economic Surveys, 2008 (22): 536–576.

[17] Arcand J, Berkes E, Panizza U. Too Much Finance ? [J]. Social Science Electronic Publishing, 2015, 20 (2): 105–148.

[18] Arellano M, Bond S. SomeTests of Specification for Panel Data: Monte Carlo Evidence and an Application to to Employment Equations [J]. Review of Economic Studies, 1991, 58 (2): 277–297.

[19] Assenmacher–Wesche K, Gerlach S. Monetary Policy, Asset Prices and Macroeconomic Conditions: A Panel–VAR Study [D]. Working Paper Research, 2008.

[20] Bachelier L. Theory of Speculation [M]. Cambridge: Cambridge University Press, 1900.

[21] Baecchi C, Uricchio T, Bertini M, et al. A Multimodal Feature Learning Approach for Sentiment Analysis of Social Network Multimedia [J]. Multimedia Tools and Applications, 2016, 75 (5): 2507–2525.

[22] Baker M, Wurgler J. Do Strict Capital Requirements Raise the Cost of Capital ? Bank Regulation, Capital Structure and the Low–risk Anomaly [J]. American Economic Review, 2015, 105 (5): 315–320.

[23] Balcilar M, Ozdemir Z A. The Export–output Growth Nexus in Japan: a Bootstrap Rolling Window Approach [J]. Empirical Economics, 2013, 44 (2): 639–660.

［24］Bao T，Duffy J．Adaptive Versus Eductive Learning：Theory and Evidence［J］．European Economic Review，2016（83）：64-89．

［25］Barberis N，Greenwood R，Jin L，et al．X-CAPM：An Extrapolative Capital Asset Pricing Model［J］．Journal of Financial Economics，2015，115（1）：1-24．

［26］Barlevy G．A Leverage-based Model of Speculative Bubbles［J］．Journal of Economic Theory，2014（153）：459-505．

［27］Beck T，Levine R，Loayza N．Finance and the Sources of Growth［J］．Journal of Financial Economics，2000（58）：261-300．

［28］Friedman B，Laibson D．Economic Implications of Extraordinary Movements in Stock Prices［J］．Brookings Papers on Economic Activity，1989（2）：137-189．

［29］Berger D，Turtle H J．Sentiment Bubbles［J］．Journal of Financial Markets，2015（23）：59-74．

［30］Bernanke B S，Gertler M．Should Central Banks Respond to Movements in Asset Prices？［J］．The American Economic Review，2001，91（2）：253-257．

［31］Bernanke B，Gertler M．Monetary Policy and Asset Price Volatility［D］．NBER Working Paper，2000．

［32］Bezemer D，Grydaki M．Financial Fragility in the Great Moderation［J］．Journal of Banking & Finance，2014（49）：169-177．

［33］Bezemer D，Zhang L．From Boom to Bust in the Credit Cycle［J］．Research Report，2014（3）：23-29．

［34］Binswanger M．Stock Markets，Speculative Bubbles and Economic Growth［R］．Edward Elgar Publishing，1999．

[35] Binswanger M. Technological Progress and Sustainable Development: What About the Rebound Effect ? [J]. Ecological Economics, 2001, 36（1）: 119–132.

[36] Black F. Noise [J]. The Journal of Financial, 1986, 41（3）: 528–543.

[37] Blanchard O, Watson M. Bubbles, Rational Expectations and Financial Markets [R]. National Bureau of Economic Research, Inc, 1982.

[38] Bleck A, Liu X. Credit Expansion and Credit Misallocation [J]. Journal of Monetary Economics, 2018（94）: 27–40.

[39] Blum J M. Why "Basel Ⅱ" May Need a Leverage Ratio Restriction [J]. Journal of Banking & Finance, 2008, 32（8）: 1699–1707.

[40] Bollerslev T. Generalized Autoregressive Conditional Heteroskedasticity [J]. Journal of Econometrics, 1986, 31（3）: 307–327.

[41] Bordo M D, Wheelock D C. Monetary Policy and Asset Prices: A Look Back at Past US Stock Market Booms [J]. Federal Reserve Bank of St. Louis Review, 2004（86）: 19–44.

[42] Borio C, Zhu H. Capital Regulation, Risk–taking and Monetary Policy: A Missing Link in the Transmission Mechanism [D]. BIS Working Paper, 2008.

[43] Borio C. Implementing the Macroprudential Approach to Financial Regulation and Supervision [J]. Chapters, 2011, 13（13）: 31–41.

[44] Bosi S, Le Van C, Pham N S. Asset Bubbles and Efficiency in a Generalized Two–sector Model [J]. Mathematical Social Sciences, 2017（88）: 37–48.

[45] Bosi S, Pham N S. Taxation, Bubbles and Endogenous Growth [J]. Economics Letters, 2016 (143)：73–76.

[46] Branch W A. Imperfect Knowledge, Liquidity and Bubbles [J]. Journal of Economic Dynamics and Control, 2016 (62)：17–42.

[47] Caballero R J, Farhi E, Gourinchas P O. Financial Crash, Commody Prices and Global Inbalances [J]. Brookings Papers on Economic Activity, 2013, 39 (2)：56–68.

[48] Bruno V, Shin H S. Capital Flows and the Risk–taking Channel of Monetary Policy [J]. Journal of Monetary Economics, 2015 (71)：119–132.

[49] Buch C M, Eickmeier S, Prieto E. In Search for Yield？Survey–based Evidence on Bank Risk Taking [J]. Journal of Economic Dynamics and Control, 2014 (43)：12–30.

[50] Caballero R J, Krishnamurthy A. Bubbles and Capital Flow Volatility：Causes and Risk Management [J]. Social Science Electronic Publishing, 2006, 53 (1)：35–53.

[51] Caballero R J, Farhi E, Gourinchas P O. Financial Crash, Commodity Prices and Global Imbalances [J]. Brookings Papers on Economic Activity, 2008 (8)：1–55.

[52] Campbell J Y, Shiller R J. Cointegration and Tests of Present Value Models [J]. Journal of Political Economy, 1987, 95 (5)：1062–1088.

[53] Caspi I. Testing for a Housing Bubble at the National and Regional Level：the Case of Israel [J]. Empirical Economics, 2016, 51 (2)：483–516.

[54] Cecchetti S G. Asset Prices and Central Bank Policy [M]. London: C
entre for Economic Policy Research, 2000.

[55] Chan K S. Consistency and Limiting Distribution of the Least Squares
Estimator of a Threshold Autoregressive Model [J]. Annals of
Statistics, 1993, 21 (1): 520-533.

[56] Chang C, Chen K, Waggoner D F, et al. Trends and Cycles in China's
Macroeconomy [J]. NBER Macroeconomics Annual, 2016, 30 (1):
1-84.

[57] Chow G C, et al. Best Linear Unbiased Estimation of Missing
Observations in An Economic time Series [J]. Journal of the American
Statistical Association, 1976.

[58] Christensen B J, Dahl C M, Iglesias E M. Semiparametric Inference
in a GARCH-in-mean Model [J]. Journal of Econometrics, 2012,
167 (2): 458-472.

[59] Clarida R, Gali J, Gertler M. The Science of Monetary Policy: a Aew
Keynesian Perspective [J]. Journal of Economic Literature, 1999, 37
(4): 1661-1707.

[60] Clements A, Hum S, Shi S. An Empirical Investigation of Herding in
the US Stock Market [J]. Economic Modelling, 2017 (67): 184-
192.

[61] Croux C, Forni M, Reichlin L. A Measure of Comovement for Economic
Variables: Theory and Empirics [J]. Review of Economics &
Statistics, 2001, 83 (2): 232-241.

[62] Daniel K, Hirshleifer D, Teoh S H. Investor Psychology in Capital
Markets: Evidence and Policy Implications [J]. Journal of Economic

Perspectives, 2002, 49（1）：139-209.

［63］Daniel K, Hirshleifer D. Overconfident Investors, Predictable Returns, and Excessive Trading ［J］. The Journal of Economic Perspectives, 2015, 29（4）：61-87.

［64］De G J, Guidotti P E. Financial Development and Economic Growth ［J］. World Development, 1995, 23（3）：433-448.

［65］De Long J B, Shleifer A, Summers L H, Waldmann R L. Noise Trader Risk in Financial Markets ［J］. Journal of political Economy, 1990a, 98（4）：703-738.

［66］De Nicol ò G, DellAriccia G, Laeven L, et al. Monetary Policy and Bank Risk Taking ［J］. Available at SSRN, 2010（11）：67-73.

［67］Delis M D, Kouretas G P. Interest Rates and Bank Risk-taking ［J］. Journal of Banking & Finance, 2011, 35（4）：840-855.

［68］Diamond P A. National Debt in a Neoclassical Growth Model ［J］. American Economic Review, 1965, 55（5）：1126-1150.

［69］Diba B T, Grossman H I. Explosive Rational Bubbles in Stock Prices ? ［J］. The American Economic Review, 1988, 78（3）：520-530.

［70］Disyatat P. The Bank Lending Channel Revisited ［J］. Journal of Money, Credit and Banking, 2011, 43（4）：711-734.

［71］Domian D L, Gilster J E, Louton D A. Expected Inflation, Interest Rates, and Stock Returns ［J］. Financial Review, 1996, 31（4）：809-830.

［72］Ebell M. Why Are Asset Returns More Volatile During Recessions ? A Theoretical Explanation ［R］. Working Papers, 2001.

［73］Edelstein R H, Paul J. Japanese Land Prices: Explaining the Boom-bust Cycle ［J］. Asia's Financial Crisis and the Role of Real Estate, 2000（3）：65–72.

［74］Edgar E P. A Chaotic Attractor for the S & P 500 ［J］. Financial Analysts Journal, 1991, 47（2）：55–62.

［75］Edgar E P. Fractal Market Analysis ［M］. New York: John Wiely & Sons, 1999.

［76］Enders Z, Hakenes H. Market Depth, Leverage, and Speculative Bubbles ［D］. Cesifo Working Paper, 2018.

［77］Engle R F. Autoregressive Conditional Heteroscedasticity with Estimates of the Variance of United Kingdom Inflation ［J］. Econometrica, 1982, 50（4）：987–1007.

［78］Engsted T, Hviid S J, Pedersen T Q. Explosive bubbles in house prices? Evidence from the OECD countries ［J］. Journal of International Financial Markets, Institutions and Money, 2016, 40（1）：14–25.

［79］Etienne X L, Irwin S H, Garcia P. Price Explosiveness, Speculation, and Grain Futures Prices ［J］. American Journal of Agricultural Economics, 2015, 97（1）：65–87.

［80］Fama E F, French K R. Common Risk Factors in the Returns on Stocks and Bonds ［J］. Journal of Financial Economics, 1993, 33（1）：3–56.

［81］Fama E F, French K R. International Tests of a Five-factor Asset Pricing Model ［J］. Journal of Financial Economics, 2017, 123（3）：441–463.

［82］Fama E F. Efficient Capital Markets: Ⅱ ［J］. Journal of Finance, 1991, 46（5）：1575–1617.

[83] Fama E F. Risk, Return and Equilibrium: Empirical Tests [J]. Journal of Political Economy, 1970 (81) : 607–636.

[84] Fama E F, French K R. A Five-factor Asset Pricing Model [J]. Journal of Financial Economics, 2015, 116 (1) : 1–22.

[85] Fantazzini D. The Oil Price Crash in 2014/15: Was There A (Negative) Financial Bubble? [J]. Energy Policy, 2016 (96) : 383–396.

[86] Farhi E, Tirole J. Bubbly Liquidity [J]. The Review of Economic Studies, 2012, 79 (2) : 678–706.

[87] Favara G, Imbs J. Credit Supply and the Price of Housing [J]. American Economic Review, 2015, 105 (3) : 958–992.

[88] Femminis G. Money Growth, Dynamic Efficiency and Asset Bubbles in a Perpetual Youth Model [J]. Economics Letters, 2016 (138) : 68–71.

[89] Fernández-Kranz D, Hon M. A Cross-section Analysis of the Income Elasticity of Housing Demand in Spain: Is there a Real Estate Bubble? [J]. The Journal of Real Estate Finance and Economics, 2006, 32 (4) : 449–470.

[90] Frenkel M, Rudolf M. The Implications of Introducing an Additional Regulatory Constraint on Banks' Business Activities in the Form of a Leverage Ratio [D]. Association of German Banks, 2010.

[91] Futagami K, Shibata A. Growth Effects of Bubbles in An Endogenous Growth Model [J]. Japanese Economic Review, 2000, 51 (2) : 221–235.

[92] Gall J, Gambetti L. The Effects of Monetary Policy on Stock Market Bubbles: Some Evidence [J]. American Economic Journal: Macroeconomics, 2015, 7 (1) : 233–257.

[93] Gambacorta L, Signoretti F M. Should Monetary Policy Lean against the

Wind ? An Analysis Based on a DSGE Model with Banking [J]. Journal of Economic Dynamics and Control, 2014（43）: 146-174.

[94] Gerdrup K. Three Episodes of Financial Fragility in Norway since the 1890s [R]. Bank for International Settlements, 2003.

[95] Goodhart C, Schoenmaker D. Should the Functions of Monetary Policy and Banking Supervision be Separated ? [J]. Oxford Economic Papers, 1995, 47（4）: 539-560.

[96] Grange C W Jr. Some Recent Developments in a Concept of Causality [M]. London: Harvard University Press, 1996.

[97] Granger C W J, Engle R F. Econometric Forecasting: a Brief Survey of Current and Future Techniques [J]. Climatic Change, 1987, 11（1）: 117-139.

[98] Granger C W J, Swanson N R. An Introduction to Stochastic Unit-root Processes [J]. Journal of Conometrics, 1997, 80（1）: 35-62.

[99] Greene M T, Fielitz B D. Long-term Dependence and Least Squares Regression in Investment Analysis [J]. Management Science, 1980, 26（10）: 1031-1038.

[100] Greenwood R M, Scharfstein D S. The Growth of Modern Finance [J]. SSRN Electronic Journal, 2012（3）: 87-93.

[101] Grossman G M, Yanagawa N. Asset Bubbles and Endogenous Growth [J]. Journal of Monetary Economics, 1993, 31（1）: 3-19.

[102] Hamilton J D, Lin G. Stock market volatility and the business cycle [J]. Journal of Applied Econometrics, 1996, 11（5）: 573-593.

[103] Hansen B E. Sample splitting and threshold estimation [J].

Econometrica, 2000, 68（3）：575-603.

［104］Hansen B E. Threshold Effects in Non-Dynamic Panels：Estimation, Testing, and Inference［J］. Journal of Econometrics, 1999, 93（2）：345-368.

［105］Harvey D I, Leybourne S J, Sollis R. Improving the Accuracy of Asset Price Bubble Start and End Date Estimators［J］. Journal of Empirical Finance, 2017（40）：121-138.

［106］Hashimoto K, Im R. Bubbles and Unemployment in An Endogenous Growth Model［J］. Oxford Economic Papers, 2016, 68（4）：1084-1106.

［107］Haugen R A, Baker N L. Commonality in the Determinants of Expected Stock Returns［J］. Journal of Financial Economics, 1996, 41（3）：401-439.

［108］Heemeijer P, Hommes C H, Sonnemans J, Tuinstra J. Price Stability and Volatility in Markets with Positive and Negative Expectations Feedback ［J］. Journal of Economic Dynamics and Control, 2009（33）：1052-1072.

［109］Herrendorf B, Rogerson R, Valentinyi A. Growth and Structural Transformation［D］. NBER Working Paper, 2013.

［110］Herring R J. Credit Risk and Financial Instability［J］. Oxford Review of Economic Policy, 1999, 15（3）：63-79.

［111］Hildebrand P M. Is Basel II enough？The Benefits of a leverage ratio［M］. SNB, 2008.

［112］Hirano T, Inaba M, Yanagawa N. Asset Bubbles and Bailouts［J］. Journal of Monetary Economics, 2015（76）：71-89.

［113］Hirano T, Yanagawa N. Asset Bubbles, Endogenous Growth, and Financial Frictions ［J］. The Review of Economic Studies, 2017, 84 （1）: 406-443.

［114］Hirshleifer D, Li J, Yu J. Asset Pricing in Production Economies with Extrapolative Expectations ［J］. Journal of Monetary Economics, 2015 （76）: 87-106.

［115］Hommes C. The Heterogeneous Expectations Hypothesis: Some Evidence from the Lab ［J］. Journal of Economic Dynamics and Control, 2011, 35 （1）: 1-24.

［116］Hou K, Xue C, Zhang L. Digesting Anomalies: An Investment Approach ［J］. The Review of Financial Studies, 2015, 28 （3）: 650-705.

［117］Hsieh D A. Testing for Nonlinear Dependence in Daily Foreign Exchange Rates ［J］. Journal of Business, 1989, 62 （3）: 339-368.

［118］Hu Y, Oxley L. Are there Bubbles in Exchange Rates? Some New Evidence from G10 and Emerging Market Economies ［J］. Economic Modelling, 2017 （64）: 419-442.

［119］Huang D J, Leung C K, Qu B. Do Bank Loans and Local Amenities Explain Chinese Urban House Prices? ［J］. China Economic Review, 2015 （34）: 19-38.

［120］Hugonnier J, Prieto R. Asset Pricing with Arbitrage Activity ［J］. Journal of Financial Economics, 2015, 115 （2）: 411-428.

［121］Ikram M T, Butt N A, Afzal M T. Open Source Software Adoption Evaluation through Feature Fevel Sentiment Analysis Using Twitter Data

[J]. Turkish Journal of Electrical Engineering & Computer Sciences, 2016, 24 (5): 4481-4496.

[122] Jlassi M, Naoui K, Mansour W. Overconfidence Behavior and Dynamic Market Volatility: Evidence from International Data [J]. Procedia Economics and Finance, 2014 (13): 128-142.

[123] Jordà Ò, Schularick M, Taylor A M. Leveraged Bubbles [J]. Journal of Monetary Economics, 2015 (76): 1-20.

[124] Katsaris B A. A Three-regime Model of Speculative Behaviour: Modelling the Evolution of the S & P 500 Composite Index [J]. The Economic Journal, 2005, 115 (505): 767-797.

[125] Kazanas T, Tzavalis E. Unveiling the ECB's Monetary Policy Behaviour under Different Inflation Regimes [J]. Economica, 2015, 82 (328): 912-937.

[126] Kiema I, Jokivuolle E. Leverage Ratio Requirement and Credit Allocation under Basel Ⅲ [J]. Social Science Electronic Publishing, 2010 (4): 9-17.

[127] Kim D, Santomero A M. Risk in Banking and Capital Regulation [J]. The Journal of Finance, 1988, 43 (5): 1219-1233.

[128] Kindleberger C P. Economic Response: Comparative Studies in Trade, Finance and Growth [M]. Harvard University Press, 1978.

[129] Kindleberger C P. Manias, Panics and Crashes: A History of Financial Crises [J]. The Scriblerian and the Kit-Cats, 2000, 32 (2): 379.

[130] Knoll K, Schularick M, Steger T. No Price like Home: Global House Prices, 1870—2012 [J]. American Economic Review, 2017 (2):

331-353.

［131］Kodres L E, Papell D H. Nonlinear Dynamics in Foreign Exchange Futures Market［R］. Michigan: Mitsui Life Financial Research Center, Working Paper, 1991.

［132］Koehn M, Santomero A M. Regulation of bank capital and portfolio risk ［J］. The Journal of Finance, 1980, 35（5）: 1235-1244.

［133］Kräussl R, Lehnert T, Martelin N. Is There a Bubble in the Art Market？［J］. Journal of Empirical Finance, 2016（35）: 99-109.

［134］Krugman P R. It's Baaack: Japan's Slump and the Return of the Liquidity Trap［J］. Brookings Papers on Economic Activity, 1998, 29（2）: 137-206.

［135］Krugman P. Balance Sheets, the Transfer Problem, and Financial Crises［C］//International Finance and Financial Crises. Netherlands: Springer, 1999.

［136］Kumari J, Mahakud J. Does Investor Sentiment Predict the Asset Volatility？Evidence from Emerging Stock Market India［J］. Journal of Behavioral and Experimental Finance, 2015（8）: 25-39.

［137］Laeven L, Levine R. Bank Governance, Regulation and Risk Taking［J］. Journal of Financial Economics, 2009（3）: 45-53.

［138］Lascelles B G, Taylor P R, Miller M G R, et al. Applying Global Criteria to Tracking Data to Define Important Areas for Marine Conservation［J］. Diversity and Distributions, 2016, 22（4）: 422-431.

[139] Law S H, Singh N. Does Too Much Finance Harm Economic Growth？[J]. Journal of Banking & Finance, 2014（41）：36-44.

[140] Li X L, Chang T, Miller S M, et al. The Co-movement and Causality between the US Housing and Stock Markets in the Time and Frequency Domains [J]. International Review of Economics & Finance, 2015（38）：220-233.

[141] Lim C M, Sek S K. Comparing the Performances of GARCH-type Models in Capturing the Stock Market Volatility in Malaysia [J]. Procedia Economics and Finance, 2013（5）：478-487.

[142] Lim H Y. Asset Price Movements and Monetary Policy in South Korea [J]. BIS Papers Chapters, 2003（19）：313-337.

[143] Lin S, Ye H. Does Inflation Targeting Make a Difference in Developing Countries？[J]. Journal of Evelopment Economics, 2009, 89（1）：110-123.

[144] Lintner J. Security Prices, Risk, and Maximal Gains from Diversification [J]. The Journal of Finance, 1965, 20（4）：587-615.

[145] Litimi H, BenSaïda A, Bouraoui O. Herding and Excessive Risk in the American Stock Market：A Sectoral Analysis [J]. Research in International Business and Finance, 2016（38）：6-21.

[146] Litimi H, BenSaïda A, Bouraoui O. Herding and Excessive Risk in the American Stock Market：A Sectoral Analysis [J]. Research in International Business & Finance, 2016（38）：6-21.

[147] Liu T Y, Chang H L, Su C W, et al. Is there Inflation in China？

Evidence by a Unit Root Approach [J]. International Review of Economics & Finance, 2017 (52): 236–245.

[148] Mahajan A, Wagner A J. Nonlinear Dynamics in Foreign Exchange Rates [J]. Global Finance Journal, 1999, 10 (1): 1–23.

[149] Makiel B. Efficiency Market Hypothesis [M]. Micmillan: London, 1992.

[150] Mandelbrot B B. Random Multifractals: Negative Dimensions and the Resulting Limitations of the Hermodynamic Formalism [J]. Proceedings of the Royal Society Mathematical Physical & Engineering Sciences, 1991, 434 (1890): 79–88.

[151] Markowitz H. Portfolio selection [J]. The Journal of Finance, 1952, 7 (1): 77–91.

[152] Martin A, Ventura J. Economic Growth with Bubbles [J]. The American Economic Review, 2012, 102 (6): 3033–3058.

[153] Matsuoka T, Shibata A. Asset Bubbles, Credit Market Imperfections, and Technology Choice [J]. Economics Letters, 2012, 116 (1): 40–55.

[154] Merton R C. An Intertemporal Capital Asset Pricing Model [J]. Econometrica: Journal of the Conometric Society, 1973 (9): 867–887.

[155] Mian A, Sufi A, Trebbi F. Foreclosures, House Prices and the Real Economy [J]. The Journal of Finance, 2015, 70 (6): 2587–2634.

[156] Miao J, Wang P, Zhou J. Asset Bubbles, Collateral and Policy Analysis [J]. Journal of Monetary Economics, 2015 (76):

57-70.

[157] Miao J, Wang P. Sectoral Bubbles, Misallocation and Endogenous Growth [J]. Journal of Mathematical Economics, 2014, 53 (88): 153-163.

[158] Michailova J, Schmidt U. Overconfidence and Bubbles in Experimental Asset Markets [J]. Journal of Behavioral Finance, 2016, 17 (3): 280-292.

[159] Michalak T C, Uhde A. Credit Risk Securitization and Bank Soundness in Europe [J]. The Quarterly Review of Economics & Finance, 2012, 52 (3): 272-285.

[160] Mikhed V, Zemck P. Testing for Bubbles in Housing Markets: A Panel Data Approach [J]. Journal of Real Estate Finance & Economics, 2009, 38 (4): 366-386.

[161] Minsky H P. The Capitalist Development of the Economy and the Structure of Financial Institutions [J]. Ssrn Electronic Journal, 1992, 11 (72): 68-69.

[162] Mishkin F S. Housing and the Monetary Transmission Mechanism [D]. NBER Working Paper, 2007.

[163] Moinas S, Pouget S. The Bubble Game: An Experimental Study of Speculation [J]. Post Print, 2013 (5): 67-73.

[164] Mossin J. Equilibrium in a Capital Asset Market [J]. Econometrica: Journal of the Econometric Society, 1966 (5): 768-783.

[165] Nakajima J. Bayesian Analysis of Multivariate Stochastic Volatility with Skew Return Distribution [J]. Econometric Reviews, 2012 (9): 546-562.

［166］Narayan P K, Mishra S, Sharma S, et al. Determinants of Stock Price Bubbles ［J］. Economic Modelling, 2013（35）: 661–667.

［167］Ni Z X, Wang D Z, Xue W J. Investor Sentiment and its Nonlinear Effect on Stock Returns—New Evidence from the Chinese Stock Market Based on Panel Quantile Regression Model ［J］. Economic Modelling, 2015, 50（4）: 266–274.

［168］Nichol E, Dowling M. Profitability and Investment Factors for UK Asset Pricing Models ［J］. Economics Letters, 2014, 125（3）: 364–366.

［169］Nneji O. Liquidity Shocks and Stock Bubbles ［J］. Journal of International Financial Markets, Institutions and Money, 2015（35）: 132–146.

［170］Notarpietro A, Siviero S. Optimal Monetary Policy Rules and House Prices: the Role of Financial Frictions ［J］. Journal of Money, Credit and Banking, 2015, 47（S1）: 383–410.

［171］Novy-Marx R. The Other Side of Value: The Gross Profitability Premium ［J］. Journal of Financial Economics, 2013, 108（1）: 1–28.

［172］Odean T. Do Investors Trade Too Much ? ［J］. American Economic Review, 1999, 89（5）: 1279–1298.

［173］Olivier J. Growth-enhancing Bubbles ［J］. International Economic Review, 2010, 41（1）: 133–152.

［174］Pearce D K, Roley V V. Firm Characteristics, Unanticipated Inflation, and Stock Returns ［J］. The Journal of Finance, 1988（43）: 130–139.

［175］Pesando, J E. The Supply of Money and Common Stock Prices:

Further Observations on the Econometric Evidence [J]. The Journal of finance, 1974, 29 (3): 909–921.

[176] Pesaran M H, Timmermann A. Small Sample Properties of Forecasts from Autoregressive Models under Tructural Breaks [J]. Journal of Econometrics, 2005, 129 (1): 183–217.

[177] Phelps E S. Models of Technical Progress and the Golden Rule of Research [J]. The Review of Economic Studies, 1966 (2): 2.

[178] Phillips P C B, Shi S, Yu J. Testing for Multiple Bubbles: Historical Episodes of Exuberance and Collapse in the Sand 500 [J]. International Economic Review, 2015, 56 (4): 1043–1078.

[179] Pintus P A, Wen Y. Leveraged Borrowing and Boom–bust Cycles [J]. Review of Economic Dynamics, 2013, 16 (4): 617–633.

[180] Primiceri G E. Time Varying Structural Vector Auto–regressions and Monetary Policy [J]. The Review of Economic Studies, 2005, 72 (3): 821–852.

[181] Primiceri G E. Time Varying Structural Vector Auto–regressions and monetary policy [J]. The Review of Economic Studies, 72 (3): 821–852.

[182] Rajan R G. Has Finance Made the World Riskier? [J]. European Financial Management, 2006, 12 (4): 499–533.

[183] Ramey G, Ramey V A. Cross–country Evidence on the Link between Volatility and Growth [J]. American Economic Review, 1995, 85 (5): 1138–1151.

[184] Reinhart C M, Rogoff K S. Errata: Growth in a Time of Debt [J]. American Economic Review, 2010, 100 (2): 573–578.

［185］Renault T. Market Manipulation and Suspicious Stock Recommendations on Social Media ［J］. Social Science Electronic Publishing，2017，18（2）：9–14.

［186］Rigobon R，Sack B. Spillovers across US Financial Markets ［R］. National Bureau of Economic Research，2003.

［187］Rodrik D，Subramanian A. Why did Financial Globalization Disappoint？［J］. IMF Staff Papers，2000，56（1）：112–138.

［188］Romer P M. Endogenous Technological Dhange ［J］. Journal of Political Economy，1990（98）：71–102.

［189］Ross S A. Arbitrage Theory of Capital Asset Pricing ［J］. Journal of Economic Theory，1976（13）：341–360.

［190］Rousseau P L，Wachtel P. Economic Growth and Financial Depth：is the Relationship Extinct Already？［J］. Social Science Electronic Publishing，2011，49（1）：276–288.

［191］Samuelson P A. An Exact Consumption–loan Model of Interest with or without the Social Contrivance of Money ［J］. Journal of Political Economy，1958，66（6）：467–482.

［192］Samuelson P A. Proof that Properly Anticipated Prices Fluctuate Randomly ［J］. Industrial Management Review，1965（6）：41–49.

［193］Santos M S，Woodford M. Rational Asset Pricing Bubbles ［J］. Econometrica：Journal of the Econometric Society，1997，65（1）：19–57.

［194］Sargent T，Wallace N. Interest on Reserves ［J］. Journal of Monetary Economics，1985，15（3）：279–290.

［195］Scheinkman J A, Xiong W. Overconfidence and Speculative Bubbles［J］. Journal of political Economy, 2003, 111（6）: 1183-1220.

［196］Schumpeter J. The Theory of Economic Development: an Inquiry into Profits, Capital, Credit, Interest, and the Business Cycle［M］. London: Harvard University Press, 1911.

［197］Sharpe W F. Capital asset prices: A Theory of Market Equilibrium under Conditions of Risk［J］. The Journal of Finance, 1964, 19（3）: 425-442.

［198］Shi G P, Liu X S, Zhang X. Time-varying Causality between Stock and Housing Markets in China［J］. Finance Research Letters, 2017（22）: 227-232.

［199］Shiller R J. Measuring Bubble Expectations and Investor Confidence ［J］. Journal of Psychology & Financial Markets, 2000, 1（1）: 49-60.

［200］Shiller R J. The Use of Volatility Measures in Assessing Market Efficiency［J］. Journal of Finance, 1981, 36（2）: 291-304.

［201］Shirvani H, Wilbratte B. The Wealth Effect of the Stock Market Revisited［J］. Journal of Applied Business Research, 2002, 18（2）: 90-103.

［202］Shleifer A, Summers L H. The Noise Trader Approach to Finance［J］. The Journal of Economic Perspectives, 1990, 4（2）: 19-33.

［203］Shleifer A, Vishny R W. The Grabbing Hand: Government Pathologies and Their Cures［J］. American Economic Association Papers & Proceedings, 1998, 87（2）: 354-358.

［204］Shukur G, Mantalos P. A Simple Investigation of the Granger-causality Test in Integrated-cointegrated VAR Systems ［J］. Journal of Applied Statistics, 2000, 27（8）: 1021-1031.

［205］Smith V L, Suchanek G L, Williams A W. Bubbles, Crashes, and Endogenous Expectations in Experimental Spot Asset Markets ［J］. Econometrica: Journal of the Econometric Society, 1988, 6（50）: 1119-1151.

［206］Stambaugh, J E, Balch, David L. El Nuevo Testamento en Su Entorno Social ［M］. Descléede Brouwer, 2012.

［207］Stiglitz J E. Symposium on Bubbles ［J］. The Journal of Economic Perspectives, 1990, 4（2）: 13-18.

［208］Su C W, Fan J J, Chang H L, Li X L. Is There Causal Relationship between Money Supply Growth and Inflation in China ? Evidence from Quantity Theory of Money ［J］. Review of Development Economics, 2016, 20（3）: 702-719.

［209］Su C W, LI Z Z, Chang H L, et al. When will Occur the Crude Oil Bubbles ? ［J］. Energy Policy, 2017（102）: 1-6.

［210］Su E D. Stock Index Hedging Using a Trend and Volatility Regime-switching Model Involving Hedging Cost ［J］. International Review of Economics & Finance, 2017（47）: 233-254.

［211］Talvi E, Vegh C A. Tax Base Variability and Procyclical Fiscal Policy ［J］. Ssrn Electronic Journal, 1999（4）: 78-86.

［212］Tan S, Jin Z, Wu F. Arbitrage and Leverage Strategies in Bubbles under Synchronization Risks and Noise-trader Risks ［J］. Economic Modelling, 2015（49）: 331-343.

[213] Temple, J. The New Growth Evidence [J]. Journal of Economic Literature, 1999, 37 (1): 112-156.

[214] Tirole J. Asset Bubbles and Overlapping Generations [J]. Econometrica: Journal of the Econometric Society, 1985, 53 (6): 1499-1528.

[215] Tirole, J. Asset Bubbles and Overlapping Generations [J]. Econometrica, 1985, 53 (5): 1071-1072.

[216] Tobin J. Money and Economic Growth [J]. Econometrica: Journal of the Econometric Society, 1965 (4): 671-684.

[217] Ungerer C. Monetary Policy, Hot Housing Markets and Leverage [J]. Finance & Economics Discussion, 2015 (2): 345-352.

[218] Valencia F. Monetary Policy, Bank Leverage and Financial Stability [J]. Journal of Economic Dynamics & Control, 2014 (47): 20-38.

[219] Van Norden S, Schaller H. Speculative Behavior, Regime-switching and Stock Market Crashes [C] //Nonlinear Time Series Analysis of Economic and Financial Data. New York: Springer US, 1999.

[220] Wang X, Wen Y. Can Rising Housing Prices Explain China's High Household Saving Rate? [J]. Ssrn Electronic Journal, 2010 (93): 67- 88.

[221] Watanabe A, Xu Y, Yao T, et al. The Asset Growth Effect: Insights From International Equity Markets [J]. Journal of Financial Economics, 2013, 108 (2): 529-563.

[222] Weil P. Confidence and the Real Value of Money in An Overlapping Generations Economy [J]. The Quarterly Journal of Economics, 1987, 102 (1): 1-22.

［223］West K D. A Specification Test for Speculative Bubbles ［J］. The Quarterly Journal of Economics, 1987, 102（3）: 553–580.

［224］Woodford, M. The Taylor Rule and Optimal Monetary Policy ［J］. American Economic Review, 2001, 91（2）: 232–237.

［225］Wu Y. Rational Bubbles in the Stock Market: Accounting for the US Stock–price Volatility ［J］. Economic Inquiry, 1997, 35（2）: 309.

［226］Yang C P, Li J F. Investor Sentiment, Information and Asset Pricing Model ［J］. Economic Modelling, 2013（35）: 436–442.

［227］Yellen J L. Macroprudential Supervision and Monetary Policy in the Post–crisis World ［J］. Business Economics, 2011, 46（1）: 3–12.

［228］Zhang H, Li L, Hui E C M, et al. Comparisons of the Relations Between Housing Prices and the Macroeconomy in China's First, Second and Third–tier Cities ［J］. Habitat International, 2016（57）: 24–42.

［229］巴曙松. 居民杠杆率逼近美国次贷危机水平 ［J］. 房地产导刊, 2016（9）: 22–23.

［230］白钦先, 常海中. 关于金融衍生品的虚拟性及其正负功能的思考 ［J］. 财贸经济, 2007（8）: 27–32.

［231］宾斯维杰. 股票市场, 投机泡沫与经济增长 ［M］. 上海: 三联书店, 2003.

［232］蔡国永, 夏彬彬. 基于卷积神经网络的图文融合媒体情感预测 ［J］. 计算机应用, 2016, 36（2）: 428–431.

［233］蔡真, 栾稀. 为什么企业回报下降杠杆还在上升?——兼论宏微观

杠杆率的背离［J］. 金融评论，2017，9（4）：62-77.

［234］曹红辉，赵学卿. 股市监控机制：基于投资者行为的分析［J］. 经济学动态，2010（9）：59-64.

［235］曹琳剑，王杰. 房地产泡沫的测度监控及防范［J］. 中国房地产，2018，605（12）：73-81.

［236］曾海舰. 房产价值与公司投融资变动——抵押担保渠道效应的中国经验证据［J］. 管理世界，2012（5）：125-136.

［237］陈达飞，邵宇，杨小海. 再平衡：去杠杆与稳增长——基于存量—流量一致模型的分析［J］. 世界经济情况，2017（4）：61.

［238］陈道富. 资产泡沫形成演化规律初探［J］. 内蒙古金融研究，2015（3）：18-22.

［239］陈国进，颜诚. 中国股市泡沫的三区制识别［J］. 系统工程和理论实践，2013，33（1）：25-33.

［240］陈继勇，袁威，肖卫国. 流动性、资产价格波动的隐含信息和货币政策选择——基于中国股票市场与房地产市场的实证分析［J］. 经济研究，2013（11）：43-55.

［241］陈磊. 我国宏观经济指标周期波动相关性的互谱分析［J］. 统计研究，2001（9）：38-41.

［242］陈梦雯，郭宇冈，Philippe，等. 《巴塞尔协议Ⅲ》中的杠杆率指标对银行风险的影响及其在中国的适用性分析［J］. 江西社会科学，2011（9）：251-256.

［243］陈明珠. 我国投资者情绪对股市收益和波动的影响研究［D］. 华东师范大学，2016.

［244］陈守东，孙彦林，毛志方. 新常态下中国经济增长动力的阶段转换研究［J］. 西安交通大学学报（社会科学版），2017（1）：

17–24.

[245] 陈守林，林思涵. 资产价格泡沫的货币政策效应［J］. 西安交通大学学报，2018（7）：38–47.

[246] 陈旭，赵新泉. 限购限贷政策对房价影响实证研究［J］. 武汉金融，2018（1）：21–26.

[247] 陈彦斌，陈伟泽，陈军，等. 中国通货膨胀对财产不平等的影响［J］. 经济研究，2013（8）：4–15.

[248] 陈雨露，马勇. 泡沫、实体经济与金融危机：一个周期分析框架［J］. 金融监管研究，2012（1）：1–19.

[249] 陈长石，刘晨晖. 利率调控、货币供应与房地产泡沫——基于泡沫测算与 MS–VAR 模型的实证分析［J］. 国际金融研究，2015，399（10）：21–31.

[250] 陈长石. 利率调控、货币供应与房地产泡沫［J］. 国际金融究，2015（10）：89–92.

[251] 陈志刚，吴国维，张浩. 房地产泡沫如何影响实体经济投资［J］. 财经科学，2018（3）：93–106.

[252] 储著贞，梁权熙，蒋海. 宏观调控，所有权结构与商业银行信贷扩张行为［J］. 国际金融研究，2012（3）：57–68.

[253] 崔洪利，孙月，唐旭. 基于因子分析与 Logistic 回归的房地产市场监控模型应用研究［J］. 华北金融，2019（8）：55–64.

[254] 崔宇清. 金融高杠杆业务模式、潜在风险与去杠杆路径研究［J］. 金融监管研究，2017（7）：52–65.

[255] 戴又有，蔡定洪，胡章灿，等. 国有企业的"杠杆率背离"与结构性去杠杆——基于央企与地方国企负债机制的比较［J］. 上海金融，2018，461（12）：72–78，83.

［256］邓创，徐曼．中国货币政策应对资本市场进行定向调控吗？［J］．南京社会科学，2017（8）：17–26．

［257］邓伟，唐齐鸣．基于指数平滑转移模型的价格泡沫检验方法［J］．数量经济技术经济研究，2013（4）：124–137．

［258］杜修立，董凯．引入房地产价格因素的货币政策反应函数再研究［J］．统计与决策，2016（8）：166–169．

［259］冯祈善，孙晓飞．中国股市泡沫合理范围研究［J］．上海金融，2005（11）：46–49．

［260］冯文芳，刘晓星，石广平，等．金融杠杆与资产价格泡沫动态引导关系研究［J］．经济问题探索，2017（4）：135–146．

［261］付莲莲，朱红根．基于 GED–GARCH 模型的中国粮食价格波动特征研究［J］．统计与决策，2016（1）：132–135．

［262］傅玳．房地产市场泡沫测度及监控指标体系的构建［J］．统计与决策，2015（19）：67–69．

［263］高波，王辉龙，李伟军．中国 30 个大中城市房价泡沫测度及区域差异分析［C］．社会主义经济理论研究集萃，2014．

［264］高大良，刘志峰，杨晓光．投资者情绪、平均相关性与股市收益［J］．中国管理科学，2015，23（2）：10–20．

［265］高睿，曹廷求．宏观杠杆率研究述评［J］．东岳论丛，2018，39（3）：70–78．

［266］葛永波，周倬君．量化宽松货币政策的理论基础、传导渠道与逻辑效应［J］．现代管理科学，2012（1）：77–79．

［267］顾荣宝，刘海飞，李心丹，等．股票市场的羊群行为与波动：关联及其演化——来自深圳股票市场的证据［J］．管理科学学报，2015，18（11）：82–94．

［268］顾永昆．金融杠杆、金融制度与经济增长——理论及日本的经验分析［J］．财经科学，2017（9）：1–11．

［269］郭文伟．中国股市风格资产泡沫测度及其政策响应研究［J］．系统工程，2018，36（5）：5–16．

［270］郭玉清，孙希芳，何杨．地方财政杠杆的激励机制、增长绩效与调整取向研究［J］．经济研究，2017，52（6）：169–182．

［271］侯成琪，龚六堂．货币政策应该对住房价格波动作出反应吗——基于两部门动态随机一般均衡模型的分析［J］．金融研究，2014（10）：15–33．

［272］侯旭华，彭娟．基于熵值法和功效系数法的互联网保险公司财务风险监控研究［J］．财经理论与实践，2019（5）：40–46．

［273］胡志鹏．“稳增长”与“控杠杆”双重目标下的货币当局最优政策设定［J］．经济研究，2014（12）：60–71．

［274］扈文秀，刘刚，章伟，果付强．基于因素嵌入的非理性资产价格泡沫生成及膨胀演化研究［J］．中国管理科学，2016（5）：31–37．

［275］黄宏斌，刘树海，赵富强．媒体情绪能够影响投资者情绪吗——基于新兴市场门槛效应的研究［J］．山西财经大学学报，2017（12）：29–44．

［276］黄慧莲，熊涛，李崇光．我国农产品期货市场价格泡沫特征及品种差异性研究［J］．农业技术经济，2018（1）：32–47．

［277］黄名坤．泡沫经济理论与实证研究［D］．南开大学，2002．

［278］黄佩华，迪帕克．中国：国家发展与地方财政［M］．北京：中信出版社，2003．

［279］黄荣哲，农丽娜，朱燕宇．沪深股市的分形与混沌特征［J］．金融教学与研究，2009（3）：59–63．

［280］黄昕，董兴，平新乔. 地方政府房地产限购限贷限售政策的效应评估［J］. 改革，2018，291（5）：109-120.

［281］纪敏，严宝玉，李宏瑾. 杠杆率结构、水平和金融稳定——理论分析框架和中国经验［J］. 金融研究，2017（2）：11-25.

［282］简志宏，向修海. 修正的倒向上确界 ADF 泡沫检验方法——来自上证综指的证据［J］. 数量经济技术经济研究，2012（4）：110-122.

［283］江曙霞，陈玉婵. 货币政策、银行资本与风险承担［J］. 金融研究，2012（4）：1-16.

［284］江彦. 我国股市泡沫实证研究［J］. 当代财经，2003（4）：63-66.

［285］靳晓宏，王强，付宏，等. 主题事件舆情指数的构建及实证研究——以食品安全主题为例［J］. 情报理论与实践，2016（12）：103-108.

［286］雷强，李争争. 人民币汇率的混沌特征研究［J］. 科技管理研究，2009（7）：523-525，528.

［287］李斌，张所地，武斌. 市场预期对房价的作用研究——基于 DSSW 模型和动态面板数据模型的分析［J］. 软科学，2015，192（12）：121-125.

［288］李国平，李宏伟. 经济区规划促进了西部地区经济增长吗？——基于合成控制法的研究［J］. 经济地理，2019，39（3）：20-28.

［289］李腊生，陈志芳，魏杏梅. 结构性资产泡沫的统计监测与监控［J］. 统计研究，2017，34（10）：42-53.

［290］李楠博. 股票市场与经济增长匹配周期的研究［D］. 吉林大学，2014.

［291］李奇霖. 如何看待金融去杠杆［J］. 银行家，2017（8）：92-94.

［292］李维哲，曲波．地产泡沫监控指标体系与方法研究［J］．山西财经大学学报，2002，24（4）：99-101．

［293］李霞，干胜道．基于功效系数法的非营利组织财务风险评价［J］．财经问题研究，2016（4）：88-94．

［294］李扬，张晓晶，常欣，等．中国杠杆率趋稳，结构有所改善［J］．中国经济报告，2018（1）：98-100．

［295］李扬，张晓晶．"新常态"经济发展的逻辑与前景［J］．经济研究，2015，50（5）：4-19．

［296］李昱璇．限购以及限贷政策的退出合理吗？——基于29个城市动态面板数据的实证分析［J］．科学决策，2015（7）：24-36．

［297］李沅漫．金融杠杆、杠杆波动与经济增长「J］．商场现代化，2019，886（1）：107-108．

［298］连飞．"稳增长"与"去杠杆"目标下的双支柱政策协调——基于供求冲击和金融摩擦视角［J］．财经理论与实践，2018，39（06）：17-23．

［299］刘晨晖，陈长石．我国房地产去泡沫化风险及其应对［J］．经济学家，2015，203（11）：37-44．

［300］刘华，黄安琪，陈力朋．房地产税对住房租赁价格的影响：来自重庆的经验证据［J］．中国软科学，2020（1）：143-153．

［301］刘建和，曹建钢．中国股市与经济增长：基于实证的观点［J］．企业经济，2007（8）：149-151．

［302］刘树成．经济周期波动的分析与预测方法评介［J］．财经问题研究，2015（9）：128．

［303］刘喜和，周扬，穆圆媛．企业去杠杆与家庭加杠杆的资产负债再平衡路径研究——基于股票市场的视角［J］．南开经济研，2017

（3）：111-126.

[304] 刘宪. 动态无效与资产泡沫：偏好与技术的背离及矫正 [J]. 苏州大学学报（哲学社会科学版），2014，35（6）：105-111.

[305] 刘宪. 资产泡沫与经济增长关系研究进展 [J]. 经济学动态，2008（7）：122-126.

[306] 刘晓星，石广平. 杠杆对资产价格泡沫的非对称效应研究 [J]. 金融研究，2018（3）：53-70.

[307] 刘信群，刘江涛. 杠杆率，流动性与经营绩效——中国上市商业银行 2004-2011 年面板数据分析 [J]. 国际金融研究，2013（3）：88-95.

[308] 刘哲希，李子昂. 结构性去杠杆进程中居民部门可以加杠杆吗 [J]. 中国工业经济，2018（10）：42-60.

[309] 娄飞鹏. 金融领域高杠杆的深层次成因与去杠杆建议 [J]. 西南金融，2017（6）：22-28.

[310] 陆静，周媛. 投资者情绪对股价的影响——基于 AH 股交叉上市股票的实证分析 [J]. 中国管理科学，2015，23（11）：23-30.

[311] 陆岷峰，杨亮. 关于金融去杠杆与商业银行去风险的策略研究 [J]. 南都学坛（南阳师范学院人文社会科学学报），2018，38（1）：107-112.

[312] 罗娜，程方楠. 房价波动的宏观审慎政策与货币政策协调效应分析——基于新凯恩斯主义 DSGE 模型 [J]. 国际金融研究，2017（1）：39-48.

[313] 吕进中. 为什么国有企业是我国经济去杠杆的重中之重 [J]. 福建金融，2017（11）：6-12.

[314] 吕炜，刘晨晖. 财政支出，土地财政与房地产投机泡沫——基

于省际面板数据的测算与实证［J］.财贸经济，2012a（12）：21-30.

［315］马建堂，董小君，时红秀，等.中国的杠杆率与系统性金融风险防范［J］.财贸经济，2016，410（1）：7-23.

［316］马勇，陈雨露.金融杠杆、杠杆波动与经济增长［J］.经济研究，2017，52（6）：31-45.

［317］马勇，田拓，阮卓阳，等.金融杠杆、经济增长与金融稳定［J］.金融研究，2016（6）：37-51.

［318］孟庆斌，荣晨.中国房地产价格泡沫研究——基于马氏域变模型的实证分析［J］.金融研究，2017（2）：101-116.

［319］欧阳志刚，张林军，崔文学，等.我国股市价格泡沫的识别与动态特征研究［J］.上海经济研究，2018（5）：72-80.

［320］潘敏，刘知琪.居民家庭"加杠杆"能促进消费吗？——来自中国家庭微观调查的经验证据［J］.金融研究，2018（4）：71-87.

［321］潘妍妍，相恒波.基于认知的证券价格波动复杂性原因解释及对策建议［J］.青岛科技大学学报（社会科学版），2015（10）：57-61.

［322］潘越，戴亦一，陈梅婷.基金经理的投资经验、交易行为与股市泡沫［J］.中国工业经济，2011（1）：120-129.

［323］戚逸康，袁圆.中国"稳增长"与结构化去杠杆双目标——基于拉姆塞模型的理论分析［J］.工业技术经济，2020（1）：60-67.

［324］齐讴歌.房地产价格波动对金融体系的传导效应研究［J］.统计与决策，2015（16）：144-148.

［325］邱竟，黄小琴.泡沫理论根源及其对经济增长的影响［J］.江汉论坛，2008（5）：53-56.

［326］瞿强. 资产价格泡沫与信用扩张［J］. 金融研究，2005（3）：50-58.

［327］任泽平，张庆昌. 供给侧改革去产能的挑战、应对、风险与机遇［J］. 发展研究，金融研究，2016（8）：57-71.

［328］申树斌. 流动性与资产定价泡沫［J］. 辽宁大学学报（自然科学版），2013，40（4）：314-318.

［329］沈艺峰. 资本资产定价五因子模型：演变与未来研究方向［J］. 财务研究，2015（6）：17-30.

［330］石柱鲜，孙皓，黄红梅. 2011 年中国宏观经济态势的分析与预测［J］. 河北经贸大学学报，2011（03）：34-38.

［331］史兴杰，周勇. 房地产泡沫检验 Switching 模型［J］. 系统工程理论与实践，2014（3）：676-682.

［332］宋勃，雷红. 银行信贷冲击与房地产价格波动：1999-2014——基于我国一、二线城市面板数据分析［J］. 财经科学，2016（5）：12-19.

［333］苏园. 债务泡沫对经济增长的负面影响［J］. 科技经济导刊，2019，27（9）：217-218.

［334］苏治，胡迪. 通货膨胀目标制是否有效？——来自合成控制法的新证据［J］. 经济研究，2015（6）：74-88.

［335］孙国峰. 正确理解稳健中性的货币政策［J］. 中国金融，2018（15）：19-21.

［336］谭海鸣，姚余栋，郭树强，等. 老龄化、人口迁移、金融杠杆与经济长周期［J］. 经济研究，2016（2）：69-81.

［337］谭政勋，王聪. 中国信贷扩张、房价波动的金融稳定效应研究——动态随机一般均衡模型视角［J］. 金融研究，2011（8）：57-71.

［338］汪惠，王宁．小波在经济数据分析中的应用［J］．山西财经大学学报，2002，24（3）：97-100．

［339］王春丽，江晶．中国股市波动与货币政策反应［J］．宏观经济研究，2014（5）：40-48．

［340］王春艳．我国35个大中型城市房地产泡沫的测度监控及差异性分析［J］．生产力研究，2020（1）：90-93．

［341］王国刚．"去杠杆"：范畴界定、操作重心和可选之策［J］．经济学动态，2017（7）：18-27．

［342］王健俊，殷林森，叶文靖．投资者情绪、杠杆资金与股票价格——兼论2015—2016年股灾成因［J］．金融经济学研究，2017（1）：87-100．

［343］王玲玲，郑振宇，王恒．基于人工神经网络的房地产金融风险监控体系构建——以柳州市为例［J］．区域金融研究，2019（3）：60-71．

［344］王敏，杨黎明，余劲．房地产价格波动集聚性和杠杆效应的实证研究［J］．武汉理工大学学报（社会科学版），2014（2）：217-223．

［345］王申，陶士贵．人民币汇率、短期国际资本流动与资产价格［J］．金融论坛，2015（7）：59-70．

［346］王燕青，王晓蜀，武拉平．我国农产品期货市场的价格泡沫检验：以鸡蛋期货为例［J］．农业技术经济，2015（12）：78-88．

［347］王艺璇，刘喜华．金融稳定、金融杠杆与经济增长——基于时变参数向量自回归模型［J］．金融发展研究，2019（10）：22-30．

［348］王奕翔，李昂，王晟全．基于改进型BP神经网络的房地产监控［J］．网联网技术，2019（12）：39-45．

［349］王茵田，朱英姿. 中国股票市场风险溢价研究［J］. 金融研究，2011（7）：152-166.

［350］王永钦，高鑫，袁志刚，杜巨澜. 金融发展、资产价格泡沫与实体经济：一个文献综述［J］. 金融研究，2016（5）：191-206.

［351］王宇，刘磊. 金融去杠杆的逻辑［J］. 新金融，2018（11）：9-15.

［352］魏玮，陈杰. 加杠杆是否一定会成为房价上涨的助推器？——来自省际面板门槛模型的证据［J］. 金融研究，2017（12）：48-63.

［353］吴海民. 资产价格波动、通货膨胀与产业"空心化"——基于我国沿海地区民营工业面板数据的实证研究［J］. 中国工业经济，2012（11）：46-56.

［354］吴海霞，史恒通，葛岩. 预期、投机与中国玉米价格泡沫［J］. 农业技术经济，2018（8）：86-97.

［355］吴金友，牛伟伟. 基于房地产业周期和泡沫的房地产监控系统研究［J］. 金融与经济，2013（11）：17-21.

［356］吴立力. 货币供应，银行信贷与我国的房地产价格泡沫——基于面板数据动态 GMM 法的实证检验［J］. 金融理论与实践，2017（5）：11-15.

［357］吴婷婷，扈文秀，赵凡. 泡沫经济危机动态监控研究——基于房地产市场国际经验数据［J］. 预测，2018（3）：49-55.

［358］吴秀波. 抑制资产泡沫需要兼顾长远利益和短期风险［J］. 价格理论与实践，2016（7）：16-22.

［359］伍超明. 虚拟经济与实体经济关系模型——对经常性背离关系的论证［J］. 上海经济研究，2003（12）：20-27.

［360］伍志文. 货币供应量与物价反常规关系：理论及基于中国的经验分析——传统货币数量论面临的挑战及其修正［J］. 管理世界，2002（12）：16–26.

［361］肖建华. 省域 PPP 项目的风险影响因素及其风险测度研究［J］. 当代财经，2018，405（8）：36–45.

［362］谢百三，王巍. 我国商业银行在房地产热潮中的两难选择［J］. 国际金融研究，2005（3）：52–58.

［363］徐爱农. 中国股票市场泡沫测度及其合理性研究［J］. 财经理论与实践，2007，28（1）：34–39.

［364］徐明东，陈学彬. 货币环境，资本充足率与商业银行风险承担［J］. 金融研究，2012（7）：48–62.

［365］徐胜，朱晓华. 人民币汇率与物价的非线性关系研究——基于傅里叶函数和滚动因果检验［J］. 金融发展研究，2015（8）：3–9.

［366］许桂华，余雪飞，周奋. 我国目前的货币政策范式面临挑战［J］. 经济研究参考，2012（36）：21.

［367］薛白. 资产泡沫与经济增长：基于信用扩张的内生增长模型［J］. 金融评论，2014（6）：51–59.

［368］薛晴，刘湘勤. 跨境资本流入、信贷扩张与资产价格泡沫［J］. 西安交通大学学报（社会科学版），2018（1）：1–11.

［369］杨晃，杨朝军. 基于房价收入比的中国城市住宅不动产泡沫测度研究［J］. 软科学，2015（4）：123–127.

［370］杨坤，于文华，马静. 基于 vine copula 的股市风格资产组合风险监控研究［J］. 武汉金融，2019（11）：51–59.

［371］杨洋，刘志坚，赵茂. 股市泡沫周期演化机制与复杂性特征研究——以上海证券交易市场为例［J］. 技术经济与管理研究，2016（1）：

88–92.

[372] 野口悠纪雄. 泡沫经济学［M］. 东京：日本经济新闻社，1992.

[373] 袁鲲，饶素凡. 银行资本，风险承担与杠杆率约束——基于中国上市银行的实证研究（2003—2012 年）［J］. 国际金融研究，2014（8）：52-60.

[374] 袁志刚，樊潇彦. 房地产市场理性泡沫分析［J］. 经济研究，2003，3（3）：34-43.

[375] 张斌，何晓贝，邓欢. 不一样的杠杆——从国际比较看杠杆上升的现象、原因与影响［J］. 金融研究，2018，452（2）：19-33.

[376] 张成思. 金融化的逻辑与反思［J］. 经济研究，2019（11）：4-20.

[377] 张川川，贾珅，杨汝岱. 鬼城下的蜗居？收入不平等与房地产泡沫［J］. 世界经济，2016（2）：120-141.

[378] 张春海. 经济发展中金融杠杆的门槛效应与拐点效应——来自跨国面板数据的经验分析［J］. 金融发展研究，2018，443（11）：35-41.

[379] 张方波. 借贷资本、资本增值与金融杠杆——基于马克思借贷资本理论的考察［J］. 财经科学，2018（9）：38-49.

[380] 张烽. 利率市场化对欠发达地区金融机构定价影响的分析——以周口市为例［J］. 黑龙江金融，2016（12）：35-36.

[381] 张建同，方陈承，何芳. 上海市房地产限购限贷政策评估：基于断点回归设计的研究［J］. 科学决策，2015（7）：6-28.

[382] 张杰，杨连星，新夫. 房地产阻碍了中国创新么？——基于金融体系贷款期限结构的解释［J］. 管理世界（5）：64-80.

[383] 张莉，王贤彬，徐现祥. 财政激励、晋升激励与地方官员的土地出让行为［J］. 中国工业经济，2011（4）：35-43.

［384］张茉楠. 中国引领全球经济持续增长［J］. 中国领导科学,
2015（4）: 17.

［385］张强, 乔煜峰, 张宝. 中国货币政策的银行风险承担渠道存在吗?
［J］. 金融研究, 2013（8）: 84–97.

［386］张睿锋. 杠杆比率, 资产价格泡沫和银行信贷风险［J］. 上海金融,
2009（9）: 15–17.

［387］张晓晶, 常欣, 刘磊. 结构性去杠杆: 进程、逻辑与前景——中
国去杠杆 2017 年度报告［J］. 经济学动态, 2018（5）: 16–29.

［388］赵鹏, 曾剑云. 我国股市周期性破灭型投机泡沫实证研究——基
于马尔可夫区制转换方法［J］. 金融研究, 2008（4）: 174–187.

［389］赵荣　上一轮限购限贷政策实施后房地产市场走势简要分析及启
示［J］. 中国房地产业, 2016（19）: 251–253.

［390］赵志君. 股票价格对内在价值的偏离度分析［J］. 经济研究,
2003（10）: 66–74.

［391］郑海涛, 郝军章, 林黎, 等. 住房市场泡沫识别的超指数膨胀
模型——以京沪各区县房价为例［J］. 系统工程理论与实践,
2018, 38（3）: 585–593.

［392］郑志来. 供给侧结构性改革、股权融资与债转股研究［J］. 经济
与管理, 2017（11）: 29–34.

［393］钟宁桦, 刘志阔, 何嘉鑫, 等. 我国企业债务的结构性问题［J］.
经济研究, 2016（51）: 102–117.

［394］钟正生, 张璐. M1 与 M2 背离, 不只是流动性陷阱［J］. 金融市
场研究, 2017（2）: 82–87.

［395］周春生, 杨云红. 中国股市的理性泡沫［J］. 经济研究, 2002（7）:
33–40.

［396］周京奎. 房地产泡沫生成与演化［J］. 财贸经济，2006（5）：3-10.

［397］周君芝，郭磊. 金融杠杆溯源［J］. 金融市场研究，2017（5）：16-26.

［398］周松柏. 中国证券市场泡沫问题实证研究［J］. 系统工程，2009（9）：112-115.

［399］周小川. 关于改变宏观和微观顺周期性的进一步探讨［J］. 中国金融，2009（8）：8-11.

［400］朱澄. 艺术品市场的金融属性研究：一个文献述评［J］. 金融评论，2014（3）：91-110.

［401］朱国钟，颜色. 住房市场调控新政能够实现"居者有其屋"吗？——一个动态一般均衡的理论分析［J］. 经济学季刊，2014（4）：103-126.

［402］朱太辉，魏加宁，刘南希，等. 如何协调推进稳增长和去杠杆？——基于资金配置结构的视角［J］. 管理世界，2018，34（9）：31-38.

［403］庄岩. 中国农产品价格波动特征的实证研究——基于广义误差分布的 ARCH 类模型［J］. 统计与信息论坛，2012，27（6）：59-65.

［404］宗计川，付嘉，包特. 交易者认知能力与金融资产价格泡沫：一个实验研究［J］. 世界经济，2017（6）：167-192.

［405］邹薇，钱雪松. 融资成本，寻租行为和企业内部资本配置［J］. 经济研究，2015（5）：64-74.